北京师范大学985工程"世界一流教育学科与中国教育"创新基地
经 费 资 助

教育部人文社会科学规划基金项目"美国学术自由判例研究"（项目批准号:10YJA880070）
的阶段性成果

中央高校基本科研业务费专项资金资助重点项目"大学章程研究"的阶段性成果

教育与社会、文化变迁丛书 │ 第 一 辑

学术自由：大学之魂

李子江◎著

中国社会科学出版社

图书在版编目（CIP）数据

学术自由:大学之魂／李子江著. —北京：中国社会科学出版社，
2012.10

ISBN 978 - 7 - 5161 - 1513 - 8

Ⅰ.①学… Ⅱ.①李… Ⅲ.①高等学校—学术研究—文集
Ⅳ.①G644 - 53

中国版本图书馆 CIP 数据核字（2012）第 229103 号

出 版 人	赵剑英
责任编辑	李炳青
责任校对	吕　宏
责任印制	张汉林

出　　版	中国社会科学出版社
社　　址	北京鼓楼西大街甲 158 号（邮编100720）
网　　址	http://www.csspw.cn
	中文域名:中国社科网　　010 - 64070619
发 行 部	010 - 84083685
门 市 部	010 - 84029450
经　　销	新华书店及其他书店

印　　刷	北京市大兴区新魏印刷厂
装　　订	廊坊市广阳区广增装订厂
版　　次	2012 年 10 月第 1 版
印　　次	2012 年 10 月第 1 次印刷

开　　本	880 × 1230　1/32
印　　张	9.5
插　　页	2
字　　数	231 千字
定　　价	33.00 元

《教育与社会、文化变迁》丛书
总　序

　　北京师范大学是中国最早开展教育史学科教学和研究工作的高等学校，一百多年来，先后涌现出了一批著名的教育史学者，形成了丰富的科研和教学成果，培养了大批优秀的专业人才，为全国的教育史学科建设和课程教学改革做出了重要贡献。

　　早在20世纪20年代末，北京师范大学就在全国率先创建了教育史教学组。20世纪50年代初，经过院系调整，邱椿教授、毛礼锐教授、邵鹤亭教授、陈景磐教授、瞿菊农教授等一批教育史学者齐集北京师范大学，组建了全国一流的教育史学术队伍。在极其困难的条件下，老一辈教育史学家殚精竭虑，著书立说，培养后学，为北京师范大学教育史学科发展奠定了坚实的基础。20世纪50年代末60年代初，北京师范大学开办了中国教育史专业研究生班，为全国培养了一批教育史专家。

　　近三十年来，以王天一教授、张鸣岐教授、夏之莲教授、吴式颖教授、朱美玉教授、高奇教授、王炳照教授、刘德华教授、郭齐家教授、何晓夏教授等为代表的一代教育史学者继往开来，锐意进取，重建和振兴了北京师范大学教育史学科，通过队伍建设、学术研究和人才培养,使北京师范大学教育史学科继续保持了自我发展和不断更新的良好态势。2001 年 9 月,北京师范大学教育史学科主要以原教育系一个教研室的力量为基础申请国家重点学科并获得批准。2007 年被再度确定为国家重点学科。

20 世纪末以来,老一辈教育史学者相继离开工作岗位,改革开放后成长起来的新一代学者已经走到了历史的前台。如何在老一辈教育史学者所开创的学术事业的基础上,适应社会发展和知识进步的要求,进一步推进教育史学科发展,使北京师范大学教育史学科继续保持在国内的领先地位?如何在深厚的文化底蕴和学科积淀的基础上,进一步开拓教育史研究的新领域,不断更新教育史学科的研究范式?如何通过学术研究的深入,进一步推进教育史课程教学改革,不断提高人才培养质量,充分发挥教育史学科的功用?这些都是摆在新一代教育史学者面前的重大课题。

作为解答上述课题的努力,经过反复论证,我们确定以"教育与社会、文化变迁"作为北京师范大学教育史学科今后若干年内的主要研究领域。之所以确定这一研究领域的原因是,首先,有助于开辟教育史研究领域,探索新的问题。自有人类以来,教育始终是与社会、文化的变迁紧密相关的。教育既是社会、文化发展的重要动力,同时也受到社会、文化的制约。从教育与社会、文化变迁相互关系的视角开展教育史研究,有助于更为广泛和深入地借鉴相关学科的研究成果和方法,扩展教育史研究的视野,探寻新的研究问题和研究方法,丰富教育史研究。

其次,有助于拓展教育史研究的视野。"教育与社会、文化变迁"丛书将从宏观着眼,从微观入手,通过多角度、多层次探索社会、文化的变迁对不同时期和教育的影响,研究教育在社会、文化变迁过程中的作用,这有利于消除宏观研究与微观研究之间的界限。

第三，有助于发挥学科优势，产出重大成果。教育历史与文化研究院历来注重历史文化的积淀，注重从文化的视角研究教育问题。选择这一课题进行研究，可以更好发挥学科传统优势，加强团队合作，协同开展攻关，实现学科建设的目标，产生重大的研究成果。

"教育与社会、文化变迁"是北京师范大学"985 工程"三期"世界一流教育学科与中国教育创新基地"的建设项目之一。本丛书是这个项目建设的主要成果。我们计划在今后几年中，分辑陆续出版，系统展示北京师范大学教育史团队的工作成果，以就教于教育史学界同仁。

中国社会科学出版社向以出版全国哲学社会科学界学者的优秀成果享誉学林。"教育与社会、文化变迁"丛书的出版，得到该社领导和编辑的大力支持和帮助，谨此致以衷心的感谢。

北京师范大学教育历史与文化研究院

2012 年 8 月

目　录

第一编　关于学术自由的探讨

第二编　关于学术职业的探讨

第三编　关于高校管理的探讨

第四编　关于教师教育的探讨

第 一 编

关于学术自由的探讨

学术自由研究的历史与展望*

一　国外学术自由研究的现状

（一）学术自由的综合研究

学术自由是高等教育的重要理念，一直备受学者的关注。早期的大学史家在介绍西方大学的历史演变过程中，对西方学术自由的思想渊源进行了探讨。拉什多尔（Hastings Rashdall）主编的《欧洲中世纪大学》、法国的雅克·勒戈夫（Jacques Le Goff）的《中世纪知识分子》等一大批大学史著作对欧洲早期大学的学术组织、学术研究的状况以及大学自治的历史进行了回顾。德国学者包尔生（Friedrich Paulsen）的《德国大学和大学学习》一书勾勒了中世纪至 19 世纪末德国大学的历史发展脉络，对柏林大学的系科构成、课程设置、科学研究、教学方式，以及德国近代大学理念、学术自由原则的形成等方面作了分析。国外著名的高等教育思想家在关于大学本质、功能、使命、目的的论著中

---

　　* 此文发表于张斌贤、李子江：《大学：自由、自治与控制》，北京师范大学出版社 2008 年版。

也对学术自由这一经典大学理念进行了精辟的论述，如：纽曼的
《大学理想》、布鲁贝克的《高等教育哲学》、维布伦（T. Veb-
len）的《美国的高等教育》、卢里亚（S. E. Luria）的《大学的
作用：象牙塔，服务站还是前哨阵地?》、克拉克·科尔的《大
学的功用》、沃夫（R. P. Woff）的《大学的理想》，等等。路易
斯·梅兰德（Louis Menand）主编的《学术自由的未来》也收
录了部分学者对学术自由的看法。此外，英国《简明不列颠百
科全书》、美国《大美百科全书》、戴顿（L. C. Deighton）主编
的《教育百科全书》（Vol. 1，1971）、哈罗德·米切尔（Harold
E. Mitzel）主编的《教育研究百科全书》（Vol. 1，1982）、菲利
浦·阿特巴赫主编的《国际高等教育百科全书》（Vol. 1，1991）、
伯顿·克拉克（Burtonc R. Clark）主编的《高等教育百科全书》
（1992）等都对学术自由问题进行了专门的论述，内容涉及学术
自由的各个方面。此外，维齐（L. R. Veysey）的《美国大学的
产生》（1965）、约翰·布鲁贝克（J. S. Brubacher）和威利斯·
鲁迪（Willis Rudy）的《高等教育的变迁——美国学院和大学
史》（1976）、卢卡斯（C. J. Lucas）的《美国高等教育史》（1994）、
菲利浦·阿特巴赫（Philip G. Altbach）主编的《美国社会的高
等教育》（1999）等高等教育史著作，在介绍美国高等教育发展
历史的过程中，尽管都把学术自由列为专章进行探讨，但限于篇
幅，大多数的研究只是对学术自由的历史作了大致相似的简单描
述，因此都不够深入。

（二）学术自由的国别研究

关于美国学术自由的研究，始于 20 世纪三四十年代。比勒
的两卷本《美国教师自由吗?》（Howard K. Beale, *Are American
Teachers Free*? 1936）以及《美国学校教学自由史》（Howard K.

Beale, *A History of Freedom of Teaching in American Schools*, 1941）是早期关于教师自由的著作，不过这两本著作是以中小学教师为研究对象，而不是研究学院和大学教师。[1] 50 年代，美国相继出现了一批研究成果。1951 年，美国哥伦比亚大学组织策划了"美国学术自由研究计划"，并成立了执行委员会，哥伦比亚大学历史学教授霍夫斯塔特（R. Hofstadter）以及哲学和社会学教授麦基弗（Robert M. Maciver）为执行委员会的主要成员。该方案计划推出两本学术自由研究的著作，一本关于美国学术自由产生、发展、演变的历史，另一本在分析美国当代学术自由的现状以及所面临的问题的基础上，阐述学术自由的重要性以及学术自由与社会之间的关系。哥伦比亚大学历史学教授霍夫斯塔特和梅茨格（W. P. Metzger）承担了《学术自由在美国的发展》的研究任务，麦基弗教授则担任另一本学术自由著作的撰写工作。作为历时四年的研究成果，1955 年，霍夫斯塔特和梅茨格合著的《学术自由在美国的发展》（R. Hofstadter & W. P. Metzger, *The Development of Academic Freedom in the United States*, 1955）以及麦基弗所著的《美国当代的学术自由》（Robert M. Maciver, *Academic Freedom in Our Time*, 1955）同时出版。《学术自由在美国的发展》一书主要考察了 1636 年至 1917 年美国学术自由发展的历史，是少数研究学术自由发展史的重要文献。然而该书在很大程度上是关于美国学术自由思想史的研究，对美国学术自由制度史的研究显得有些欠缺。而且对于美国学术自由发展的历史分期也有些笼统，加之时间跨度为 1636 至 1917 年，对于此后学术自由在美国的发展历史没能涉及，不能不说是一个缺憾。《美国当

---

[1] Richard Hofstadter, *Academic Freedom in the Age of the College*, New York：Columbia University press, 1955.

代的学术自由》一书则分析了美国当代学术自由的特点以及影响因素，提出应该如何处理大学与社会的关系，从而保护学术自由。前者从历史的角度考察了美国学术自由发展演变的过程，后者则从理论的高度论述了美国当代学术自由的特点及其意义。两者相互支撑，相得益彰。柯克的《论学术自由的含义》（Russell Kirk, *Academic Freedom: An Essay in Definition*, 1955）对各种具有代表性的学术自由概念进行了剖析，提出了保护学术自由的有关原则。这几本著作代表了这个时期美国学术自由系统研究的成果。

20 世纪 60 年代以来，美国有关学术自由的研究，大多是对学术自由含义进行理论上的阐述，很少有针对美国大学发展历史和学术自由进行系统全面研究的成果。胡克在《学术自由与无政府主义》（Sidney Hook, *Academic Freedom and Academic Anarchy*, 1969）一书中，探讨了 60 年代美国学生运动对学术自由的影响，以及学习自由与学生权利之间的关系；在《保卫学术自由》（Sidney Hook, *In Defense of Academic Freedom*, 1971）这本论文集中，胡克以学术自由捍卫者的姿态，对大学所面临的危机，尤其是学术自由所受到的威胁，表示忧虑，呼吁保护学术自由。汉斯·巴德主编的论文集《学术自由——学者在现代社会中的地位》（Hans W. Baade, *Academic Freedom: The Scholar's Place in Modern Society*, 1964）是一本有关学术自由研究的论文集，其中涉及"学术自由与忠诚宣誓"、"学术自由与大学校长"等方面的专题研究。乔因主编的《学术自由与教师终身聘任制》（Louis Joughin: *Academic Freedom and Tenure*, 1967）是 AAUP 发布的有关学术自由与终身聘任制的年度报告，汇编了 AAUP 有关学术自由的政策、声明和文件，以及聘用和解聘教师所应履行的程序的说明，是有关学术自由研究的重要文献资料。平克夫斯主编的《学术自由的概念》（Edmund L. Pincoffs, *The Concept of Academic Freedom*, 1972）则分专题对学术自由的诸多方面进行了论述，其中包括学术自由与学术中立、公民自由、终身聘任制等方面的关系。这些研究对于我们认识学术自由的含义非常有帮助。但由于各自立论的前提不同，分析问题的视角差异，加之缺乏历史事实的佐证，虽然不乏对学术自由诗意化的赞美以及振振有词的雄辩，仍然难以得出让人信服的一致结论。争论的结果往往使学术自由的含义越来越模糊。这一方面反映了学术自由研究的复杂性，但同时也启发我们研究学术自由时，不能够脱离具体的历史背景，否则始终无法搞清楚学术自由的真正内涵。

此后，美国曾经出现研究某个阶段学术自由历史的成果，但是数量十分有限。1970年，丹佛大学的科斯所撰写的博士论文《雷利事件：1938—1946年得克萨斯大学学术自由冲突的历史》（Alice Carol Cox, *The Rainey Affair: A History of Academic Freedom Controvercy at the University of Texa: 1938–1946*），以得克萨斯大学校长雷利为代表的教师与董事会之间发生的学术自由事件为个案，研究了1938—1946年间得克萨斯大学学术自由的历史，反映了以政治家为董事会主要成员的州立大学在保护学术自由方面所面临的困难，我们从中可以了解美国这个时期学术自由的历史。1981年，哥伦比亚大学的齐默雷恩所写的博士论文《学术自由和冷战：天普大学解雇巴罗斯·邓纳姆的个案研究》（Fred Richard Zimring: *Academic Freedom and Cold War: The Dismissal of Barrows Dunham from Temple University, A Case Study*），也是运用个案研究的方法，探讨了冷战时期学术自由的状况。但由于是个案研究，因此只能管中窥豹。施雷克著《象牙塔的倒塌——麦卡锡主义与大学》（Ellen W. Schrecker, *No Ivory Tower: McCar-*

thyism and the Universities，1986），也以"冷战"为背景，研究了麦卡锡主义践踏学术自由的历史。全书以美国大学校园发生的学术自由的典型案例为线索，揭示了麦卡锡主义给美国高等教育带来的巨大灾难，以及学术自由面对政治上的压力所表现出来的脆弱性。汉密尔顿的《极端狂热行为与学术自由：法学和历史学的视角》（Neil Hamilton, *Zealotry and Academic Freedom：A Legal and History Perspective*，1995）一书，在简单描述了自美国现代大学产生以来学术自由的历史之后，重点比较了不同历史时期发生学术自由冲突的原因，探讨了有效地保护大学学术自由权利的措施。这些研究对于了解美国某个阶段学术自由的历史有帮助，然而却不利于全面把握学术自由发展的历史进程。

（三）学术自由的专题研究

学术自由、学术自治、学术中立（Academic Freedom, Academic Autonomy, Academic Neutrality）是美国教育思想中著名的"三 A"原则。1915 年美国大学教授协会（AAUP）发表的原则声明中，首次提出了学术自由的原则，后为防止大学教授因政治原因而遭董事会的解聘，杜威和洛夫乔伊等人又在学术自由之后追加了学术中立妥协条款，要求教授的自由以校园和学术界为界，对外严守中立，不过问政治和社会敏感问题。学术中立主要指学术探讨对有争议的问题采取中立态度，不应该介入一些社会问题的是非争议中，教授在讲授有争议的问题时，应尽量避免掺进自己的个人观点，从而尽可能保持一种价值中立，使学术研究得以排除所有的感情色彩而保证客观性。有关学术自治的原则，美国最高法院在 1957 年的斯威泽诉新罕布什尔州（Sweezy V. New Hampshire）一案的判决中做出了法律界定："为社会公益着想，政府应尽量避免干涉大学事务（紧急非常情况除外）。

大学有权从学术角度出发，决定谁来教，教什么，如何教，以及谁来学等问题。"①"三 A"原则一经提出，就成为教育界争论的焦点。保守派强调大学要固守象牙塔，保持大学和社会之间的适当距离，进而维护学术的独立性，保护大学的学术自由权力；改革派提出大学在追求真理的过程中，要利用自身的智力资源积极应对外界社会问题，特别要从与大学密切相关的重要学术功能方面发挥自身独特的优势，为社会服务，从而履行大学的社会责任。

第二次世界大战以来美国社会发生了巨大的变化，大学与政府、学术与政治的关系面临新的调整，引起人们对大学使命的关注和对传统的"三 A"原则的反思。人们开始认识到学术责任与学术自由是一个问题的两个方面，如果说学术自由是大学的灵魂，那么学术责任则是大学的良心，是大学保持活力的动力和源泉。美国加州大学校长、著名教育家克拉克·科尔在《大学的功用》（1963）一书中，对学术自由的"三 A"原则，尤其是学术中立的原则提出了批评，提出大学要加强自身与社会、政府的联系，以服务社会为己任，充分发挥现代大学推动社会进步的巨大作用。

德里克·博克在《走出象牙塔——现代大学的社会责任》（1982）一书中，既反对保守派以自治、中立为由，画地为牢、与世无争的消极退让的态度，又对改革派的急功近利，过分卷入时政，以致迷失了大学最基本的使命的做法提出了批评。博克在此基础上，提出了现代大学的"公共关系准则"，对学术自由的"三 A"原则进行了新的阐释。首先论述了大学的三项基本原则，是大学对社会需求如何作出集体性反应的限制性条件。第一条原则是学术自由，涉及大学干预学者自由发表言论的权力范围

① 赵一凡：《美国文化批评集》，北京三联书店 1994 年版，第 30 页。

等；第二条原则分析了大学学术自治与国家越来越多的干预、限制大学独立性的矛盾；第三条原则是大学的学术中立及大学有必要承担的社会责任。其次分析了学术自由、学术中立、学术自治三要素的概念，以及大学如何利用自身智力资源应对外界社会问题，特别是在与大学密切相关的重要学术功能，如招生、课程设置、科学研究等方面所应发挥的独特作用，以及大学通过非学术项目抨击社会各种不公正现象可能采取的途径。博克的学术自由"新三A"原则的灵魂就在于，摆正大学与政府、学术与政治的正当关系，既加强大学与社会的联系，履行大学的社会责任，又力图使大学与社会保持适当的距离，保护学术的相对独立性、自主性。同时严格区分社会的长远利益与近期需要，超越社会纷争，长久稳定地发展学术和思想，更好地履行现代大学的责任和义务。博克对学术自由原则的新阐释，为学术自由的发展增添了时代气息，进一步完善了学术自由的概念。但是理论阐述多，历史分析少。

曾任美国斯坦福大学校长的唐纳德·肯尼迪在《学术责任》（1997）一书中，以大学校长和学者的双重身份，提出学术责任是大学学术自由传统的重要组成部分，社会赋予大学学术自由，大学则必须通过履行相应的学术责任以回报社会。全书从学术责任的高度论述了学术自由与学术责任的关系，提出大学必须履行的学术责任，即培养的责任、教学的责任、指导的责任、服务的责任、研究发现的责任、学术成果的发表以及诚实的品质，大学至高无上之处在于给人类提供改良文化、创造文化、延续生命和保障人类可持续发展的一个智力平台，以此影响未来大学，从而恢复大学使命和忠诚的价值观。泰特（Malcolm Tight）主编的论文集《学术自由与责任》则以"学术自由与大学"、"言论自由与学术自由"、"公民权利与学术自由"、"自由的代价"、"学术自由是什么"、"学术自由的限制究竟是自我约束还是外在强制?"等为专题进行了探索。

从上述国外有关学术自由的研究成果来看,有的文献都把学术自由作为一种经典的大学理念,从大学的本质、使命、功能、目的等理论角度阐述学术自由存在的价值;有的从政治学、法学角度对学术自由与公民的言论自由、思想自由等公民权利进行了区分,提出如何从法律角度确保学术自由的权利;有的从大学与政府、大学与社会关系角度论述了学术自由与大学自治、学术自由与学术责任的关系,等等。虽然也有少数研究从历史角度探讨了学术自由问题,但是从总体上来看,研究美国学术自由发展历史的系统研究,还相对比较薄弱。

二 国内学术自由研究的进展

我国有关学术自由的研究起步比较晚,直到 20 世纪 90 年代,国内教育界才开始关注学术自由的相关问题。① 随着我国建设世界一流大学进程的推进,学术自由作为现代大学的重要内涵和大学发展的重要条件,已为人们所认识,不少学者开始关注学术自由的研究。关于学术自由研究的博士论文已有四篇。有从制度分析的角度,探讨学术自由与社会干预之间的关系,重点研究中国大学学术自由的实现问题,其中仅仅对学术自由的历史渊源进行了简短的回溯。有从宏观上探讨自古希腊以来,在西方知识论传统的影响下,学术自由观念形态的演化过程。还有从历史的

---

① 陈学飞:《西方学术自由思想的历史演变述略》,《教育研究》1993 年第 5 期。

角度研究学术自由思想与制度的演变历程。① 从目前检索的有关学术自由研究的文献来看，主要集中在学术自由概念及其意义的理论阐述。② 这些研究推动了社会对学术自由问题的重视，促进了人们对大学学术自由问题的关注。然而，由于学术自由的基础研究比较薄弱和资料的匮乏，人们通常把学术自由看作一个抽象的概念，缺乏对学术自由进行系统的历史的研究。特别是把学术自由置于整个大学历史发展进程之中的考察，因而容易导致对学术自由理解的空洞化，学术自由研究在一定程度上存在简单化、抽象化的现象。既不能清晰地反映学术自由概念的变迁，也不能完整地认识它与大学发展之间的关系。学术自由成了多数人都可以说上几句，但是谁也很难说清楚的话题。人们在究竟什么是学术自由？学术自由与思想言论自由以及大学自治是何关系？怎样才能保障大学的学术自由等问题上仍然存在一些模糊认识。因此，有必要结合大学发展的历史进程，对学术自由的有关问题作进一步的梳理，为学术自由问题的深入研究做一些基础性的工作。

从目前已经公开发表的有关学术自由研究的文献来看，主要集中在学术自由的主体、性质、目的、范围以及学术自由的起源、实现条件及其相关问题的研究。

（一）学术自由的主体与性质

何谓学术自由？学术自由究竟是指学术机构中的个体（教

---

① 周光礼：《学术自由与社会干预：大学学术自由的制度分析》，博士学位论文，华中理工大学，2002 年。林杰：《西方知识论传统与学术自由》，博士学位论文，北京大学，2003 年。

② 张斌贤、李子江：《我国学术自由研究的回顾与展望》，《江苏高教》2004年第 1 期。

师、学生）的自由，还是指学术机构的自由（学术自治）？如果学术自由是个体的自由，那么是否是个人的特权？如果学术自由是学术机构的自由，那么学术自由与大学自治是何关系？机构自由与个体自由的关系如何？学术自由是权力还是特权？等等，一直是争议较大的问题。

有学者指出："学术自由的含义，自中世纪以来，已经发生了很多的变化。"中世纪大学的"学术自由"，属大学自治的范畴，主要是保证研究者与学习者自愿参加研究与学习活动的权力。近现代大学的学术自由原则，是大学内部有教学、研究、学习的自由，即教师与学生在进行有关高深知识的研究与探讨时，可以不受学术范围以外的政治、宗教和社会因素的干扰，独立解决学术领域范围内的问题。[①] "学术自由，在西方历史上同大学自治是一对孪生概念，是指大学从政府和教会那里争取到的学术权力，大学在政府或教会许可的范围内有教学、研究和学习的自由。即大学的教师和学生，在探求真理的过程中，可以自主解决学术上的事情，而不受学术范围以外的政治、宗教等社会因素的干扰。"[②] 此外，还有观点认为学术自由包括学者、教师的研究自由以及大学生的学习自由。学习自由不仅指学生选择学什么的自由、决定什么时间学和怎样学的自由，以及形成自己思想的自由，而且指选择教师的自由和转专业、转学的自由。[③]

目前国内外几乎所有学术自由的定义都涉及教学自由、研究自由、学习自由，然而在学术自由的主体、性质、范围等问题上

---

① 刘少雪：《略论大学的学术自由》，《上海高教研究》1997 年第 7 期。

② 肖海涛：《论大学的学术责任与学术自由》，《高等教育研究》2000 年第 6 期。

③ 李均：《论"学习自由"》，《高等教育研究》2002 年第 3 期。

仍然存在分歧。从学术自由的主体来看，一种观点认为学术自由的主体包括学术机构和学者个体两部分，是机构自由和个体自由的统一；一种观点认为学术自由的主体是学者个体，具体到大学和学院包括大学教师和学生。不过，也有观点认为不包括大学学生。从学术自由受到的限制来看，一种观点认为大学学术自由所受到的威胁主要来自外部的政府、教会、公众、校友、捐赠人；一种观点认为主要来自内部的大学组织、管理者以及学者自己。学术自由所保障的范围主要涉及学术领域的教学、研究活动，有时也包括学生的学习活动，保护他们免于恐惧、威胁、限制、惩罚的自由。

此外，在学术自由与公民自由、大学自治的关系问题上，分歧更大。有学者认为"学术自由不能超越公民权"[①]，学术自由是一般公民言论自由的一个方面。每个公民除了享有一般的思想自由和言论自由以外，不存在其他的自由，因此否认学术自由是教师享有的特权。学术自由并非某一社会集团的特权，而是社会和国家为了保障学者能竭尽全力地履行职责，而赋予学术界人士的一种自由权利和责任，对学术自由的唯一限制应该在合乎职业道德的范围内进行。[②] 相反的观点则认为，学术自由是大学教师所享有的一种特权，大学教师除了需要享有其他公民所具有的思想、言论自由和其他人身自由权利外，有权对有争议的社会问题以及专业领域之外的问题自由发表自己的看法，而且还需要学术自由这种特权的保护，使他们能够免受大学当局的威胁，避免受到经济上的制裁或面临失业的威

---

① 陈学飞：《西方学术自由思想的历史演变述略》，《教育研究》1993 年第 5 期。

② 尤斯廷·P. 托伦斯：《学术自由与大学自治》，《教育展望》1999 年第 3 期。

胁或遭受其他的损失。① 只有受到思想、言论自由和学术自由的双重保护，大学教师才能扮演好教师、学者、公民的多重身份，更好地履行作为公民身份和学者身份的职责。部分学者把大学自治、学术自治与学术自由概念等同起来，另有观点则表示反对。

正如有学者所说，学术自由是一个概念明确边界模糊的命题。在对学术自由的诠释中，麦奇路普（Fritz Machlup）的观点最富有启发性，他认为如果采用最一般的学术自由概念，则显得过于粗略而毫无用处；如果对学术自由的解释包括太多的限定条件，则学术自由的概念又太狭隘而毫无意义。因此我们不要寄希望于找到这样一个学术自由的概念，似乎这个概念就能为我们指明实现学术自由原则的行动方向。任何试图给学术自由下一个更为明确的定义，或提出更加响亮的学术自由原则的声明，都无法澄清目前人们对学术自由的种种误解。从学术自由所要反对的、批判的角度分析学术自由的含义，可能比从正面阐释学术自由是什么的角度更有助于理解学术自由的内涵。因此麦奇路普从学术自由最有争议的问题及其实施中存在的种种误解的角度，对学术自由的含义进行了探讨。②

（二）学术自由的起源
1. 学术自由的最早形式是思想自由
少数学者提出古希腊的思想自由是学术自由的最早形态。

---

① Fritz Machlup, "On Some Misconceptions Concerning Academic Freedom". In: Louis Joughin, *Academic Freedom and Tenure*, Madison: The University of Wisconsin Press, 1967, pp. 179–180.

② Ibid.

"在西方社会最先倡导学术自由的当推古希腊的哲学家","西方学术自由思想的起源可以追溯到古希腊时代哲学家的教育思想和实践活动"①;学术自由本质上是思想自由,是学者在内心自由状态下对真理的自觉追求,意味着学者的学术研究活动不盲从任何权威,不受任何外在因素和压力的干扰。②虽然"思想自由是学术自由的基础,学术自由是整个社会自由、特别是思想自由的一个组成部分",但是学术自由起源于古希腊的观点是不正确的。"思想、言论自由的概念没有形成之前,学术自由的概念便不可能从中分化出来,成为自觉的认识对象。"古希腊人是"无意地享受了理性的统治",古希腊的自由是一种"尚未在思想中自觉认识的自由观念,却能在行动中不自觉地体现出来","思想自由、信教自由、宽容等问题并未强行于社会,也未经严肃考虑过"。③

另有学者认为欧洲启蒙运动的思想家提出的人权自由、公民言论自由等各种思想自由主张已经蕴含着学术自由思想的产生。然而,19世纪以前欧洲自由思想的哲学家主要集中在政治和哲学领域,他们更多的主要是从政治的角度而不是教育的角度阐述思想自由的主张,为确立资产阶级民主政治体制提供思想基础,而不是为了提倡大学的学术自由,因此对大学学术生活的冲击并不强烈。其次,19世纪前的欧洲大学基本上还只是传播知识的场所,而不是科学研究和自由探索的场所,学术自由问题相对缺乏紧迫感。此外,神学垄断大学教育的局面仍然没有被打破,宗

---

① 陈学飞:《西方学术自由思想的历史演变述略》,《教育研究》1993年第5期。

② 周光礼:《学术自由与思想自由》,《现代大学教育》2002年第3期。

③ 和震:《西方学术自由:走向自觉的历程》,《清华教育研究》2003年第1期。

教的力量对大学的控制成为抵制自由思想运动的堡垒，制约了学术自由思想在大学的确立。① 政治、哲学领域的思想自由同大学的学术自由是有区别的，那种认为学术自由产生于欧洲启蒙运动时期的大学的观点也是站不住脚的。

学术自由起源于古希腊或欧洲启蒙运动思想自由的观点，肯定了自由精神对学术自由思想的启蒙和借鉴意义，认识到学术自由与思想、言论自由的关系，但是却把学术自由与思想、言论自由混为一谈，因此是不正确的。虽然从政治学上来说："学术自由源自言论自由，是言论自由在学术领域的具体体现。"② 思想、言论自由和学术自由是相互联系，在某些情况下甚至是相互促进的，然而思想、言论自由毕竟不同于学术自由，学术自由的范围比思想自由的范围更具体。从思想发展史看，思想、言论自由的发展并不必然带来学术自由的发展，反之亦然。而且一般的思想、言论自由是一种受到宪法保护的公民自由权力，侵犯公民思想、言论自由的行为可以受到法律的制裁；而学术自由不是宪法和其他的国家法律所赋予教师和学生的权利，对待违反了学术自由的行为，则只能企求于社会团体或个人的良知加以保护，除非存在合同关系，一般不通过法律的手段来解决。因此，不同于宪法所规定的保护思想、言论自由的机制，学术自由要求更为特别的保护。③

此外，关于学术自由与思想自由、言论自由产生时间的先后问题，也是一个至今争议较大的问题。有学者认为"学术自由的历史要比言论自由早好几百年"④，相反的观点则认为言论自

---

① 陈列：《关于学术自由的历史演进》，《世界历史》1994 年第 6 期。
② 石中英：《教育哲学导论》，北京师范大学出版社 2002 年版，第 274 页。
③ Fritz Machlup, 1967, p.179.
④ Ibid.

由的历史要比学术自由的历史更长。西方言论自由的历史最早可以追溯到 19 世纪以前欧洲启蒙主义思想家提出的人权自由、公民言论自由等思想自由的主张。①

2. 学术自由起源于欧洲中世纪的大学自治

部分学者认为学术自由起源于欧洲中世纪大学自治的思想。"学术自由在西方历史上来源于大学自治的概念，是大学从政府和教会那里争取到的一种权利，指大学在政府或教会许可的范围内有教学、研究和学习的自由。"②"西方学术自由是伴随着大学的产生而产生的"，"现代学术自由的萌芽产生于中世纪大学"。"中世纪大学的学术自由主要表现在大学作为一个机构整体所拥有的特权方面，教师、学生个体的人身权利方面"，以及"以辩论式教学形式为学术自由的主要承载形式"。但是由于"中世纪大学的特权主要是处理大学与世俗政权、教会、城市等外部社会因素的关系，而不是大学内部学术活动的权利与责任、思想与信仰等问题"，以及大学受到"教会和世俗政权、权威与信仰的束缚"，因此，中世纪大学的"学术自由的观念含混不清"。③上述观点直接或间接地表述了学术自由产生于欧洲中世纪大学。不过有学者否认中世纪大学已经产生了学术自由的思想。"中世纪的大学自治奠定了学术自由观念的实践基础"，"大学自治是西方学术自由的初始行为"，但是"中世纪大学的自主，大体上只限于组织形式和活动方式上"，"大学的研习内容束缚于神学领域，学术论争也是宗教范畴内的分歧，不可能有完全的学术自由"。④

---

① 陈列：《关于学术自由的历史演进》，《世界历史》1994 年第 6 期。

② 肖海涛：《论学术自由及其形成之条件》，《高等教育研究》1999 年第 1 期。

③ 和震：《西方学术自由：走向自觉的历程》，《清华教育研究》2003 年第 1 期。

④ 陈列：《关于学术自由的历史演进》，《世界历史》1994 年第 6 期。

3. 学术自由始于 19 世纪初德国柏林大学

多数学者认为 19 世纪德国柏林大学首先提出了学术自由的原则。"明确地把学术自由作为大学的基本原则，是 19 世纪在德国完成的"，"柏林大学将学术自由作为办学的基本原则，实行教学自由、研究自由、学习自由，成为现代学术自由思想和实践的策源地"。另有学者则认为，早在柏林大学之前，就已经存在学术自由。1694 年德国的哈勒大学，由于最先倡导学术自由和创造性的科学研究，被史家誉为"不仅是德国的而且是欧洲的第一所具有现代意义的大学"，是"学术自由的第一个发祥地"。哥廷根大学效仿哈勒大学，禁止排斥持"异端"观点的教师，神学开始丧失它在大学一直享有的凌驾于其他学科之上的特殊地位，这些措施实际上已显出学术自由的萌芽。① 哈勒和哥根廷大学的改革获得极大的成功，从而直接影响到德国大学的改革运动，并进而为 19 世纪德国的大学改革和柏林大学的创立奠定了基础。

（三）学术自由的条件

1. 内部自由和外部自由的保障

学术自由需要内部和外部的保障条件，"从学术界内部来说，学者要有知识分子的使命感和社会责任感，具有独立人格和学术追求，自觉维护学术尊严，不断完善学术制度；从社会大环境来说，要解放思想，解除禁锢，尊重知识，尊重人才，形成良好的学术自由环境和氛围"。② 此外，要加强社会主义民主、法

---

① 贺国庆：《德国和美国大学发达史》，人民教育出版社 1998 年版，第 24—25 页。

② 肖海涛：《论学术自由及其形成之条件》，《高等教育研究》1999 年第 1 期。

制建设，坚持实践是检验真理的唯一标准，反对学术观点问题政治化，营造宽松的政治环境，同时知识分子也要有坚持真理的献身精神，为学术自由创造所需要的外在自由和内在自由的保障。①

有学者提出学术自由的实现包括外在自由和内心自由两个方面，外在自由是对外部的社会限制的突破，是权利层面的自由；内心自由是对主体自身限制的超越，是精神层面的自由。外在自由是一种外在干预减少到最低限度的"消极自由"，仅仅为学术自由的实现提供了一种条件和可能性；学术自由的最终实现则取决于学者内心自由的实现。因此，学术自由的实现有赖于保护学术自由的外在制度的完善，以及以学术自由精神为核心的内在制度的培育为内涵的现代大学制度的建构。②

2. 学术自治、立法的制度保障

学术自由需要相应的制度和法规的保护，仅仅依靠良知或道义上的谴责等非制度化的措施，既不能防止学术自由权利的滥用，也很难保护学术自由。因此，有人从建立学术自由制度保障体系的角度探讨了学术自由的条件，提出大学实行学术自治制度，国家制定保护学术自治和学术自由的相关法规，提高民众的民主法制意识以及对学术自由的理解和尊重。有学者还提出了比较完备的学术自由立法大纲，对学术自由立法的原则和具体内容进行了研究。学术自由的立法必须坚持"学术问题与政治问题相区别的原则，百家争鸣的原则，实行民主讨论的方法，反对滥

① 冒荣：《真理标准讨论与学术自由》，《上海高教研究》1998 年第 10 期。
② 周光礼：《学术自由的实现与现代大学制度的建构》，《学术界》2003 年第 2 期。

用行政手段干预的原则，学术责任自负原则"。① 还有学者提议建立大学与政府之间的中介机构，以及民间的大学或学科的质量评估和认可组织、中介性质的大学董事会机构等方式避免外界对大学的直接干预，建立终身聘任制和教师投诉听证制等制度，从制度上保护教师享有学术自由。②

3. 学会、学派的组织保障

学会、学派是学者为了推进科学的发展而形成的自发性的群众性组织，是学者探讨新学问、新科学、新问题以及进行学术思想的自由交流和论争的场所，是连接学者的学术纽带。学会、学派的存在不仅可以形成学者之间的自由争鸣、自由讨论的氛围，激发学者群体竞争的优势和创造力，而且学派、学会有利于形成学者团体的凝聚力和向心力，发挥学者团体抵制外界对学术自由的侵害的优势。

（四）学术自由的限度

有学者论述了对学术自由进行必要限制的合理性。学术自由是有条件的，而非无条件的。既受到来自于学术活动内部自身要求的"内在限度"，又受到来自于学术活动外部的社会要求的"外在限度"。为了促进知识的发展和社会的进步，而对学术自由进行的"积极的限制"，应该得到理解和支持；对于违反学术自由原则的"消极限制"，则要加以抵制和反对。为了避免大学组织及其成员可能产生的偏执、保守和排斥改革，对学术自由进

---

① 杨春平：《应当制定学术自由保护法》，《法学季刊（西南政法学院学报）》1986 年第 3 期。

② 王英杰：《规律与启示——关于建设世界一流大学的若干思考》，《比较教育研究》2001 年第 7 期。

行一定程度的限制是必要的。

另有学者对如何确定学术自由的"度"进行了研究，认为学术自由容易受到从事学术研究活动的学者和管理学术活动的社会高层管理者的主观价值判断的影响，学术自由"度"的确立必须尽量排除主观认识的偏差和好恶，以国家、社会、人类的利益为目的，以弘扬真善美为原则，根据学术活动的不同方面区别对待，"学术思想要极度自由，学术过程高度自由，学术成果推广和应用的适度自由。大学的学术自由的度，不应该表现在对学术活动过程的约束中，更不应该表现在对学术思想的约束中，而主要表现在对学术成果推广应用的约束中"。[①]

学术自由不是学术的"自由化"，为了社会的共同利益而对学术自由进行合理限制是必要的，这一点已为学术界所认同，然而如何确定学术自由的合理限度仍然是一个需要加以研究和解决的问题。

（五）学术自由涉及的关系

1. 内部与外部关系

有学者认为在不同意义上理解和把握大学的学术自由必然涉及如何处理大学内、外部三个方面的关系。一是大学与政府之间的关系。政府应避免直接干预大学学术事务，通过立法、评估、信息服务等方式对大学进行宏观管理，借鉴国外在政府与大学之间设立中介机构以及独立于教育行政管理的拨款制度、体系，保护大学的学术自由；大学则要合理地争取和利用学术自由的权利，加强民主监督和管理以保证不损害国家利益。大学只有处理

---

① 郭荣祥：《论学术自由的"度"》，《吉林教育科学·高教研究》2001 年第 4 期。

好自由与自律的关系，赢得政府的信任和支持，才能保护学术自由。二是大学内部的管理部门与基层学术组织或学者、教师个体之间的关系。学术自由涉及学者、教授、学术团体及各层次权力部门之间的相互关系。大学管理部门要严格区分行政管理与学术管理的界限，依靠学者决策学术事务，保障学者享有充分的学术权力和学术自由；学者、教师则要自觉维护学术道德和履行学术责任，防止学术霸权和滥用学术自由权力。三是大学、教师与学生之间的关系，保障学生的学习自由权力。

另有学者认为学术自由的矛盾是学术与政治、行政的关系的反映，而行政与学术的关系其实是政治与学术关系在大学管理中的延续，实质是行政权力与学术权力的关系问题。因此，首先必须正确区分政治与学术的界限。学术主知，政治主行。当学术处于"知"的范围内时，一定要给予充分的学术自由；但当学术进入"行"的范围且危及社会稳定时，则应该受到限制；或者把"运用学术自由进行教育改革同进行社会改革区别开"，教育改革由专家学者处理，社会改革则应交给政治家处理。其次，学术自由与学术责任相结合。学者们应该对自己的学术活动负起应有的责任，包括政治的、社会的和伦理的。"学者们不应该推卸对研究所产生的意外的不良的社会后果，他们至少应该向同事和世人警告这项研究可以预见的危险后果。"[1] 另外，加强政治与学术的理解与沟通。政治与学术并非截然对立的，一方面政治要宽容学术界对学术的追求，尽量保护学术自由；另一方面，大学要容忍政治对学术的适当干预和限制。

---

① ［美］约翰·S. 布鲁贝克：《高等教育哲学》，王承绪等译，浙江教育出版社2001年版，第124页。

2. 自由与责任的关系

有学者从大学的社会责任的角度探讨了学术自由与社会责任之间的关系。"大学学术自由权利的获得，是建立在国家、社会对大学的信任的基础上"，因此"大学要自觉地在价值观念上与国家、社会保持一致"，"大学在享用学术自由的权利时，必须意识到它对国家、社会、民众所承担的责任"，"大学享受多大的权利，就要为社会承担多少责任"，"大学在为自己争取到自由权利的同时，也就自动为社会承担了更多的责任"。[①] 还有学者认为学术自由和社会责任是既相互冲突又相互促进的矛盾关系，同时对大学履行社会责任的原因以及承担社会责任的原则进行了探讨。[②]

另有学者则从学术责任的角度进行了探讨。"学术责任是大学存在的意义，学术自由是大学生命的真谛。""学术责任的实现需要有学术自由的保障，大学为了保护学术自由，就必须履行相应的学术责任，大学通过培养人才、发展科学文化、直接为社会服务的方式，履行大学对人的责任、对社会的责任以及对知识的责任。"[③]

大学不应该因为坚持学术自由而拒绝履行社会责任或学术责任，已得到学术界的认同。然而，社会责任与学术责任两个概念混用的现象比较普遍，而且学术责任和社会责任的内涵也不十分明晰，需要进行深入的研究。

---

① 刘少雪：《略论大学的学术自由》，《上海高教研究》1997 年第 7 期。
② 王晓华：《美国大学的社会责任与学术自由理念》，《清华大学教育研究》2000 年第 4 期。
③ 肖海涛：《论大学的学术责任与学术自由》，《高等教育研究》2000 年第 6 期。

3. 学术权力与行政权力的关系

大学的学术权力和行政权力的冲突是大学自治和学术自由之间存在矛盾的反映。如果行政权力大到可以经常性干涉学术事务，那么学术自由的法律条款就成了一纸空文，因此学术自由最终离不开学术权力的保障："学术权力本质上是学术自由的保障，保证学术自由的发展也是行政权力存在的依据。"①

有学者从学术权力与行政权力之间关系的角度，提出正确处理学术权力与行政权力之间的关系，合理规范学术权力与行政权力各自发挥作用的领域和范围，形成有机的分工、合作与制约的关系，防止发生违反学术自由原则的现象。② 此外，还有学者提出学术权力同学术自由密切相关，通过大学的学术事务与行政事务的适当分离，不断提高学术专家在处理学术事务中的权力，倡导学术理想和弘扬学术精神，协调学术权力与行政权力之间的关系，从而保障大学的学术自由权利。

综上所述，大多数论者都强调学术自由对于现代大学发展的基本作用，认为它是现代大学的基本理念或基础，是大学发挥其社会功能的动力。但是，长期以来人们思想意识上的局限性使许多研究者对学术自由问题讳莫如深，影响了对学术自由问题的深入研究。

---

① 周光礼：《学术自由与大学管理》，《机械工业高教研究》2001 年第 1 期。
② 秦惠民：《学术管理中的权力存在及其相互关系探讨》，《新华文摘》2002年第 4 期。

学术自由辨析[*]

一 学术自由的性质:学者的自由权利,还是公民的自由权利?

在学术自由的性质问题上学术界历来存在较大分歧,"特权论"(special theory)和"普权论"(general theory)之争是其中最有代表性的两种观点,也最能反映人们对于学术自由性质问题争论的焦点。"特权论"者认为,学术自由是大学教师的特权,不同于一般的公民自由权利,主要保护大学教师享有不受外在干预的教学、研究、出版自由,仅仅保护大学教师的公民自由权利远远不够,大学教师的特殊职责需要受到特别的保护,因此反对把学术自由等同于公民自由,并进而把学术自由纳入宪法所保护的公民自由的范围之内;"普权论"者认为,学术自由是大学教师与其他公民所享有的共同权利,大学教师享有宪法所保护的公民自由权利,就足以保护大学教师的学术自由,因此没有必要对

* 此文发表于《复旦教育论坛》2008 年第 3 期。

大学教师进行特别的保护。① "特权论"虽然可以涵盖学术自由的主要内容，但是学术自由被置于宪法保护之外，失去法律保护的学术自由最终只能是一纸无法兑现的"空头支票"。"普权论"把学术自由置于宪法所保护的公民自由权利范围之内，大学教师享有其他公民同等的学术自由权利，任何以大学的特殊性质和职责对教师的公民自由权利进行特别限制的行为，都违反了宪法，教师可以向法院提起诉讼维护其合法的公民自由权利，从而避免发生以大学教师的特殊身份为由侵害大学教师学术自由现象，有利于从法律上保护大学教师的学术自由权利不受侵害。但是"普权论"却把大学教师等同于普通的公民，把学术自由混同于公民的言论、结社等自由权利，没有看到大学教师所承担的特殊职责要求他们享有与其他公民不同的自由权利。人们对学术自由的性质和范围存在根本的分歧，必然引起大学在处理相关问题上缺乏原则和依据，有必要从理论上澄清学术自由与公民自由之间的联系与区别，确定它们之间的合理界限。

言论自由、信仰自由的性质、范围不同于学术自由，它们各自涉及的主要问题也不同。言论自由、信仰自由的范围比学术自由广，属于公民自由的范畴，主要保护公民政治生活中的自由权利。而学术自由主要涉及教师职业活动中的相关权利，保障教师的教学和学术研究活动能够遵循任何大胆的、独立的思想的引导，抵制来自各方面的干预甚至是专业同行的批评、嘲笑、报复，探索任何有"风险"的研究领域，对任何有"争议"的问题敢于发表自己的看法，保障教师能够更好地履

---

① Edmund L. Pincoffs ed. , *The Concept of Academic Freedom*, Austin and London: University of Texas Press, 1972, p. xvii.

行其专业职责。① 在美国，学术自由不是大学教师或学生所享有的宪法和其他国家法律所赋予的权利，而一般的言论自由则是一种受到宪法中的《人权法案》保护的公民自由权利；违反公民言论自由的行为可以受到法律的制裁，而对待违反了学术自由的行为，则只能够企求于社会团体或个人的良知加以保护。除非存在合同关系，一般不通过法律的手段来解决。最后，不同于宪法所规定的保护言论自由的机制，学术自由要求更为特别的保护，大学教授除了受到宪法规定的公民自由的保护以外，他们还需要有终身任职的职位安全保护。正是因为学者可以自由地、免受责罚地进行研究，我们才能够学习他们发现的新知识，正是因为学者在教学和探究中可以不必担心他们可能犯下诚实的错误，因此我们才可以享受到他们带来的思想成果。

二 学术自由的范围：学者能够跨越专业领域的界限吗？

学者在专业领域之内的言论应该受到学术自由的保护，那么在专业领域之外学者应该享有学术自由吗？专业能力是从事学术工作的主要标准。只有具备专业教学和研究工作的能力，才能从事相应的学术工作。但是，这并不意味着学者不能对专业领域以外的问题或与其专业领域无关的问题发表看法，更不意味着对专业领域以外的问题发表了看法，就要受到责备或被解聘。虽然学者从事某个学科或专业的教学和研究工作，但是

① ［美］约翰·S. 布鲁贝克：《高等教育哲学》，王承绪等译，浙江教育出版社 2001 年版，第 60 页。

也可能对其他的学术领域感兴趣，或者认为有必要对于教学中所涉及自己专业领域以外的有争议的问题展开讨论，而且教师作为学生的指导者，经常要帮助学生处理学习、生活中面临的各种问题，因此不得不涉及自己专业领域以外的问题。一般情况下，学者是非常反对谈论自己了解不多的领域，尤其是在那些自己并不擅长的专业领域。历史上几乎所有的大思想家、发明家都是博学的人，而不仅仅是某一个领域的专家。难道人们会坚持认为莱布尼茨是一个物理学家，就不应该涉猎哲学、数学、法律和神学吗？

限定学者的研究领域不仅很困难，而且很危险。学者的研究领域不仅不应该是固定不变的，而且是应该不断拓展的。对于目前还没有达成共识的问题，进行跨学科的思考和讨论，是十分必要的。科学的进步正是学者不断扩展自己的研究领域以及挑战权威的结果。阻挠学者涉足他们自己专业领域之外的学术领域的做法是十分错误的，也是非常有害的。美国大学教授协会始终反对限制教师的研究领域，在其发表的 1915 年声明中提出："阻止学者对有争议问题发表看法，或者把他们在校外的言论自由限定在其专业范围之内，都是不恰当的。禁止大学教师积极声援他们认为代表公众利益的有组织活动，也是不正确的。"[1] 如果把学者的学术自由限制在专业领域之内，不鼓励学者对有争议问题的探讨，这将违背学术自由追求的目标，最终整个社会将为此蒙受损失。

---

[1] Louis Joughin, *Academic Freedom and Tenure*, Madison: The University of Wisconsin Press, 1967, p. 172.

三 学术自由的对象: "滥用自由的人"或 "思想激进的人"享有学术自由吗?

学术自由的主要目的是为学者创造一种自由宽松的环境, 使他们敢于批评和质疑权威的学说, 理直气壮地表达任何不受欢迎的不同观点。如果社会希望享受知识分子的思想成果, 就必须提供学术自由的制度保障, 保护学者不至于因为坚持与众不同的非正统思想, 以及不受欢迎的正统观念而遭到惩罚, 只有这样才能鼓励学者坦诚直言。

历史上曾经有过假借学术自由被滥用的名义干预学术自由的情况。事实上所谓滥用学术自由的指控正好证明了学术自由的存在, 正是因为学者的著作、教学、演讲等活动激起了当权者或其他群体的强烈不满, 受到"滥用"学术自由的指控和干预, 进而遭到学者的抵制直到免除这种威胁, 我们才感到学术自由的确存在。可见, 所谓学术自由的"滥用", 正好印证了学术自由的存在。[①] 当然, 如果学者盲目服从权威, 或者接受政治、宗教组织的指使, 大肆鼓吹政治权威的学说和宗教权威的教条, 向学生、公众宣传与事实不符的错误思想, 从而失去了一个学者应有的正直和独立的品性, 就不应该受到学术自由的保护。

如果学者支持或传播"激进的思想", 还应该受到学术自由的保护吗? 只要了解学术自由历史, 任何人都会发现对教师的教学自由最为严重的干预, 来自权威对于他们认为是"激进或反

---

① Louis Joughin, *Academic Freedom and Tenure*, Madison: The University of Wisconsin Press, 1967, pp. 191 – 192.

动思想"的恐惧而进行的干预。历史上曾经因为学者提出的新理论对宗教教条和自然科学的权威构成了威胁,因而被视为"激进的或反动的思想"。现在这种情况则主要发生在政治学、经济学、社会学等领域。① 人类诞生新思想的自由事业需要得到保护,那些挑战宗教教条、社会正统思想以及主导价值观的人士应该受到保护。因为只有不断地质疑和挑战公认的教条,我们的社会才能不断进步。虽然学者必须保持客观、科学的态度,但是要求他们对有争议的问题保持中立,不进行自己的价值判断,是不现实的。学者有时可能会面临两难选择:究竟是做忠实的顺民,还是做正直的学者?学者作为真理的探究者和传授者只能忠诚于自己的良知,他们的主要责任和义务就是实事求是和追求真理。

四 学术自由的保障:终身教职能保障学术自由吗?

学术自由经常受到来自大学内部管理者的侵害,但更多的则是受到来自大学外部因素的干扰。大学董事会、校长等行政管理者是学术自由的"天敌"吗?在学术自由发展的历史中,大学内部的行政管理者确实曾经威胁到学术自由,然而外界的政府、教会、校友、捐赠人等势力也曾经给学术自由带来伤害。在欧洲历史上,教会、君主曾经强迫教师进行忠诚宣誓,要求教师宣誓信仰或放弃某些学说,忠诚某个君主。1837 年德国哥廷根大学的七位教授因为反对汉诺威国王废除宪法之

---

① Louis Joughin, *Academic Freedom and Tenure*, Madison: The University of Wisconsin Press, 1967, p. 196.

举，拒绝宣誓拥护新政权被驱逐出哥廷根大学，史称"哥廷根七君子事件"。20 世纪 50 年代冷战时期，美国许多州要求大学教师进行忠诚宣誓，对教师的政治信仰进行审查，拒绝忠诚宣誓的教师遭到了解聘。① 忠诚检验违反教学自由的原则，强迫教师宣誓坚持或放弃某些学说、观点，并以此为由解聘教师，将导致教师尽量避免发表任何有可能被认为是离经叛道的言论，将严重威胁学术自由。

为了保护大学教师的学术自由不受到威胁，通过提供终身教职等制度来保障大学教师的职业安全就显得十分必要。但是终身教职能够保障学术自由吗？学术自由的必要条件是大学教师的经济、职业安全，终身教职提供的职业安全能够把学者坚持与众不同思想的顾虑以及对于失业的恐惧降低到最小的程度。但是学者除了会受到解聘的威胁以外，还会受到其他许多方面的威胁。学者可能因为坚持与众不同的思想，遭到同事的批评、嘲笑，或者因为他们激进的思想触犯了上司或大学当局的利益，遭到他们的打击报复，进而影响到自己的前途和职位的晋升。如果把学术自由的实现仅仅理解为终身教职的实施，忽视教师可能受到的其他威胁是不全面的。影响学术自由的因素是多方面的，既可能来自外在的政府、教会，也可能来自大学的董事会和校长，甚至是大学教师自身。"学术自由作为言论自由，当宗教或政治活动宣扬所谓的终极真理以及压制异端时，学术自由容易受到威胁；作为政治自由，当学生和教授因批评高等教育制度而引发对政治体制的批评而受到压制时，从而威胁到学术自由；作为宗教自由，当国家不能容忍宗教活动，特别是教会创办的高等教育机构时，学

---

① Neil Hamilton, *Zealotry and Academic Freedom：A Leagal and Historical Perspective*. New Brunswick：Rutgers University，1995，p. 20.

术自由受到了威胁；作为教学自由，当大学和学院教师根据教学计划和考试标准进行教学受到阻挠，或受到学生提出的学习自由要求的限制，学术自由会面临威胁；作为研究自由，当研究对象的确定受到资金或计划的影响时，学术自由受到了侵害。"① 学术自由意味着免受来自任何方面、任何形式的压力和威胁。只有排除上述这些方面可能受到的威胁，学术自由才能得到根本的保证。

① Burton R. Clark and Guy Neave, *The Encyclopedia of Higher Education* (*Vol. 3*), Oxford: Pergamon Press, 1992, p. 1835.

论学术自由在美国的制度化历程[*]

　　学术自由不是一个抽象的固定不变的概念，而是一个具体的、历史的概念。中世纪的大学自治已经萌发了学术自由的思想，19 世纪初德国柏林大学明确提出了学术自由的原则。美国在 19 世纪中叶前后，将德国的学术自由的观念引入美国大学。学术自由在美国的历史是一个充满斗争和分歧的历史。只有把学术自由放在美国特定的历史背景之中，才能展现在美国大学、学院发展不同历史时期，社会条件的变化如何提出了学术自由的要求？人们为争取学术自由的斗争又怎样扩展了学术自由的内涵。根据美国大学、学院发展的不同历史时期学术自由的内容、学术自由的社会条件以及学术自由的主体的变化，学术自由在美国的发展大致经历了殖民地学院的信仰自由时期、德国学术自由思想的移植时期（19 世纪中后期）、美国学术自由制度化时期（19世纪末至 20 世纪上半叶）与第二次世界大战后学术自由的危机与挑战时期几个大的阶段。

　　＊　此文发表于《沈阳师范大学学报（社会科学版）》2003 年第 5 期。

一　殖民地学院信仰自由的萌发

为了研究学术自由思想在美国发展的历史，有必要了解美国早期学术自由的状况。早期美国的殖民地学院多由各教派创办，宗教派系纷争遏制了学院的学术自由，宗教正统观念就是当然的准则。学院由教会神职人员构成的董事会进行管理，教学内容与教师的聘任、校长的遴选均强调与该教派的信仰相一致，教师的信仰和良好的品行远比学术上的能力重要，教师只能在特定教派的教义下从事教育工作，否则将被逐出学院的大门。9/10 的大学校长来自牧师，牧师担任学术职务通常由教会的发起人委任。"学院不存在无教派的校长，校长必须反映他所属教派的教义并为之服务"，"学院的教师只有为学院存在的自由，而无在学院内的自由"①，充分反映了这个时期学院的学术自由状况。哈佛学院的第一任院长邓斯特（Dunster）因怀疑浸礼会未成年人再洗礼的合法性，拒绝给其第四个孩子进行洗礼，受到了藐视学院清教徒的指控，被迫辞职。爱德华·威格尔斯沃斯（Edward Wigglesworth）在被任命为哈佛学院的第一位神学教授之前，哈佛校监会要求校务会考察其宗教信仰是否与正统的教义相一致；1756 年耶鲁学院的第一任神学教授拉发利·戴格特（Naphali Daggett）也同样受到这种考察②。对候选人进行宗教信仰的考察几乎成为殖民地学院通行的做法。教授的宗教派别成为能否被聘用的重要影响因素。教派的政治活动甚至进入了表面上中立的州

---

① Metzger Walter P. , *Academic Freedom in the Age of the University*, New York: Columbia University Press, 1955, p. 43.

② Ibid. , p. 155.

立大学。美国内战前存留下来的州立大学有 21 所教会为了控制
这些大学，在大学的董事会中安排自己的代表，或者建立新的大
学与之竞争，从而阻碍了这个时期州立大学的发展。北加利福尼
亚、田纳西、佛蒙特、肯塔基、迈阿密、印第安纳、阿拉巴马等
大学先后受到不同教派的影响和控制。在东北部各州以及南部和
西部的六个州，由于教会的反对，直到美国内战后才创立州立大
学。州立大学并不是不重视宗教，它们从建立之日起，就通过读
经课、每天的祷告强制性的礼拜活动对学生进行宗教信仰的教
育。即使在杰斐逊计划创办的弗吉尼亚大学，这所远比其他大学
更加强调宗教与教育分离的大学，仍然允许学生有一定的自由时
间同他们的牧师一起做礼拜，在大学神学院以外为教工提供宗教
信仰活动的场所，要求伦理学教授重视宗教信仰的价值。只是为
了避免教派之间的冲突，杰斐逊才禁止正式的神学教学，反对聘
用神职人员担任教授以及教派对学校任何形式的控制。然而，就
是这种宗教与教育有限度分离的做法，仍然招致了内战前激进教
派对弗吉尼亚大学的极端仇视。

各个教派为了扩大势力范围，加强了对学院控制权的争夺，
常常发生学院内各个教派争夺学院控制权的冲突。战前由长老派
教会控制的 49 所学院中，卫理公会教派控制了 3 所；有 3 所学
院成为了州立大学；7 所落到了公理会教派手中；1 所学院开始
由圣公会创立的，后又被长老会教派短时控制，最终走向独立；
1 所与长老会教派相联系的半州立化的学院，后被浸礼教会接
管；8 所学院逐渐获得实质性的独立；1 所学院（Transyvania）
先后多次经历了不同教派的控制，先是由浸礼会教徒控制，然后
过渡到新圣公会教徒，再到长老会教徒、卫理公会教徒，最后到
基督教会教友派控制。由于教派的更替，学院面对不断变化的宗
派信仰而感到无所适从。教派对学院控制权的争夺，威胁到学院

的正常生活和教育的连续性，从而引发了学院对整个教派制度的不满，反对教派主义的斗争不断高涨。迈阿密大学与长老会教派有着密切的联系，19 世纪 30 年代断绝了与长老会教派的联系。校长罗伯特·汉密尔顿主教认识到教派之间的冲突无论是对教会还是对学院都是有害的，因而致力于寻求教会的团结以及学校中思想的自由。伊利诺依州学院的一位忠实的基督徒斯特蒂文特（J. M. Sturtevant），对长老会派对其教学活动的调查感到十分恼火，转而声讨教派主义的狂热、偏执。查尔斯·艾略特声称："一所大学决不能建立在教派的基础之上"①，并且内战后一直坚持这一办学的指导原则。

学院对教派主义的反对萌发了宗教宽容和信仰自由的思想，而 19 世纪初学院面临的严重的财政危机，迫使学院实行更为宽容的宗教政策。为了吸引更多的学生，缓解经费匮乏的局面，学院宣称没有教派之间的对立，强调学院不对学生进行任何形式的宗教测试，学院的宪章也禁止对教师的宗教考核，也不允许教派对学院的控制。在美国学院发展历史中，思想自由最初是以学生的信仰自由的形式出现的②。18 世纪美国的学院一直为学生享有信仰自由和对学生宗教信仰的宽容而自豪，主要因为学生的学费是学院经常性财政收入的重要来源。哈佛学院在 17 世纪末，就已经出现对学生宗教信仰宽容的趋势，1746 年后随着各学院日益激烈的生源竞争，这种趋势更为明显。大多数学院的管理者已经认识到教派主义不仅不利于生源的扩大，而且限制了其他教派可能对学院的捐赠，从而会影响学院的发展。为了改变这种状

① Metzger Walter P., *Academic Freedom in the Age of the University*, New York：Columbia University Press，1955，p. 28.

② Hofstadter Richard，*Academic Freedom in the Age of the College*, New York：Columbia University Press，1955，p. 153.

况，学院极力表明自己的非教派立场，规定必须招收不同教派的学生，允许不同教派的教师在学院应占有相应的比例。然而，有关教师自由的认识最早可追溯到 1772 年普林斯顿学院约翰·威瑟斯庞（John Witherspoon）院长。他认为学院应当充满自由的空气，而不该是教派的偏见。学院作为知识的发源地，应该有一种内在的自由精神。教师的聘用主要取决于其能力和品格，而不应该屈于教派或政府的压力。普林斯顿学院由于从不依附于某个利益集团的支持，所以必须寻求各种社会力量的支持，"因为我们不依靠任何特定的势力，所以才能公正地对待所有支持我们的力量"①，学院的教师来自不同的教派，具有不同的宗教信仰，也不得不相互适应，从而有助于学院形成自由和宽容的环境。约翰·威瑟斯庞在普林斯顿学院的改革，表明学院的宗教政策有了明显的进步，为保护教师自由而采取的相应措施也具有重要的意义。

18 世纪后期，美国的学院开始萌发的宗教宽容和信仰自由的思想并非现代大学意义上的学术自由，然而却为学术自由的发展奠定了思想基础。而教派主义对殖民地学院的思想钳制，更加激发了学院对思想自由的渴望，为学术自由在美国的发展提供了现实的需要。

二 内战后美国学术自由思想的确立

内战后的美国学院和大学深受德国大学模式的影响。19 世纪下半叶，先后有近万名学生和学者到德国求学或从事研究。

---

① Hofstadter Richard, *Academic Freedom in the Age of the College*, New York: Columbia University Press, 1955, p. 154.

14、15世纪开始的文艺复兴运动到18世纪的欧洲资产阶级启蒙运动，打破了封建专制和宗教蒙昧主义的精神枷锁，欧洲自由主义思潮成为德国学术自由的思想源泉。宗教改革运动打破了中世纪欧洲的整体性，原本带有国际性的中世纪大学，变成了各民族国家的学术机构，资产阶级民族国家形成过程中加强了对教育的控制，并受到政府的有力支配，欧洲民族国家构成对大学自治的威胁。学术自由正是对国家干预大学事务的反应；此外，学术自由思想也适应了17、18世纪科学的迅速发展和科学对自由研究、探索的需要。

18世纪的德国大学经过了两次改革运动。第一次大学改革运动始于1649年创办的哈勒大学，由于最先倡导学术自由和创造性的科学研究，哈勒大学被史家誉为不仅是德国的而且是欧洲的第一所具有现代意义的大学。哈勒大学的成功，引起了其他大学的效仿。哥廷根大学就是效仿哈勒的产物，哥廷根大学禁止排斥持"异端"观点的教师，神学开始丧失它在大学一直享有的凌驾于其他学科之上的特殊地位，这些措施实际上已显出学术自由的萌芽①。哈勒大学和哥根廷大学的改革获得极大的成功，从而直接影响到18世纪后期德国的第二次大学改革运动，并进而为19世纪德国的大学改革和柏林大学的创立奠定了基础。在洪堡、费希特等人的共同努力下，1810年柏林大学正式开学，费希特当选为哲学系主任，次年当选为校长，以《论学术自由惟一可能遇到的干扰》为题，发表了就职演讲，他说："这所大学的产生将以建立在近代科学和数学基础上的近代哲学取代统治了欧洲许多世纪的亚里士多德的那种权威学说；这所大学以'不听信不足够的理由'为其学术自由的思想，这所大学的教学和

① 贺国庆：《德国和美国大学发达史》、人民教育出版社1988年版，第24页。

科研以追求真理为主旨；这所大学是以国家和民族的长远利益，以人类进步和人的完善发展，以自由探索真理为办学的主旨。"①柏林大学自创立之日始，就把尊重自由的学术研究作为办学的根本思想，坚持大学自治、学术自由、教学与研究统一的原则，洪堡反对传统大学将知识的传授作为主要职能的做法，主张大学的主要任务是追求真理，开展科学研究。教学只有与科研结合起来，通过创造性的科研活动、学术交流，才能培养出高质量的人才。同时他还主张学术自由，对学术问题必须遵循自身的规律去解决，政府不能强行干预，政府的作用只是提供研究所需要的设备和条件以及合理的制度。正是基于这种认识，柏林大学注重高深的科学研究，充分发挥教师和学生的独创精神，在大学内部实行教学自由，保障教师拥有自由讲授和自由科研的权利，允许学生享有充分的学习自由，包括选科、选择教师和转学的自由。柏林大学确立的学术自由原则，为现代大学树立了典范，成为现代大学学术自由思想和实践的策源地，其后德国以及欧洲新建的许多大学都以柏林大学的办学模式和思想为榜样。

美国留学生回国后不仅把德国先进的科学带回了美国，而且把学术自由的种子也移植到了美国的土地上。任何一种观念或制度的形成和发展，都会有其特定的历史背景和社会条件。德国大学的学术自由思想之所以能够移植到美国大学并被接纳，是因为美国大学的客观环境提出了学术自由的需要。达尔文进化论的传播和科学的迅速发展，进一步促进了美国学院教育的世俗化、科学化，推动了美国学院向大学的过渡。1879 年霍普金斯大学成立，充分借鉴德国柏林大学学术自由、教学与科研相结合的精神，从而确立了科学研究在大学中的重要地位。科学研究以及对

---

① 陈列、俞天红：《西方学术自由评析》，《高等教育研究》1994 年第 2 期。

真理的追求，极大地促进了学术自由的发展。同时，资产阶级自由、民主、平等的人权思想在美国的推广普及为大学的学术自由思想充实了新的内涵。此外，美国大学的学术自由思想还从广泛的社会生活和制度中吸取了许多共同的主张，从现代科学中吸取了不断探求新知、保护研究自由的思想；从商业上吸取了自由竞争的观念；从现代国家政治中吸取了言论自由、出版自由以及在一个多样化的社会中应当尊重各种观点的宽容思想①。然而，学术自由思想得到广泛的承认和接受也并不是一帆风顺的，自从留德的美国留学生引入大学学术自由思想以后，大学就一直没有停止过争取学术自由的斗争。

美国虽然移植了德国大学学术自由的理念，但是受美国文化传统中经验主义和实用主义思想的影响，从而形成了美国学术自由不同于德国的特点。德国学术自由包含了教学自由（Lerfreiheit）即教师在大学内教学和研究的自由，以及学习自由（Lernfreiheit）即学生在学习方面免受行政上的强制，有自由转学和自由选择课程的权利。美国学习德国大学学术自由的思想是从确立学生的学习自由权利开始的，而最能体现德国大学学习自由的选修制则是美国学习的重点。美国早期引进学术自由观念时，主要强调学生的学习自由，要求大学改革课程内容，减少必修课，扩大选修课，给学生提供更多选课的自由。19世纪90年代以前，美国学术自由概念主要指的是学生的学习自由，特别是学生选课的自由。1885年普林斯顿学院的院长安德鲁·F. 韦斯特（Andrew F. West）发表的一篇论文中，提出学术自由就是选修制、

_____

① 别敦荣：《中美大学学术管理》，华中理工大学出版社2000年版，第64页。

科学课程和自愿的礼拜活动①。自 1636 年哈佛建院以来，美国
学院主要仿效英国牛津、剑桥大学，实行固定课程和古典课程，
培养社会精英和教会的牧师。随着美国社会的世俗化进程的加快
与学院教育的职业化趋势的产生，古典课程越来越不适应美国社
会发展形势的需要，遭到一些杰出人物的批评，同时学生对过于
古典的课程的学习也缺乏浓厚的兴趣。美国最早尝试选修制改革
的是在托马斯·杰斐逊创办的弗吉尼亚大学，学生享有选择学习
专业的自由，可以从古典语、现代语、数学、自然科学、自然
史、解剖学和医学、道德哲学、法学等八大领域选择自己学习的
专业，但是一旦选定了某个专业，获得该专业的学位所必须学习
的课程则是规定好了的。哈佛大学是选修制的发祥地，蒂克纳
（Ticknor）在哈佛大学允许高年级学生选修一定数量的课程。
1869 年查尔斯·艾略特（Charles Eliot）当选为哈佛校长，强调
大学必须为学生提供选择学习的学科的自由，把推行选修制的课
程改革作为实现学生学习自由的突破口。经过艾略特的改革，
1875 年哈佛大学除了一年级新生外，其他年级全部实行选修制，
必修课程仅限于修辞学、哲学、历史学、政治学几门课程；
1883—1884 年选修制扩展到包括一年级新生的所有年级，一年
级新生的必修课程减少到两门：英语和一门现代外国语；1897
年哈佛的必修课只剩下一年级的一门修辞学课程。此外，韦兰
（Francis Waland）在布朗大学，塔潘（Tappan）在密歇根大学也
进行了选修制的课程改革②。

---

① Metzger Walter P., *Academic Freedom in the Age of the University*, New York: Columbia University Press, 1955, p. 123.

② Rudy Brubacher & Willis, *Higher Education in Transition: A History of American Colleges and Universities, 1636 – 1976*, New York: Harper & Row, Publishers, 1976, pp. 106 – 122.

选修制在美国大学的推行，打破了古典课程的垄断局面，新兴的科学课程和实用课程开始进入大学，适应了学生对专业性和职业性课程的需要，极大地调动了学生学习的积极性。尤为重要的是学生的学习自由权利在一定程度上得到了尊重和保护，确立了学习自由在美国学术自由思想中的地位。不仅如此，选修制也引起了教师角色的转变，由原来知识传授者不断向新知识的探索者转变，教师的研究成果可以通过开设选修课的方式，开始进入大学课堂，从一定程度上也促进了教师的教学自由和研究自由，美国学术自由思想又向前迈出了重要的一步，丰富了学术自由的内涵。

三　20世纪上半叶美国学术自由思想的制度化

19世纪末美国资本主义工商业急速发展，宗教和神学势力在美国大学的影响不断减弱，先前那种表现为科学与神学之间的冲突，现在公开地表现为科学与政治、科学与财富之间的斗争。大学内董事会成员中原有的神职人员的地位逐渐为企业家或工商业人士所取代，使得大学与企业的关系日益密切，美国大学面临着企业和政府对学术自由的严重威胁，大学教师几乎沦为企业的雇员，只要教师的言行招致了董事会内的企业家的不满，随时都可能被解雇。大学教师的学术自由权利遭到了粗暴的践踏，教授因学术原因而被迫辞职、免职或受到起诉的事件时有发生。仅在19世纪末期，就发生了20多起因为大学教授与大学董事会意见的对立而解雇大学教授的事件。1895年美国著名的学者爱德华·比米斯（Edward W. Bemis）因为反对企业垄断而被芝加哥大学解聘。1897年经济学家本杰明·安德鲁斯（E. Benjamin

Andrews）因为主张自由货币政策被布朗大学解聘。1900 年发生在斯坦福大学的罗斯案最为引人注目。罗斯（Edward A. Rose）是当时美国非常有名的社会学家，因为公开发表演讲批评政府的亚洲移民政策，支持公共设施国有化的主张，引起斯坦福大学的董事利兰·斯坦福夫人的强烈不满，从而遭到解雇，另有几名教授也愤而辞职，以示抗议，但仍然无济于事。为了保护大学教师的学术自由权利，维护教师职位的稳定性，在一些著名大学的教授约翰·杜威等人的倡议下，1915 年美国部分大学的教授联合起来成立了美国大学教授协会（AAUP），公布了关于学术自由和教授任期的原则声明（1915 年），声明在阐述了学术权利的基础、学术职业的性质和学术机构的职能之后，提出了实行学术自由的原则，保障教授教学和研究的自由权利，以及在专业领域探讨深奥的和有争议的问题并以个人的名义发表思想观点的自由，就一般的社会和政治问题以体面的适于教授身份的方式发表意见的自由。为了保证研究和教学自由，声明建议，在解雇和处罚大学教师之前，应先由学校专业人员，即教授、副教授和所有讲师以上职位的人员组成的适当的公正团体进行审议；并主张讲师以上职位的专业人员任职 10 年以上均应永久聘用①。

　　1915 年大学教授协会关于学术自由和教授任期的原则声明，把教师教学自由、研究自由的权利制度化，并通过制定教师任期内应享有的权利以及解聘教师应该履行的程序等制度，使大学争取学术自由的斗争走上制度化的道路，标志着西方学术自由思想由人们向往的一种大学理念变为一种大学实践活动，并逐步演化为一种现代大学制度。1915 年的声明得到了美国学院协会

---

　　① Joughin Louis, *Academic Freedom and Tenure*, Madison：The University of Wisconsin Press, 1967, pp. 174 – 176.

（AAC）、美国大学协会（AAU）等组织的认同，但随后而来的第一次世界大战和 30 年代的经济危机都暴露出这些原则的脆弱。许多教授因为反战和在政治上持左派观点而被解雇。1940 年，美国大学教授协会与美国学院协会联合发表原则声明，对 1915 年的声明进行补充性说明，特别强调大学和学院的教师不是普通的公民，而是知识行业的成员和教育机构的官员，在社会中的特殊地位决定了他们承载着特殊的责任，教授在行使学术自由权利的时候，不要忘记公众可能根据其言论来判断其所在的专业和学校。因此，他要始终注意自己的形象，实事求是，尊重他人的意见，同时表明自己不是学校的发言人。此外，声明提出了教师的终身任期制，第一次给任期程序以明确的界定，规定大学的教师和研究人员经过最长不超过 7 年的试用期，经同行评议认可，就应享有永久的任职资格，除非由于财政危机或教师个人的道德原因，终止其任期必须有充足的理由①。

　　然而，在第二次世界大战和冷战时期，不管是美国大学教授协会还是其关于学术自由的原则都没能保护教授免于效忠宣誓和阻止麦卡锡把不少教授指控为共产党人。第二次世界大战以后，美苏冷战开始，美国社会陷于一种"赤色"恐怖的阴影之中，20 世纪 50 年代麦卡锡主义在美国大学掀起了一场清除共产党人教师的反共主义运动，使美国的学术自由遭到了有史以来最为严重的打击。到 20 世纪 60 年代美国校园的学生运动，学术自由再次面临困境。1957 年联邦最高法院在斯韦泽诉新罕布什尔州一案的判决中，最高法院的首席大法官认为："对我们的学院和大

　　① Joughin Louis, *Academic Freedom and Tenure*, Madison: The University of Wisconsin Press, 1967, p. 37.

学的智力领袖横加任何束缚都会葬送我们国家的未来。"① 最高法院的判决从法律上保护了大学的学术自由权利神圣不可侵犯。美国大学教授协会又分别在 1958 年、1970 年对学术自由的有关问题进一步作了补充解释，截至 1977 年，美国已有 177 个各类高等教育联合组织正式签署赞同 1940 年声明的原则，从而在很大程度上使得学术自由和关于教师聘任的原则在美国高等学校中制度化。学术自由的思想经过美国大学教师和美国大学教授协会长期不懈的斗争逐步取得了社会的认同，并成为大学教师不断探索真理、献身科研的有力保障。

中世纪的大学自治萌发了学术自由的思想，经过德国柏林大学的实践，奠定了学术自由成为经典大学理念的基础。美国大学为争取大学学术自由的斗争，促进了学术自由的制度化。今天，学术自由不仅作为一种大学理念为各国的大学所认同，而且已成为一种现代大学制度。各国为了确保大学的学术自由，纷纷颁布相关的法律、法规，通过法律保护大学的学术自由，实现了学术自由的法律化。从某种意义上讲，世界一流的大学都在学术研究最为自由的国家，世界一流的大学也往往是学术研究最为自由的大学。我国要建设世界一流的大学，保障大学的学术自由权利，是一个基本的条件。否则，我们永远不可能建设世界一流的大学，永远不可能出现学术繁荣、文化进步和科技的创新。

---

① 别敦荣：《中美大学学术管理》，华中理工大学出版社 2000 年版，第 65 页。

论美国学术自由的组织与制度保障[*]

——AAUP 及其关于学术自由和终身职的原则声明

一 美国大学教授协会成立的历史背景

　　美国自殖民地学院建立以来，曾经多次发生学术自由的危机。内战以前，科学与神学、理性与信仰之间的矛盾比较突出，教会、董事会、校长、教师之间不断发生学术自由的事件，然而始终没有成立一个全国性的教授联合组织。

　　19 世纪末，科学的发展和学术活动的日益频繁，逐步打破了学者封闭的屏障，促进了学者之间的学术交流与合作。AAUP 主席 E. R. A. Segliman 在就职演说中说："忠诚于学院是值得钦佩的，但是如果我们所在的学院不幸成为科学发展的阻力，我们必须尽最大的努力让同事和学校管理者认识其危险性……为了实现这个目的，我们需要个人和集体的共同努力。我们需要自由宽松的学习和研究环境，但是同行之间的交流同样重要，这是产生

------

　　* 此文发表于《比较教育研究》2003 年第 10 期。

新思想的源泉。"① 学院教师和院行政之间经常发生的激烈冲突，促使建立一个能够代表教师利益的组织。究竟谁才能代表学院的利益？董事会、校长、系主任认为他们是学院的代言人，教授们认为他们不能代表学校的集体意志，而校长往往又以学校意志体现者的身份出现在公众的面前，这引起了教授们的强烈不满。同时，教授们感到需要这样一个场所，教授们可以对学校的管理进行批评，自由地表达自己的思想看法。因此，AAUP 成立之初，对是否允许学院或大学校长加入的问题存在着分歧。教授们寻求的是一个由教授自己控制的组织，一个能够自由表达自己思想观点的场所。

1906 年，卡特尔（Cattell）教授提出全新的大学管理改革计划，大学董事会应由包括所有的大学教授、官员和校友以及愿意缴纳税款的社区成员选举产生，董事会选举董事会成员，其职责就是管理大学的资产。教授由大学评议会和系选举产生，董事会投票表决任命。校长由教授选举产生，享受与教授同等的待遇。卡特尔就此方案征求美国科学家的意见，收到 299 位科学家的答复，绝大多数的科学家认为应该削弱董事会的权力，提高教授的权力。大约 85% 的人赞成对现有的大学管理体制进行改革，表明在此问题上已经达成了共识。② 卡特尔的大学管理改革方案引起许多大学的响应。1913 年，美国三大学术社团（经济学联合会 AEA、政治科学联合会 APSA、社会科学联合会 ASS）的成员组成的联合委员会共同制定了有关学术自由和终身职的一般原则。然而，学术自由的一般原则究竟是适用于大学还是包括学

---

① Walter P. Metzger, *Academic Freedom in the Age of the University*, New York: Columbia University Press, 1995, p. 197.

② Ibid. , p. 199.

院，学术自由是否包括青年教师和高年级的学生，学术自由应如
何区别和处理教师在专业领域内外、教室内外的言论自由等问
题，联合委员会仍然感到无所适从。关于终身职，联合委员会也
提出了很多一时无法解决的问题，如：是否应该像欧洲大陆国家
的教授一样不能被校方解聘，是否要对等级高低、资历不同的教
师进行区别对待，是否每次解聘教师都要进行听证会，解聘教师
的原因是否应该告知当事人，等等。因此，加强学科之间的沟
通，制定学术自由和终身职的原则、制度已成为当务之急。1913
年，John M. Mecklin 事件的发生，使人们认识到建立学术自由
调查机制的必要性。这年，Lafayette 学院校长解聘了自由主义哲
学家 John M. Mecklin 教授，John M. Mecklin 把此事告诉了自己所
在的美国哲学联合会和心理学联合会，这两个组织委派了一个特
别调查委员会对此事件进行调查，调查委员会的工作没有得到校
长的配合。①

　　同年，霍普金斯大学教授洛夫乔伊在得到霍普金斯大学 17
位终身教授的签名响应后，写信给其他 9 所著名大学的同事，倡
议成立一个全国性的教授联合组织，制定保护教授终身职的一般
原则以及解聘教授的法定程序，得到他们的响应。第一次筹备会
议在霍普金斯大学的俱乐部召开，约翰·杜威和卡特尔（Mc-
Keen Cattell）代表哥伦比亚大学，Charles E. Bennett 和 E.
L. Nichols 代表康奈尔大学，布拉姆菲尔德（Maurice Bloomfield）
和洛夫乔伊（A. O. Lovejoy）代表霍普金斯大学，Edward Capps、
E. M. Kammerer、H. C. Warren 代表普林斯顿大学，C. S. Minot 代
表哈佛大学组成大会组委会。根据名单上确定的各主要学科杰出

---

① Walter P. Metzger, *Academic Freedom in the Age of the University*, New York: Co-
lumbia University Press, 1995, pp. 201 – 202.

的全职教授，发出了入会邀请函，60 所机构的 867 位教授受到邀请，他们成为美国大学教授协会的创始成员。1915 年 1 月，美国大学教授协会（AAUP）成立，大会决定设立各分委员会，其中学术自由和终身职委员会的成员必须包括美国三大学术社团（AEA、APSA、ASS）于 1913 年成立的学术自由和终身职联合委员会的成员。大会宪章规定，任何大学或学院的教师只要其学术或科研活动得到认可，且从事教学或科研 10 年以上，都可以申请加入（1920 年减为 3 年，1929 年允许研究生成为初级会员，但是只能参加年会，而无投票权）。① 可见，AAUP 一开始就不是一个所有教师的联合组织，而是一个学术精英的联合组织。

二　美国大学教授协会——学术自由的立法者

AAUP 所做的第一项工作就是在 1915 年学术自由与终身职委员会的年度报告中提出了关于学术自由和教授任期的原则声明。声明在阐述了学术权利的基础、学术职业的性质和学术机构的职能之后，提出了实行学术自由的原则，保障教授教学和研究的自由权利、在专业领域探讨深奥的和有争议的问题并以个人的名义发表思想观点的自由、就一般的社会和政治问题以体面的适于教授身份的方式发表意见的自由等。为了保证研究和教学自由，声明建议，在解雇和处罚大学教师之前，应先由学校专业人员，即教授、副教授和所有讲师以上职位的人员组成的适当的公正团体进行审议，并主张讲师以上职位的专业人员任职 10 年以

---

① 　Walter P. Metzger, *Academic Freedom in the Age of the University*, New York: Columbia University Press, 1995, pp. 202 – 204.

上均应永久聘用。① 学术自由是大学得以存在的必要前提，教授只要能够胜任教学工作，同时坚持中立的原则，可以不受其他任何限制；大学教授在大学外除了必须遵守职业道德，可以同其他公民一样享受言论自由和行动自由的权力。同时，自由和责任是统一的，学术自由不是学术特权。为了制约董事会和学校管理者的权力，特别对董事会解聘教师的特权进行了限制，委员会提出董事会不能因为教授的思想不合时宜就解聘教师。考虑到各个学校的传统和实际情况不同，不可能制定一个统一的标准对董事会的特权进行限制，但是委员会认为制定一个统一的解聘教师的程序是可行的，从而提出在解雇和处罚教授、副教授以上职位的教师之前，应通过书面材料告知当事人解聘的缘由，并由学校教师审议会或大多数教师选举成立的特别调查委员会组织听证会，当事人有权辩护。如果确因教师不能胜任本职工作要求解聘教师，也必须由教师所在院系的同行专业人士撰写书面报告。如果教师提出要求，也可以由权威人士推荐的其他院校的同行专家委员会进行审理。但是，对待不同等级教师制定了双重标准，解聘讲师以上职称的教师必须提前 1 年通知当事人，而对讲师提前 3 个月就可以了。解聘副教授、教授必须举行听证会，而解聘副教授以下职称的教师只需教授协会批准即可。讲师以上职称的教师，任职 10 年以上就必须终身聘任，而对讲师没有明确规定期限。

大学教授协会声明制定的有关学术自由和终身职的原则，由于只代表了高级教师的利益，而不能代表学校大多数教师和其他群体的利益，因此引起了包括教师、校长和董事会等群体的敌视和误解。1915 年，美国学院联合会（AAC）成立，下设学术自

---

① Louis Joughin, *Academic Freedom and Tenure*, Madison: The University of Wisconsin Press, 1967, pp. 174－176.

由与终身职委员会，学院联合会对大学教授协会把大学中最主要的成员校长和大多数教师排除在外的做法进行了批评，认为大学教授协会不能代表最为广泛的利益，大学教授协会对教师的聘用既没有明确的规定，也没有提出教师资格认证的标准和方法，制定的有关原则和建议也是不切实际的空想。此外，关于大学教授协会提出的言论自由，学院联合会认为校长和董事会必须尽力维护学校的安全和声誉，防止学校因为丑闻、贪污受贿或个别教师的鲁莽行为对学院的不良影响。

美国大学教授协会（1915）声明虽然受到批评，但是所取得的成绩是明显的。1922年学院联合会的学术自由委员会经过改组，对大学教授协会的态度发生了根本性的改变，AAC 的学术自由委员会对 AAUP 的工作给予了高度的评价，几乎接受了 AAUP（1915）声明中提出的学术自由和终身职的所有原则。会后，AAC 发表了关于学术自由和终身职的（1922）声明，声明提出教师享有教学自由的权力，只应该受到中立的原则和职业能力的限制；教师在校外的言行除了禁止有损学校声誉和利益的言行以外，享有其他公民同等的自由权利和责任。尤为重要的是在教授参与管理和终身职问题上取得了广泛的共识，聘任、解聘教师应听取所在系以及教师本人的意见，并经过教授协会的批准。教师经过试用期合格，必须授予终身教职，没有特殊原因不得随意解聘教师，解聘教师必须举行听证会，并且提前通知当事人。

AAUP 与 AAC 开始时实行联合而又保持独立性的策略。经过美国教育联合会（American Association on Education）的多次协调，于1925年召集了一次联合大会，与会的代表来自美国大学女生联合会（AAUW）、大学教授协会（AAUP）、董事会联合会（AGB）、赠地学院联合会（ALGC）、城市大学联合会（AUU）、美国州立大学联合会（NASU）、美国学院联合会

（AAC）和美国大学联合会（AAU）等。大会修改并采纳 AAC（1922）的声明，AAUP 和 AAC 共同签署了这个声明，两个组织之间的隔阂终于被打破。

1925 年有关学术自由和终身职的原则声明并没有在美国的学院和大学很好地执行，董事会以违背学校的特许状为由拒绝接受，校长和董事也不积极执行。1939 年，全美只有六七个学校的董事会正式采纳了（1925）声明。因此，必须制定一个广为接受的学术自由和终身职的原则规定。1938 年，AAUP 和 AAC 召开联合大会，改变以往歧视低级教师的做法，规定教师经过 6 年的试用期合格，必须授予终身职，解聘所有包括试用期在内的所有教师，必须提前一年通知当事人。另外，试用期内的教师享有其他教师同等的学术自由权利。1940 年，AAUP 和 AAC 再次联合召开大会，会后联合发表原则声明，对 1915 年的声明进行补充性说明，特别强调大学和学院的教师在社会中的特殊地位所赋予的特殊责任，教授在行使学术自由权利的时候，不要忘记公众可能根据其言论来判断其所在的专业和学校。因此，他要始终注意自己的形象，实事求是，尊重他人的意见，同时表明自己不是学校的发言人。此外，声明提出了教师的终身任期制，第一次给任期程序以明确的界定，规定大学的教师和研究人员经过最长不超过 7 年的试用期，经同行评议，就应享有永久的任职资格，除非由于财政危机或教师个人的道德原因之外，终止任期必须有充足的理由。①

AAUP 自 1915 年以来发表的一系列有关学术自由和终身职的原则和声明，具有十分重要的意义。首先，AAUP 使人们对学

① Louis Joughin, *Academic Freedom and Tenure*, Madison: The University of Wisconsin Press, 1967, pp. 33 – 45.

术自由问题有了进一步的认识，激发其他组织也参与到维护学术自由权利的斗争行列。其次，AAUP 制定的一系列有关学术自由和终身职的原则和声明，成为人们处理学术自由事件的准则，维护了学术职业的安全和尊严。尽管 AAUP 所提出的原则和声明没有为所有的学校管理者接受，AAUP 的所有原则和规定也不是都得到了很好的推行，但是，AAUP 在促使学校管理者接受所提出的学术自由原则方面的成绩是明显的。

三 美国大学教授协会——学术自由的捍卫者

相对而言，AAUP 在调查学术自由事件方面所开展的活动并不成功。由于 AAUP 不具有警察局、法院的特权和地位，因此不能像警察、法官那样去搜查取证，加之财力、人力上不可避免的限制，很难发挥学术界的警察、法官、陪审团角色的作用，因此不可能对所有涉及学术的不公正事件进行调查处理。1940 年以前，AAUP 缴纳会费的会员不到 1500 人，又没有任何外界的捐赠和资助，由于无法负担律师费和工作人员的开支，AAUP 很多工作只得依靠会员的自愿帮助。因此，涉及学术自由事件时，AAUP 主要通过非正式的或私下协商和谈判调解的方式进行处理，以避免发生与学校的管理者正面的冲突而引起抵制，以期取得双方都比较满意的结果。只有调解失败，才对一些违反学术自由基本原则的典型案例进行全面调查和曝光。1934—1935 年匹兹堡大学的特纳案（Turner）的调查表明：过去的 5 年中，84 位具有教授职位的教师离开了这所大学，而且还发现该校的管理方式使得所有的教职工的生活处于极度焦虑和恐慌之中，学术关系的紧张状态使学者完全失去了应有的体面。① 也许这些事件并不能完全反映事实，但是可以发现，学术管理确实是学术生活中有待解决的一个大问题。同时也说明，实行教授终身聘任制和执行解聘教授的法定程序是保护学术自由的重要措施。事实上，没有制定聘用和解聘教师的法律和程序是这些学校存在上述问题的主要原因。尽管各个学校的规模、地理位置不同，管理的方式不同，但是都存在学术自由的问题以及如何保护学术自由的问题。因此，制定有关学术自由的国家法律是解决这一问题的主要办法。

如何对违反学术自由的学校管理者进行处罚是一个十分棘手的问题。有人提议通过在 AAUP 的公告栏发布消息，并辅之以公布 AAUP 不认可学校的黑名单，对违反学术自由的学校进行处罚。此建议引起了人们长期的争论，有人提出，大学教授协会没有资格对学校进行评价，由于评价不一定公正和全面，有可能会对无辜的教师和学生造成伤害，而真正的元凶（校长或董事会）却没有受到处罚。还有人认为，大学教授协会仅仅依靠道义上的说服和公布事件真相的方式是不够的。大学教授协会最终在两者之间选择了一个折中的方法。1931 年，AAUP 发布了一个不被认可的学校名单并附加说明，这只是大学教授协会对学校管理的审查，而不是对整个学校和教师的审查。由于大学教授协会接到投诉到最后做出处理间隔的时间太长，因此教师重新恢复职位几乎不可能。从实行的情况看，虽然 AAUP 在公告栏上公布被审查的学校名单的做法并没有取得预想的效果，但是，大学教授协会对违反学术自由原则的学校进行曝光，引起了人们的关注。学术自

---

① Walter P Metzger, *Academic Freedom in the Age of the University*, New York：Columbia University Press, 1995, pp. 218 – 219.

由事件的调查活动，也使得大学校长在涉及学术自由案件的问题上不得不更加谨慎，教师也开始认识到，只有通过斗争才能获得学术自由的权利。

四 两次世界大战期间的美国大学教授协会

两次世界大战使学术面临前所未有的巨大困境，盲目的狂热使每一种自由都有失去的危险，美国大学就更无法逃避这种狂热的影响，大学教授成为国家狂热行动的主要目标。整个国家、各个社区以及大学教师中的狂热分子，对所有那些对美国参战表现不够积极的大学教师进行骚扰。大学教授协会经过长期的努力获得的学术自由成果——学术自由原则的广泛认同以及学术自由法规、制度的初步形成等很快丧失了，确保学术职业安全和尊严的措施几乎面临崩塌。全国开展的搜查叛国不忠者的活动推及各个地方、各个阶层，新的正统思想无论是在力度上，还是广度上都超过了历史上任何正统思想对人们的控制。

两次世界大战期间发生的学术自由事件在许多方面大致相似，通过宣扬国家面临所谓潜在的外来敌人的威胁，对学术自由进行限制。正如哥伦比亚大学校长巴特勒（Nicholas Murryay Bulter）描述的那样，从前能够容忍的言行现在则无法容忍，过去被认为是错误的言行现在则是煽动性的言论，以前被认为是愚蠢的行为现在则是叛国谋反。这期间，教授因发表对战争问题的看法而遭解聘的事件大量出现，大学教授协会为此又成立了以洛夫乔伊为首的特别调查委员会，对有关事件进行调查、报道。同时，对学术自由的内涵进行补充，把对国家的忠诚作为聘用教授、进行资格审查的一个重要内容。学术自由不保护任何被外界认为是不爱国的教师。洛夫乔伊关于战争时期的学术自由的报告一方面反映了学术职业潜在的危机感，另一方面也反映了战争时期美国意识形态的狂热。教授的言论自由严格限定在现存的法律范围之内，尤为突出的是，拒绝为采取任何形式的反战活动的教授提供保护，无论这种反战活动是合法的还是违法的。此外，对德国和奥地利血统的教授进行了特定的限制。教授为了避免引起不必要的怀疑，不要公开谈论战争，在同邻居、同事和学生的交往过程中，要尽量避免言语中对美国及政府的敌意和冒犯。

第二次世界大战以来，美国高等教育的规模不断扩大，也更为民主。然而，对待持不同政治观点的学者的态度并没有多少改变。早期发生的学术自由事件仍在不断重演，不同的是教师的任用和解聘有了法定的程序以及教授成员更多的参与。这在很大程度上是因为成功地确立了教授终身职原则的结果。虽然这些原则并不一定能保证有激进思想的教授免遭解聘，但是，至少在20世纪四五十年代，解聘任何教授都必须经过教授会成员听证会。此外，对学校的忠诚是这个时期主要考虑的因素，教授会成员和管理者面对外界要求解聘观点激进的教授的压力时，考虑更多的是能否更好地维护学校的名声和提高学校的声誉。学术自由开始逐渐演变成为一种保护大学机构的自由，如果我们考察一下冷战时期学术自由的发展就会发现，学术自由更多的是保护大学机构的利益，而不是学者个人的政治自由权利。

美国大学学术自由的历史演变与特色[*]

美国学术自由思想深受德国大学的影响。19 世纪德国柏林大学提出的学术自由原则以及教学与科研相结合的思想，为美国大学所借鉴，成为美国学术自由思想的核心内容。这一点已为许多学者所认同。然而，德国大学的学术自由思想究竟怎样影响了美国大学？德国学术自由思想被移植到美国以后发生了哪些变化？美国特色的学术自由思想是如何形成的？为什么美国关于学术自由的争论如此之多？美国大学捍卫学术自由的斗争为何如此之艰难，原因何在？诸多问题还没有得到很好的认识，因此很有必要对这些问题作进一步的探讨。

一 19 世纪德国大学对美国大学的影响

德国大学对美国的影响主要通过三种途径：一是部分美国人根据有关德国大学情况的书籍所进行的介绍，偶尔也有到德国旅游的美国人回国后所了解的情况；二是在美国学院和大学任教的

---

* 此文发表于《湖北大学学报（哲学社会科学版）》2006 年第 1 期。

德国教师；三是在德国大学学习的美国留学生，仅19世纪在德国大学学习的美国人就多达9000人。① 虽然德国大学的学术研究对美国有很强的吸引力，但并不是引起美国学院学术革命的根本因素，而只是起到了一定的推动作用。内战以前的美国学院对受过德国训练的学者并没有表现出很高的热情。内战以后随着美国学院世俗化、专业化进程的加快以及对学术研究的不断重视，拥有德国学位的毕业生才在就业中显示出一定的优势，大批的美国留学生才开始涌向德国大学。1850年以前美国留学德国的人数不到200人，到了19世纪80年代的高峰期则多达2000人。美国对德国大学的学习不仅体现了文化选择的功能，而且体现了文化创新的作用。美国选择德国大学那些适合美国文化特点和需要的方面进行学习和借鉴，同时结合本国的实际对德国的学术理念进行了很大的调整。因此，德国大学的科学研究以及教学自由、学习自由的理念被介绍到美国后发生了很大的变化。

（一）德国大学科学研究理念对美国大学的影响

大学成为一个学术研究机构是德国大学对世界高等教育作出的巨大贡献。中世纪以前，甚至宗教改革时期，德国的大学并不总是以研究机构而闻名于世。19世纪德国大学为世界所关注，是多方面因素的结果。在大学的组织结构方面，德国大学在中世纪大学设置的神学系、法学系、医学系的基础上，保留了哲学系，因此大学避免成为纯粹的神学院或专业学院；其次，大学预科课程由低一级的学校承担，学生的生活交由各个学院进行管理，同时逐步提高大学入学年龄，大学教授从过去烦琐的学生管

① 贺国庆：《德国和美国大学发达史》，人民教育出版社1998年版，第110、129页。

理中解放出来，有更多的时间和精力关心学生的学业和进行学术研究；另外，18世纪德国官僚机构科层制的发展，要求官员必须经过大学训练，提高了大学和教授的社会地位和权力。德国大学的复兴不仅与社会发展的需要以及大学特殊的组织结构有很大的关系，而且与德国大学中古典哲学的繁荣密不可分。哥廷根大学、哈雷大学、柯尼兹堡大学，先后出现了一大批以费希特、谢林、黑格尔等为代表的著名理性主义哲学家，德国哲学呈现繁荣的景象。在过去长期占统治地位的学术体制，哲学囿于对教条的演绎、阐释，研究被看作是一种纯粹的推理活动。理性主义哲学家则认为所有的知识都要经受理性的检验，研究被解释为通过积极的思维活动发现真理的理性批判活动。理性主义哲学家对研究活动的重新阐释，使人们对大学的理念有了新的认识，为德国新型大学的产生提供了思想基础。随着19世纪二三十年代自然科学和实验科学的发展，科学研究方法在德国的大学得到具体的体现，讲座制、研讨班、实验室等科学研究的方法和形式成为大学主要的教学组织形式，科学研究逐步成为大学的重要职能。由于理性主义始终是德国大学学术思想的重要内容，使德国大学始终与世俗社会保持一定的距离。"大学主要培养神学家而不是牧师，培养法学家而不是律师，培养医学家而不是医生。"[①] 大学追求所谓纯粹的学术研究，漠视实用技术，而由独立的职业学校或学院承担技术培训的任务，形成了德国大学与众不同的功能和特色。

19世纪上半期美国许多留德学生，包括怀特、安吉尔、爱略特、吉尔曼、亚当斯等一批未来的美国大学校长，十分羡慕德

---

① Walter P. Metzger, *Academic Freedom in the Age of the University*, New York: Columbia University Press, 1995, pp. 99 - 100.

国大学的理念以及德国大学所取得的巨大成绩。他们回国后把德国大学关于学术研究和学术自由的思想介绍到了美国。但是 19世纪中叶以前美国的学院和大学对学术研究并不感兴趣。直到美国内战前后德国大学的学术自由理念才渐渐为美国学院所仿效。塔潘于 1850 年所写的《大学教育》是第一本由美国人所写的全面探讨高等教育，论述大学作为科学研究机构的早期著作之一。1876 年美国的霍普金斯大学就是充分借鉴德国大学理念和模式建立起来的，第一任校长吉尔曼提出这所大学的目的就是鼓励科学研究。为此，吉尔曼聘用杰出的教师，建立精干的教师队伍，给他们时间和自由进行研究；招收数量不多但卓越的研究生，激发他们从事学术研究的热情。1884 年的教师名册中的 53 名教授和讲师，几乎都曾经在德国大学学习。霍普金斯大学还采用了德国大学的讲座制、研讨班、实验室等教学组织形式和方法，加强教师和学生的密切联系。霍普金斯大学研究院模仿德国大学的哲学系，扩大专业的范围，致力于科学研究。在霍普金斯大学的影响下，到 19 世纪末，又有 15 所主要的研究院或研究所成立，美国大学授予的哲学博士学位几乎呈几何级数增长。1861 年以前美国的学院没有授予一个博士学位，到了 1890 年美国自己授予的博士学位达到 164 个，到了 1900 年则是 1890 年的两倍之多。1871 年美国大学在读的研究生是 198 名，到了 1890 年增加到2872 名。[1] 这些数字反映了科学研究理念已经开始影响到美国大学。

美国大学学习德国大学并不是简单的模仿，而是结合美国大学和社会的实际需要进行了取舍。美国的大学不像德国大学那样

---

[1]　Walter P. Metzger, *Academic Freedom in the Age of the University*, New York：Columbia University Press, 1955, p. 104.

把大学和研究院分开，把大学办成一个纯粹的学术研究中心，而是尽量以多样化的形式适应社会多方面的需求。"美国的大学不仅是一个产生独立思想的中心，而且是一个促进知识发展的中介机构，还是一所未成年人的预备学校，是青少年的代理家长。"①美国大学是第二次世界大战后工业、农业生产发展的产物。美国大学不仅把教学和科研结合起来，而且把对学术研究的兴趣和对实用技术的兴趣在同一所大学统一起来，结果使美国大学把两种不同意义的研究有机结合起来。一方面，科学研究是大学内部按照学科自身发展的逻辑探究新知识的活动，大学的研究者可以不受任何外界的不合理干扰，独立地选择研究领域，进行所谓纯学术的研究，追求学理的辨明，履行大学学术研究的职能；另一方面，美国大学又始终与社会保持紧密的联系，具有强烈的为社会服务的思想观念。大学的科学研究经常是为了适应社会发展的形势，满足社会公众的各种需要，履行大学服务社会的职能。从这个角度看大学的科学研究又是一种发端于顾客的需要，最终以满足顾客的需要为目的的公众服务活动。美国大学中存在的农、工、商等各种应用型的学院就是针对美国社会的各种实际需要进行应用研究的机构，提供解决实际问题所需要的技能。赠地学院就是美国工业革命在教育领域的杰出产物。作为教学机构，赠地学院为美国工业发展提供所需要的丰富而复杂的知识；作为研究机构，赠地学院重视应用科学的研究，提供解决问题的最佳方案。美国一批由赠地学院发展起来的大学，把大学传授知识的职能和应用知识的职能在同一所大学中有机结合起来，尤其以康奈尔大学和威斯康星大学为典型，形成了美国大学史上的"威斯

① Walter P. Metzger, *Academic Freedom in the Age of the University*, New York: Columbia University Press, 1955, p. 106.

康星"精神，大学为社会服务的职能已经为美国大学所接受。

美国的大学不仅借鉴了德国大学教学与科研职能相结合的思想，而且发展了大学为社会服务的职能，鼓励大学教师争取公民自由的权利，加强了大学的学术研究与应用研究之间的密切联系，使大学的教学、科研、为社会服务的职能融为一体，克服了德国大学人为设置不同类型的学术兴趣、学术研究之间的界限的弊端，有利于保持大学与社会之间的紧密关系。不过这也极易导致美国社会的各种力量根据各自的利益要求大学，而美国社会又是一个多元化的社会，因此美国社会在大学理念和学术自由问题上很难达成共识，这也是美国不断发生有关大学理念和学术自由的争论的原因之一。另外，相对于德国大学，美国大学的职能更加多元化，大学教师的组成也更加复杂，大学中既有经济学家、社会学家、军事科学家、物理学家，也有时装设计师、股票专家、医师、会计师、采矿工程师。因此，美国大学教师也不可能对学术自由有一致性的认识，在捍卫学术自由的斗争中很难形成统一战线，美国大学保护学术自由的任务更为艰巨。

（二）德国大学的教学自由和学习自由观念对美国大学的影响

19世纪德国学者引以为自豪的学术自由引起了学术界的关注，人们在羡慕德国学术自由的同时，也在思考这样一个问题，即德国学术自由存在的基础究竟是什么？由于德国大学属于国家，因此可以摆脱地方和教派施加的压力，一般很少受到公众舆论的直接影响。德国实行教会与国家完全分离的政策，大学虽然受到国家的严格控制，但是国家也很少直接干预大学内部的各项学术事务，允许大学享有一定的行业自治权。大学的学部或系享有学术官员的选拔权、讲座的讲师或编外讲师的聘用权以及教授人选的提名权等实质性自治的权力，国家只是履行对大学教师聘用提名进行审批等程序性自治的权力。1850 年普鲁士宪法规定："科学及其教学应该是自由的。"

德国大学的学术自由包括学习自由和教学自由两方面，充分保障学生的学习自由和教师在教学、研究方面一定程度的自由权利。德国学术自由严格区分校内与校外的自由，在校内不允许限定大学教师的教学内容，大学教师不受任何权威的限制，只对自己的教学负责，而不对任何其他的人负责。与之相对的是学生享有完全的自由接受或拒绝教师的教学内容，教师和学生只服从真理的标准，而不是任何外在的权威。但是教师在校外就没有同等程度的自由，德国大学教授不是普通的公民，而是国家机构的公务员，必须坚持特定的社会规范，他们在校外的政治活动以及思想、言论自由要受到一定的限制。因此德国大学教授的自由主要限制在校内，在大学校内享有充分的自由，而在校外则没有多少自由可言。美国大学一方面学习吸收了德国学术自由理念中的教学自由和学习自由思想，另一方面结合美国社会的实际，赋予了学术自由不同的内涵，极大地丰富和发展了德国学术自由的思想。

二　美国留德学者对学术自由的呼吁

19 世纪后半期，美国先后有近万名学生和学者到德国求学或从事研究，他们回国后不仅把德国先进的科学带回了美国，而且把学术自由的种子也移植到了美国的土地上。达尔文进化论的传播和科学的迅速发展，推动了美国学院向大学的过渡。1879 年霍普金斯大学成立，充分借鉴德国柏林大学学术自由、教学与科研相结合的精神，从而确立了科学研究在大学中的重要地位。科学研究以及对真理的追求，极大地促进了美国学术自由的发展。同时资产阶级自由、民主、平等的人权思想在美国的推广普及为学术自由思想充实了新的内涵。此外，美国的学术自由思想还从广泛的社会生活和制度中吸取了许多共同的主张，从现代科学中吸取了不断探求新真理，保护研究自由的思想；从商业上吸取了自由竞争的观念；从现代国家政治中吸取了思想、言论自由和出版自由以及在一个多样化的社会中应当尊重各种观点的宽容思想。① 从而形成了具有美国特色的学术自由思想。1915 年美国大学教授协会（AAUP）发布的关于学术自由和终身职的原则声明，全面阐述了美国学术自由的思想，被称为"美国有史以来有关学术自由原则的最全面的最有影响的宣言"，"是教师职业发展的一个里程碑"。②

大学作为一个科研机构，学术自由与学术研究对一所真正的大学来说是同等重要的思想，是德国大学对美国学术自由思想的主要贡献。这个看似浅显而又十分深刻的观念，经过美国留德回国学者的倡导，逐渐为美国大学校长所理解和接受，最终成为美国大学的重要指导思想。杰斐逊是美国内战前极少数为思想自由和学术自由呼吁的开明人士之一，曾经提出"人类的思想享有不受任何限制的自由"，并在其创办的弗吉尼亚大学的实践中加以体现，鼓励学术自由的风气。在此之前美国很少有大学校长为学术自由大声呐喊。直到内战后，美国学术界的许多著名人物和大学校长才开始关注学术自由。1869 年查尔斯 W. 艾略特在就任哈佛大学校长时提出，对一所大学来说，最重要的就是自由。吉尔曼在就任霍普金斯大学校长的典礼上也提出教师的自由和学

---

① 别敦荣：《中美大学学术管理》，华中理工大学出版社 2000 年版，第 64 页。

② Walter P. Metzger, *Academic Freedom in the Age of the University*, New York: Columbia University Press, 1955, pp. 133 – 134.

生的自由对一个真正的大学是十分重要的。美国留德归国学者
对学术自由发展所作的贡献，绝非仅仅是对学术自由的颂扬。
19世纪90年代至第一次世界大战期间美国学术自由事件中有
相当一部分领导者和当事人都曾经在德国的大学学习，包括艾
利（Richard T. Ely）、安德鲁斯（E. Benjamin Andrews）、罗斯
（Edward A. Ross）、麦克林（John Maklin）、卡特尔（Mckeen
Cattell），还有一些学者，如塞利格曼（E. R. A. Seligman）、洛夫
乔伊（Arthur O. Lovejoy）和弗拉姆（Henry W. Farnam）等也参
加了声援同事捍卫学术自由的斗争。美国大学教授协会1915年
发布的学术自由声明的13位签名的学者中有8位曾经在德国的
大学学习。① 这些都体现了德国大学对美国大学的影响。

三 美国特色的学术自由思想的形成

（一）学术自由与公众意愿

学术自由的基础不同，是美国学术自由不同于德国学术自由
的第一个方面。德国的大学既继承了行会自治的传统，同时大学
自治也受到国家权力的保护，因此德国的大学享有更高程度的自
治，大学自治成为德国学术自由制度上和组织上的保障。美国实
行董事会管理大学的体制，董事会反对教师的自我管理，董事会
构成对大学自治和学术自由的威胁②；美国大学多由地方创办和
管理的传统，联邦一般也不干预大学事务；法院也不愿意插手大

---

① Walter P. Metzger, *Academic Freedom in the Age of the University*, New York: Columbia University Press, 1955, p. 122.

② 周志宏：《学术自由与大学法》，台湾蔚理法律出版社1978年版，第251—253页。

学当局的决定，因为这明显违反大学的宪章；州议员在处理思想自由或学术自治的问题上并不比董事会内行。美国大学既不能寻求国家权力对大学自治的保护，也不能依靠法院和立法者对大学自治的支持，因此只有获得公众对大学自治的理解和支持，才能保护大学自治和学术自由的权利。由于大学被看作是公众的财产，大学的存在是为了公众的利益，任何把大学当作私人财产的行为，或者把大学同某种特定的信仰或思想体系联系在一起的行为，以及使大学屈服于某个阶级、党派或政党的利益的行为，都违反了公众的信任，都将遭到公众的反对和抵制。如果得不到公众的理解和支持，美国大学所实行的任何政策，都不会取得令人满意的结果。美国大学重视公众的意愿，有利于美国大学关注公众的需要和利益，加强大学与社会、公众的沟通，争取社会和公众对大学的支持；但是这种建立在公众意愿基础之上的大学自治和学术自由往往也比较脆弱，由于美国大学建立在公众意愿这种不稳定的基础之上，大学争取学术自治和学术自由的斗争，只有得到公众的理解和支持，才能取得最后的胜利。如果大学自治和学术自由能够得到公众的理解和支持，公众就成为大学争取自治权和学术自由权利斗争的广大同盟军；反之，如果得不到公众的理解和支持，公众就成为大学自治和学术自由的强大阻力。虽然从总体上看公众的利益与大学是一致的，但是有时候也会有矛盾和冲突。当公众的意愿违反了学术自由的原则；或者当某些利益集团为达到某种目的，打着维护公众利益的旗号，向大学施加压力，干扰了大学的决策和立场；公众的意愿往往转化为施加给大学的强大压力，成为阻碍大学自治和学术自由的十分消极的因素。正是因为在美国，"大学是各种不同甚至相互对立的利益的代表，而学术自由作为一种具有超前性和排他性的思想，很难激起公众一致的认同和支持"。① 因此，美国学术自由引起的争论才会如此之多，美国大学争取学术自由的斗争才会如此之艰难。

（二）教学自由与学习自由

教学自由和学习自由的分离是美国学术自由明显不同于德国学术自由的第二个方面。美国大学在 19 世纪 90 年代以前学术自由的概念主要指学生的学习自由，尤其是学生的选课自由。1885年普林斯顿大学的系主任韦斯特（Andrew F. West）在其所写的《什么是学术自由？》论文中提出："学术自由就是选修制和科学课程以及非强制性的礼拜活动。"② 美国最早尝试选修制改革是在托马斯·杰斐逊创办的弗吉尼亚大学。1869 年艾略特校长在哈佛大学推行了选修制课程改革，美国其他大学相继仿效，从而在一定程度上保护了学生的学习自由权利。19 世纪 90 年代以后美国学术自由的重点转向教师的教学、研究自由。这期间因为社会意识形态的冲突导致大学解聘教授的事件成为关注的焦点。由于美国大学的教授是大学的雇员，既不像德国大学的教授是国家的公务员，也不像英国大学的教授是"自治行会"的主人。美国大学的教授受到外行董事会的统治，董事会可以随意解聘大学教授；而英国或德国大学不能随意决定教师的去留，德国大学聘用或解聘教师是州和联邦的权力；英国大学的官员本身就是从大学教授中选拔出来的，他们更多的时候是教授利益的代表，维护教授的权利。美国大学教授作为大学的雇员，要通过与董事会的斗争保护自己的合法权利；作为科学研究者，要承担教学和科研

---

① Walter P. Metzger, *Academic Freedom in the Age of the University*, New York: Columbia University Press, 1955, p. 125.

② Ibid. , p. 123.

任务，因此他们无暇顾及学生的学习自由。因此，"美国产生学术自由的问题主要是制度方面的原因，而主要不是教育方面的问题。"①

（三）学术自由与公民的言论自由

大学教师享有不同程度的校内自由和校外自由，是美国学术自由不同于德国学术自由的第三个方面。校内自由主要是大学教师在校内的教学自由和研究自由的权利问题，美国和德国大学对教师的校内自由有不同的规定。德国大学的教师总是试图说服学生相信并接受他们的观点；美国大学教师在课堂中不能把自己的观点强加给学生，对有争议的问题必须保持中立，更不能对专业领域以外的问题随意发表言论。艾略特在校长就职演说中宣布：大学必须是自由的，保持中立是大学获得自由的重要因素。教师的责任不是为学生解决哲学或政治学中的争端，也不是向学生推荐、灌输任何观点，而是尽量客观地阐释各种观点，让学生了解人们对问题的各种看法。哈帕（Harper）校长认为：如果教授把还没有经过专业同行的科学验证的结论当作真理加以公布，如果教授利用教学宣传某些政党的政治纲领，如果教授以专家的身份对与其专业无关问题或自己毫不了解的问题发表看法，那么教授滥用了特权。不仅美国大学董事会以此作为阻止大学教授抨击社会秩序的依据，大学校长也以此为理由惩罚那些持不同观点的大学教授。大学教授对有争议的问题必须保持中立，只能对自己专业领域内的问题发表看法，成为美国大学教师的一种行为准则。这不仅反映了美国学术自由所受到的限制，而且体现了美国学术

---

① Walter P. Metzger, *Academic Freedom in the Age of the University*, New York: Columbia University Press, 1995, p. 124.

思想的特点。

　　美国大学教师比德国大学的教师享有更多的校外自由。在美国，学术自由不是宪法和其他的国家法律所赋予教师和学生的权利，而一般的思想、言论自由则是一种受到宪法保护的公民自由权利，侵犯公民思想、言论自由的行为可以受到法律的制裁，而对待违反了学术自由的行为，则只能够企求于社会团体或个人的良知加以保护，除非存在合同关系，一般不通过法律的手段来解决。因此，不同于宪法所规定的保护思想、言论自由的机制，学术自由要求更为特别的保护。① 虽然从思想发展史看，思想、言论自由不同于学术自由。思想、言论自由的发展并不必然带来学术自由的发展，反之亦然。然而在某些有利条件下，思想、言论自由和学术自由又是相互联系、相互促进的。内战后美国大学发生了很多变化，大学与社会的联系不断增多。大学开始聘用校外著名的学者担任大学教授，大学的校长也大多由社会知名人士担任。大学教师也逐步从过去封闭的象牙塔中走了出来，广泛参与各种社会活动，更加关注各种社会问题的研究。美国大量的学术自由的冲突也正是在这些领域产生，主要涉及大学教师在校外的思想、言论自由权利问题。19 世纪末 20 世纪初美国大学的许多教师因为发表了对有关社会问题的不同看法，引起大学当局和社会公众的不满，因而遭到解聘。此外，大学教师在公共场所的职业道德问题也容易引起学术自由的冲突，大学教师的思想、言论自由和职业道德之间的矛盾也成为美国学术自由争论的焦点。为了社会的利益，对于法律、新闻、教师、科学研究等职业，必须

----

　　① Fritz Machlup, "On Some Misconceptions Concerning Academic Freedom", Louis Joughin: *Academic Freedom and Tenure*, Madison: The University of Wisconsin Press, 1967, pp. 179 – 180.

授予特别的豁免权（正如法律授予立法者和法官的豁免权）。因
为这些职业很容易因为受到外在干预的压力而失去正义感和公正
性，最终损害社会的共同利益。如果大学教师不能自由地开展科
学研究和发表科研结果，自由表达自己的思想观点，质疑、挑战
已被接受的思想，或保护受到挑战的思想，那么将阻碍知识的发
展，影响社会的进步。大学教师不仅需要免受政府的干预以保护
自己享受公民的思想、言论自由权利和其他人身自由权利，而且
还必须能够抵制来自同事的批评、嘲笑、报复，遵循任何大胆的
对知识好奇心的引导，而不必考虑后果。因此，对于思想言论就
是其工作的全部内容的教师职业来说，思想、言论自由具有特别
重要的作用。① 如果大学教师以普通公民的身份发表了与众不同
的观点，不至于因此就危及他们已有的地位，仅仅依靠法律上的
言论自由、思想自由的保护是远远不够的。大学管理当局和董事
会也会因为不满大学教师的言论而对他们进行打击和报复。因
此，大学教师除了需要享有其他公民所具有的思想、言论自由和
其他人身自由权利，有权对有争议的社会问题以及专业领域之外
的问题自由发表自己的看法，而且还需要学术自由这种特权的保
护，使他们能够免受大学当局的威胁，避免受到经济上的制裁或
面临失业的威胁或遭受其他的损失。② 只有受到思想、言论自由
和学术自由的双重保护，大学教师才能扮演好教师、学者、公民
的多重身份，更好地履行作为公民身份和学者身份的职责。因
此，言论自由和学术自由一起构成保护大学教师权利的重要
屏障。

---

① Fritz Machlup, "On Some Misconceptions Concerning Academic Freedom", Louis Joughin: *Academic Freedom and Tenure*, Madison: The University of Wisconsin Press, 1967, pp. 179 – 180.

② Ibid.

参考文献

S. J. Brubacher & Willis Rudy, *Higher Education in Transition*, New York: Harper & Row Publishers: 1976.

Christopher J. Lucas, *American Higher Education: a history*, New York: St. Martin's Griffin, 1994.

［加］约翰·范德格拉夫等：《学术权力——七国高等教育管理体制比较》，王承绪等译，浙江教育出版社 2001 年版。

［美］伯顿·R. 克拉克：《高等教育系统——学术组织的跨国研究》，王承绪译，杭州大学出版社 1994 年版。

美国大学学术自由的特色[*]

学术自由的必要条件是经济、职业安全的保障。美国大学学术自由的主要内容和任务就是建立以教授终身聘任制为核心的教师聘任制度，保障大学教师的经济、职业安全。美国学院和大学经历了从学术自由思想的孕育、学术自由原则的确立到学术自由制度的形成和发展几个阶段。美国大学教授协会（AAUP）等学术组织和机构，在保护学术自由以及推行终身聘任制原则方面发挥了十分重要的作用。

一　美国大学学术自由的发展历程

美国早期的学院多为教会所办，教派对学院教师的宗教信仰进行严格的控制。学院教师在反对教派主义的斗争中萌发了信仰自由、教学自由的思想，成为美国学术自由思想的社会基础。美国内战后，以托马斯·杰斐逊为代表的开明思想家在大学中倡导思想自由，保护教学自由，萌发了学术自由的思想。德国大学的

　＊　此文发表于《比较教育研究》2005 年第 6 期。

学术自由理念在美国现代学术自由观念的形成过程中起到了十分重要的作用。19 世纪后期，由于受德国大学模式的影响，美国以霍普金斯大学为代表的现代大学倡导科学研究和学术自由的风气，科学研究逐步成为美国大学的重要职能，大学科学研究职能的确立，为学术自由的产生提供了现实需要。美国大批留德归国学者把德国大学的学术自由理念移植到了美国，成为美国学术自由观念的主要来源。然而学术自由在美国社会却遭遇到了重重阻力，侵犯学术自由的事件频频发生。

为了维护学术自由，美国大学教授协会于 1915 年成立，并发布了 1915 年关于学术自由和终身聘任制的原则声明，明确提出保护学术自由的原则。此后，AAUP 相继通过 1940 年、1958 年等一系列保护学术自由与终身聘任制原则的声明。经过 AAUP 的大力提倡和推广，最终建立了以教授终身聘任制为核心的教师聘任制度，促使大学履行教师聘任、解聘、晋升的正当程序，保障教师的经济、职业安全，维护大学教师的学术自由权利。20 世纪 70 年代以来，美国大学通过建立教师工会，开展教师集体谈判的方式，保障大学教师的学术自由。20 世纪 80 年代以来，为了防止教授终身聘任制可能导致教师工作积极性下降等弊端，美国大学又建立了终身聘任后评审制度，弥补教授终身聘任制存在的弊端，从而形成了一套比较完善的保障大学教师学术自由权利的制度。

二　美国大学学术自由内涵的变迁

学术自由含义的核心包括两个方面的内容：一是学术自由的主体；二是学术自由的内容。学术自由的主体究竟是机构的自由还是个体的自由抑或二者的自由？是教师自由，抑或学生的自由？在不同的国家，不同的时期，可能有所侧重。

从西方学术自由发展的历史来看，学术自由主体包括机构自由和个体自由两方面。虽然学术机构的自由（自治）是学术自由的组织保证，但是个体的自由和机构的自由经常是矛盾和冲突的。为了保护机构的自由，有时不得不牺牲个体的自由，而个体的自由有时又会限制机构的自由。这就是西方大学的管理者和教师互相指责的原因，作为大学管理者的董事会和校长经常抱怨教师为了个人的自由，不顾学校的利益。教师则指责董事会或校长干涉了他们的学术自由权利，甚至认为董事会和校长是学术自由的"天敌"而加以排斥。AAUP 成立初期，拒绝学院和大学的校长、系主任成为会员就是这种思想观念的反映。

关于学术自由的影响因素，伯顿·克拉克主编的《高等教育百科全书》认为："学术自由作为言论自由，当宗教或政治活动宣扬所谓的终极真理以及压制异端时，学术自由容易受到威胁；作为政治自由，当学生和教授因批评高等教育制度而引发对政治体制的批评而受到压制时，从而威胁到学术自由；作为宗教自由，当国家不能容忍宗教活动，特别是教会创办的高等教育机构时，学术自由受到了威胁；作为教学自由，当学院和大学教师根据教学计划和考试标准进行教学受到阻挠，或受到学生提出的学习自由要求的限制，学术自由面临威胁；作为研究自由，当研究对象的确定受到资金或计划的影响时，学术自由受到了侵害。"[1]

如果从美国学术自由发展历史来看，政府、教会、校友、捐赠人等外在因素，以及学院和大学内部管理者的董事会和校长都

---

[1]　Burton R. Clark and Guy Neave, *The Encyclopedia of Higher Education* (*Vol. 3*), Oxford: Pergamon Press, 1992. p. 1835.

曾经成为威胁学术自由的因素。但是，这些因素并非始终是威胁学术自由的主要来源，它们有时也保护过学术自由。学院和大学的董事会、校长既充当过侵犯学术自由的角色，也充当过保护学术自由的角色。董事会有时也能够认识到自己的职责并履行自己的职责，抵制来自校外的政治和宗教的、市民组织以及私人利益集团的压力，保护教师免受外在的干扰。此外，在美国历史上教师和学生本身也充当过威胁学术自由的角色。因此，把学术自由受到的威胁主要归结为外在的政府、教会以及内部的董事会和校长是不全面和不准确的，它们既可以成为威胁学术自由的力量，也可以成为保护学术自由的因素。此外，学者的内心自由也很重要。因此，影响学术自由的因素是多方面的，学术自由必须排除来自任何方面、任何形式的不合理干扰和压力。

从学术自由的内容来看，美国学术自由的主要矛盾相继经历了科学与神学、科学与财富、科学与政治的对立，学术自由斗争的主要任务分别解决理性与信仰、大学与政府、学术与政治的冲突。通过摆脱宗教势力对思想自由的压制，确立了信仰自由的思想；通过防止垄断资本家对大学的粗暴干预，以及政治势力、党派政治对学术自由的干扰，确立了教学自由、研究自由的地位；20 世纪 60 年代以来，随着学生运动以及人权运动的广泛开展，逐步确立了学生的学习自由的权利，教师和学生的公民自由权利也进一步得到尊重。

可见，在不同历史时期，学术自由的矛盾不同，决定了学术自由斗争的任务也有很大差异，学术自由的主体、内涵也在不断发生变化。美国学术自由时而体现为大学机构争取自由的斗争，时而表现为大学教师和学生争取教学、研究自由、学习自由的权利，时而又体现为教师、学生维护公民自由权利的斗争。

三 美国大学学术自由的"两翼"

美国大学学术自由重视教师的学术自由，相对忽视学生的学习自由。美国在20世纪60年代以前，学术自由更多强调教师、学者的信仰自由、教学自由、研究自由，学生的学习自由是被忽略的。直到20世纪60年代以后，学生的学习自由才开始引起人们的重视。

19世纪90年代以前，美国学术自由很少涉及学生的学术自由，即使提到学生的学术自由，也主要指学生的学习自由，尤其是学生的选课自由。1885年，普林斯顿大学的系主任韦斯特（Andrew F. West）在其所写的《什么是学术自由？》论文中提出："学术自由就是选修制和科学课程以及非强制性的礼拜活动。"① 美国最早尝试选修制改革是在托马斯·杰斐逊创办的弗吉尼亚大学。1869年，艾略特校长在哈佛大学推行了选修制课程改革，美国其他大学相继仿效，从而在一定程度上保护了学生的学习自由权利。

19世纪90年代以后，美国学术自由的重点转向教师的教学、研究自由。这期间，因为社会意识形态的冲突导致大学解聘教授的事件成为关注的焦点。由于美国大学的教授受到外行董事会的统治，大学教授作为大学的雇员，董事会可以随意解聘大学教授。大学教授要通过与董事会的斗争保护自己的合法权利，作为科学研究者，还要承担繁重的教学、科研任务。因此，他们无暇顾及学生的学习自由。这也是美国学术自由强调大学教师的教

---

① Andrew F. West, "What is Academic Freedom?" *North American Review*, CXL (1885): pp. 432 – 444.

学、研究自由，忽视学生的学习自由的原因之一。

其次，美国早期学院的办学水平比较低，有人认为仅仅相当于德国高级中学的水平。学院招收的学生无论在年龄上，还是知识水平方面，都无法同德国大学的学生相比。学生的自主学习意识和能力相对较差，家长和教师都认为应该对学生严加管理。学校往往对学生实行严格的"家长式"的管理。在这种情况下，学生不可能享有学习自由；另外，有观点提出，在追求知识上大学教授具有特殊的地位，大学不是一个民主场所，而是一个由训练有素的知识分子所统治的贵族政治（aristocracy），因此不是所有成员都具有平等权利。教授之所以具有特殊身份，正是因为他们在某些学术领域受到学科研究训练，具有独特的研究能力，对他们所研究的主题比学生拥有更多的知识。学术自由的内涵中赋予教授较多的自由权利，完全是因为这样更能有效实现大学的目的。因此，在实现大学目的前提下，他们应该比学生拥有更多的权利。由于学生在学习期间应该被视为学徒或者是学术界的低级成员，正处于发展自己独立思考的方法和习惯的时期，学生的学习自由充分体现在教师的教学自由中，因此否认学生应该享有学习自由的权利。[1] 胡克也认为没有教师的教学自由就没有学生的学习自由。原因很简单，如果教师没有学术自由，学生就不可能享受到学术自由。[2] 哥伦比亚大学校长巴特勒曾经直言不讳地宣称，教师所享有的思想自由即独立思考、质疑一切既定方式，而

---

① ［美］布鲁贝克：《高等教育哲学》，王承绪等译，浙江教育出版社 2001 年版，第 58 页。

② Sidney Hook, *Academic Freedom and Academic Anarchy*, New York：Cowles, 1970, p. 76.

不因此受到任何惩罚的自由权利，并不属于学生。①

AAUP 在大力推广和提倡学术自由观念时，也更多强调教学自由，甚至将学术自由等同于教学自由，忽视了学习自由也是学术自由思想的重要组成部分。不论在美国联邦宪法或州的法律、或大学的法规中，很少发现有关学生学术自由的规定，而且在大部分国家的教育传统也没有赋予学生这样的权利。直到 20 世纪 60 年代，美国学生运动才重新唤起人们对学习自由的重视，才有人考虑将学术自由的权利延伸到学生，学生的学习自由开始成为人们热烈讨论的话题，学习自由成为美国学术自由发展的新领域。② AAUP 于 1964 年发布了关于学生的学术自由的声明，明确提出保障学生的学习自由权利，得到美国其他教育团体或机构的响应。声明在前言中表示："学术机构的重要特征就是自由探究和自由表达，教学自由与学习自由是学术自由不可分割的两个方面。学生作为学术机构的成员，他们的批判能力和独立追求真理的精神应该受到鼓励。学习自由离不开在课堂中、校园内以及整个社会中所提供的相应机会和条件。因此，学术机构中的每一个成员都有责任保护和尊重有助于学习自由的条件。"正是在这种思想指导下，声明列举了学生学术自由的主要内容：（1）学生享有接受高等教育的自由。学校不得因为非学术因素的影响，剥夺学生受教育的机会；（2）学生在课堂中享有言论表达的自由和免于不当学术评价的保障，学生还享有思想、信仰、政治结社自由的权利，教师不能利用工作便利随意侵犯；（3）学生的教育记录免于不当公开的保障，学校和教师不得随意泄露；（4）学

---

① Robert M. Maciver, *Academic Freedom in Our Time*, New York: Columbia University Press: 1955，p. 22.

② 周志宏：《学术自由与大学法》，台湾蔚理法律出版 1989 年版，第 164、165 页。

生在学校中享有研究、表达的自由、参与学校管理的自由、出版学生报刊的自由以及结社自由；（5）学生在校外享有其他公民同等的公民自由权利，学校不得加以禁止或制裁；（6）学校处罚学生必须遵循相应的程序，履行提前告知、事后调查、公开举行听证会的义务。① 可见，声明规定的学生的学术自由的范围，几乎涉及学生在校内外的所有活动和权利，学生的学术自由几乎成为学生权利的总称，远远超出了传统意义上学习自由概念的范围。不过，学生的学术自由并不是指由学生控制教学内容、教学标准、教师的选择以及学校的发展方向，而是指在这些方面应该征求学生的建议和要求。

四 美国大学学术自由的重要特征

美国大学不断产生学术自由问题的主要原因是外行董事会管理大学的学术管理体制。学术自由与教授终身聘任制紧密结合是美国大学学术自由的突出特征。德国、英国等欧洲大学并不存在严重的学术自由问题。美国大学深受德国、英国大学传统的影响，学术自由也是移植德国大学的学术自由理念的结果；为什么学术自由在美国却成为一个严重的问题？

美国研究学术自由的著名学者麦基弗认为，美国作为一个珍视自由和民主的国家，之所以还会不断发生学术自由的事件，主要原因是："美国独特的学术管理方式。"② 英国、德国等欧洲大学继承了中世纪大学行会自治的传统，大学享有更高程度的自治

---

① Louis Joughin, *Academic Freedom and Tenure*, Madison: The University of Wisconsin Press, 1967, pp. 66 – 72.

② Robert M. Maciver, *Academic Freedom in Our Time*, New York and London: Columbia University Press, 1955, p. 22.

权，一般实行"以教授组织为中心"的大学自治模式，即"教授治校"的学术管理模式，大学自治、"教授治校"成为学术自由制度上和组织上的保障。美国大学实行外行董事会管理体制，"外行支配"（layman control）是大学董事会组成的一条基本原理，因此大学董事会成员一般由校外人士组成，大学教师因其所处的不同立场一般不能成为董事会的成员。[①] 董事会作为学校的最高权力机构，几乎掌握了学院所有的权力，而教师和学者不论是个人还是集体都没有能够成为学术管理的重要力量，导致董事会与教师之间形成了一种雇用与被雇用的关系，大学的教授因此成为大学的雇员。美国大学教授既不像德国大学的教授是国家的公务员，也不像英国大学的教授是"自治行会"的主人。美国大学的教授受到外行董事会的统治，董事会可以随意解聘大学教授，大学教授作为大学的雇员，要通过与董事会的斗争保护自己的合法权利。因此，"美国产生学术自由问题关键是制度方面的原因，而主要不是教育方面的原因。"[②]

19 世纪末 20 世纪初，美国大学经常发生教师被解雇的事件，其中以 1900 年斯坦福大学的罗斯事件最为典型。为了保障大学教师的研究自由与教学自由，1915 年 AAUP 成立，大力提倡和推广保护学术自由的有关原则，促使大学建立相应的管理机制，明确董事会和大学教师各自的管理权限。同时，AAUP 还把建立教授终身聘任制度作为必要的补充，防止董事会随意解聘教师，导致发生侵害学术自由的情况。正是因为解聘教师通常构成对学术自由最为普遍的威胁，因此美国保护学术自由的斗争往往

---

① 胡建华：《两种大学自治模式的若干比较》，《全球教育展望》2002 年第 12 期，第 22 页。

② Walter P. Metzger, *Academic Freedom in the Age of the University*, New York：Columbia University Press, 1955, p. 124.

同教授终身聘任制度紧密联系在一起，建立以教授终身聘任制为核心的教师聘任制度，保障大学教师的经济、职业安全，成为美国学术自由的主要任务和重要特征。

五 学术自由与公民自由

美国大学争取学术自由的权利与保障大学教师作为公民的自由权利密不可分。美国著名哲学家斯坦利·霍尔曾经写道："德国大学是当今世界上最自由的大学"①，这句话用来描述当时德国大学教师所享有的校内自由状况，一点儿也不夸张。德国大学教师在校内享有完全的教学、研究自由权利，学生也享有完全的自由接受或拒绝教师的教学内容。德国大学教师在课堂上享有完全的教学自由权利，"教师教学的真理性只接受理智和事实的检验，除此以外不受任何限制"。② 德国大学的教师还享有研究的自由，"教师在多数研究领域享有绝对的研究自由，在自然科学、医学、数学以及哲学领域，任何人也不要妄想强加积极的或消极的指令。只有当科学研究涉及宗教、政治以及社会事务时，教学自由才偶尔受到一点限制"。③ 虽然德国大学教师在校内享有充分的教学自由，但是在校外却没有多少自由可言。德国学术自由严格区分校内与校外的自由，在校内不允许限定大学教师的教学内容，大学教师不受任何权威的限制，只对自己的教学负责，而不对任何其他的人负责。与之相对的是学生享有完全的自由接受或拒绝教师的教学内容，教师和学生只服从真理的标准，

---

① Friedrich Paulsen, *The German University and University Study*, New York and Bombay: Germans, Green, and Co., 1906, p. 227.

② Ibid., p. 229.

③ Ibid., pp. 230 – 231.

而不是任何外在的权威。但是教师在校外就没有同等程度的自由，德国大学教授不是普通的公民，而是国家机构的公务员，必须坚持特定的社会规范，他们在校外的政治活动以及思想、言论自由要受到一定的限制，不允许参与政治活动。①

美国大学教师在课堂中不能把自己的观点强加给学生，对有争议的问题必须保持中立，更不能对专业领域以外的问题随意发表言论。艾略特校长在就职演说中宣布："大学必须是自由的，保持中立是大学获得自由的重要因素。教师的责任不是为学生解决哲学或政治学中的争端，也不是向学生推荐、灌输任何观点，而是尽量客观地阐释各种观点，让学生了解人们对问题的各种看法。"② 哈珀（Harper）校长认为：如果教授把还没有经过专业同行的科学验证的结论当作真理加以公布，如果教授利用教学宣传某些政党的政治纲领，如果教授以专家的身份对与其专业无关的问题或自己毫不了解的问题发表看法，那么教授滥用了特权。③ 不仅美国大学董事会以此作为阻止大学教授抨击社会秩序的依据，大学校长也以此为理由惩罚那些持不同观点的大学教授。大学教授对有争议的问题必须保持中立，只能对自己专业领域内的问题发表看法，成为美国大学教师的职业道德准则。这不仅反映了美国学术自由所受到的限制，而且体现了美国学术思想的特点。美国在内战前主要继承了英国的经验主义哲学的传统，内战后受达尔文进化论思想的影响，科学取向的哲学成为主流的

① Friedrich Paulsen, *The German University and University Study*, New York and Bombay: Germans, Green, and Co., 1906, p. 255.

② Richard Hofstadter & Wilson Smith Ed., *American Higher Education: A Documentary History* (Vol. 2.), Chicago and London: The University of Chicago Press, 1961, p. 606.

③ Ibid., p. 782.

哲学，更加强化了美国的经验主义哲学，坚持事实是检验真理的标准，强调科学研究的客观中立以及专业资质，只有具备专业资格的人才有权对科学问题进行判断。

虽然美国大学教师在校内没有德国大学教师所享有的那种程度的学术自由，但是在校外，美国大学教师却享有更高程度的学术自由。美国学术自由不仅保护大学教师在校内的教学、研究自由，而且保护大学教师作为公民的言论自由权利。不过，这是美国大学教师长期斗争的结果。公民的思想、言论自由权利不仅受到美国法律的保护，而且也受到美国社会的尊重。在美国，刚开始，学术自由不是宪法和其他的国家法律所赋予教师和学生的权利，而一般的思想、言论自由则是一种受到宪法保护的公民自由权利，侵犯公民思想、言论自由的行为可以受到法律的制裁，而对待违反了学术自由的行为，则只能够企求于社会团体或个人的良知加以保护。除非存在合同关系，一般不通过法律的手段来解决。因此，不同于宪法所规定的保护思想、言论自由的机制，学术自由要求更为特别的保护。① 虽然从思想发展史看，思想、言论自由不同于学术自由。思想、言论自由的发展并不必然带来学术自由的发展，反之亦然。然而在某些有利条件下，思想、言论自由和学术自由又是相互联系、相互促进的。内战后美国大学发生了很多变化，大学与社会的联系不断增多。大学开始聘用校外的著名学者担任教授，大学的校长也大多由社会知名人士担任。大学教师也逐步从过去封闭的象牙塔中走了出来，广泛参与各种社会活动，更加关注各种社会问题的研究。美国大量的学术自由

---

① Fritz Machlup, "*On Some Misconceptions Concerning Academic Freedom*", Louis Joughin. *Academic Freedom and Tenure*, Madison: The University of Wisconsin Press, 1967, pp. 179 – 180.

的冲突也正是在这些领域产生，主要涉及大学教师在校外的思想、言论自由权利问题。此外，大学教师在公共场所的职业道德问题也容易引起学术自由的冲突。大学教师的思想、言论自由和职业道德之间的矛盾成为美国学术自由争论的焦点。

19世纪末20世纪初，美国大学学术自由冲突主要涉及大学教师在校外的思想、言论自由权利问题，大学管理当局和董事会往往以教师的职业道德限制大学教师作为公民的言论自由权利。许多教师因为在校外发表了对有关社会问题的不同看法，引起大学当局和社会公众的不满，因而遭到解聘，大学教师的思想、言论自由和职业道德之间的矛盾成为美国学术自由争论的焦点。为了保护大学教师的学术自由权利，AAUP相继颁布了一系列原则声明，最终确立了以教授终身聘任制为核心的教师聘任制度，通过履行聘任、解聘、晋升教师的正当程序，不仅确保大学教师在校内的学术自由权利，而且保护大学教师作为公民的言论自由权利，防止大学教师因为以公民的身份发表了对有争议问题的看法，而受到经济上的制裁或面临失业的威胁或遭受其他的损失。大学教师逐步取得了其他公民所具有的思想、言论自由和其他人身自由权利，以及对有争议的社会问题与专业领域之外的问题自由发表看法的权利。

为了维护社会的整体利益，对于法律、新闻、教师、科学研究等职业，必须授予特别的豁免权（正如法律授予立法者和法官的豁免权）。因为这些职业很容易因为受到外在干预的压力而失去正义感和公正性，最终损害社会的共同利益。如果大学教师不能自由地开展科学研究和发表科研结果，自由表达自己的思想观点，质疑、挑战已被接受的思想，或保护受到挑战的思想，那么将阻碍知识的发展，影响社会的进步。大学教师不仅需要免受政府的干预以保护自己享受公民的思想、言论自由权利和其他人身自由权利，而且还必须能够抵制来自同事的批评、嘲笑、报复，遵循任何大胆的对知识好奇心的引导，而不必考虑后果。因此，对于思想言论就是其工作的全部内容的教师职业来说，思想、言论自由具有特别重要的作用。① 如果大学教师以普通公民的身份发表了与众不同的观点，不至于因此就危及他们已有的地位，仅仅依靠法律上的言论自由、思想自由的保护是远远不够的。大学管理当局和董事会也会因为不满大学教师的言论而对他们进行打击和报复。因此，大学教师除了需要享有其他公民所具有的思想、言论自由和其他人身自由权利，有权对有争议的社会问题以及专业领域之外的问题自由发表自己的看法，还需要学术自由这种特权的保护，使他们能够免受大学当局的威胁，避免受到经济上的制裁或面临失业的威胁或遭受其他的损失。只有受到思想、言论自由和学术自由的双重保护，大学教师才能扮演好教师、学者、公民的多重身份，更好地履行作为公民身份和学者身份的职责。因此，学术自由已经成为美国大学教师争取公民自由权利的一个重要组成部分，思想、言论自由和学术自由一起构成保护大学教师权利的重要屏障。

此外，美国大学强调学术自由与学术责任的统一，享有学术自由必须履行相应的学术责任。美国大学坚持学术自由与学术责任统一的原则，既保持学术研究的独立性，也不固守传统的象牙塔。大学不仅始终没有放弃自己所承担的学术责任，而且积极履行对国家、对社会的责任，积极参与社会服务，时刻关注社会现实问题，以学术的发展促进国家与社会的繁荣。

---

① Fritz Machlup, "*On Some Misconceptions Concerning Academic Freedom*", Louis Joughin. *Academic Freedom and Tenure*, Madison: The University of Wisconsin Press, 1967, pp. 179 – 180.

第 二 编

关于学术职业的探讨

美国学术职业的兴起

19世纪80年代以来,美国大学借鉴德国大学模式,重视教学与科研的结合,提倡学术自由,相继诞生了以康奈尔、约翰·霍普金斯、斯坦福、芝加哥等为代表的美国现代大学,完成了向现代大学制度转变的"学术革命"。随着大学与社会联系的加强,工商业人士逐步取代牧师成为大学董事会的主要成员,科学与财富的矛盾上升为美国大学的主要矛盾。由于知识价值观与商业价值观的冲突,导致董事会随意解聘大学教师的事件时有发生,大学教师的职业安全受到严重的威胁。

一 美国现代大学的建立

(一)研究生教育的发展

内战前的美国大学之所以不存在现代意义上的学术自由概念,是因为缺乏与学术自由紧密相关的高深学问的研究。大学还

此文节选自李子江著《学术自由在美国的变迁与发展》(北京师范大学出版社2008年版)。

主要承担着传授知识的职能，科学研究和为社会服务的职能并不突显，学术自由在大学发展中的重要地位和作用还不为人们所认识。[1] 由于学院为教会所控制，基督教的信条成为学院生活的准则。学院不仅对学生的学习和品德有严格的要求，而且对教师的教学和品行也有非常严格的限制，教师的所有教学活动被严格限定在基督教教义允许的范围之内，严重阻碍了教师在课堂上探讨有争议的问题的积极性。学院教师作为受过传统教育的知识分子，履行着多重角色的职责，"作为牧师，他们赞美知识；作为学者，他们使知识系统化；作为原教旨主义者（fundamentalist），他们运用知识，怀着敬畏的心情逐字逐句引用知识"。[2] 由于学院知识分子受到狭隘的教派主义的影响以及时代的局限性，导致他们把基督教教义当作真理，在基督教的教义中寻找所有问题的答案，从而把知识变成了亘古不变的教条。阐释基督教的教义以及传递、保存已有的知识成为学院知识分子的主要任务。只要保存知识是学院教师最重要的任务，学术自由对教师来说就显得不那么重要，教师对教学自由和研究自由也就不会有强烈的要求。

现代学术自由思想的产生既是现代大学为履行教学、研究、社会服务等多种职能的必然反映，也是学术职业追求真理的科学精神的必然要求。随着美国现代大学制度的形成，大学科学研究职能逐步确立，大学教师开始致力于研究高深学问和探求新知识，学术自由的观念才突显出来。[3] 美国著名高等教育史学家卢

---

① Richard Hofstadter, *Academic Freedom in the Age of the College*, New York: Columbia University press, 1955, p. 210.

② Walter P. Metzger, *Academic Freedom in the Age of the University*, New York: Columbia University Press, 1955, p. 43.

③ Paul Westmeyer, *A History of American Higher Education*, Springfield, Illinois: Charles C Thomas Publisher, 1985, p. 137.

卡斯认为，相对于传统的学院，"大学可以提供更加广泛的、专业化的课程，尤其是学士后的或研究生教育的课程"；以及"大学更为专业的、实用的办学定位以及与职业准备更加紧密的联系"；"最重要的是，教学一直是学院的主要任务，而现在大学的重点则转向学术和研究。"① 1876 年，约翰·霍普金斯大学建立，科学研究成为大学的重要职能开始分化出来，标志着美国现代大学的诞生，从此揭开了学术自由与美国现代大学相生相伴的发展历史。

美国现代大学制度的确立过程是美国早期小型学院向真正的大学过渡和演变过程，实质是研究生教育的发展和科学研究职能确立的过程。②

内战前美国最早的一批留德归国学者就曾经在美国的学院进行改革，试图开设一些高级的研究生课程。1826 年，哈佛学院在乔治·提克纳（George Tickner）的倡导下，为获得学士学位的学生开设了高一级的课程。虽然这种课程与本科课程没有明显的区别，但仍然被看作是美国研究生教育的开端。1831 年，弗吉尼亚大学正式为已经获得学士学位的学生开设攻读文科硕士学位的课程。此后，纽约市立大学于 1835 年，韦兰德（Francis Wayland）领导的布朗大学于 1850 年，哥伦比亚大学于 1857 年，北卡罗莱纳大学于 1896 年，都曾尝试过进行正规的学士后学位的教育，但是由于缺乏足够的资金和高水平的教授，因此授予的硕士学位的水平不高（只相当于学士学位），加之职业市场对这种学位的需求并不迫切，早期的研究生教育的尝试先后遭到了失

---

① Christopher J. Lucas, *American Higher Education*: *A History*, New York: St. Martin's Griffin, 1994, pp. 170–171.

② 王廷芳:《美国高等教育史》, 福建教育出版社 1980 年版, 第 169 页。

败。美国公认的学士后教育的标志是密歇根大学的校长亨利·塔潘于 1853 创立的文科硕士学位计划。1858 年，密歇根大学董事会决定：学士学位的拥有者完成至少一年的学习计划（每学期至少修习 2 门课程），通过考试并提交论文，就可授予文科或理科硕士学位。1859 年，该校首次授予它的两名毕业生攻读硕士学位。1860 年，耶鲁学院创设了美国第一个博士学位计划，规定获得学士学位后至少在校学习两年，通过考试并完成高水平的学术论文，就可获得哲学博士学位。该校于 1861 年在美国首次授予了哲学博士学位。①

美国早期的研究生教育仅仅是个别高校进行的一种尝试，处于刚刚起步的阶段。高校内部及社会上对于仿照德国大学开展研究生教育普遍持冷漠态度。教会学院害怕德国大学的教育成就，强调功利主义的州立大学也怀疑德国大学的纯学术研究。特别是美国社会的政治、经济、科学技术和教育的发展水平在内战前还没有达到迫切需要发展研究生教育的程度。内战后，随着美国社会工业化、都市化、专业化、世俗化步伐的加快，整个社会的思想文化也发生了深刻的变化，不断发展的物质财富也为高等教育的发展提供了可靠的保障。美国经济的发展对高深研究的要求大大增加了，要求创办现代大学、发展研究生教育的呼声不断高涨起来。社会大批的捐赠基金投入到高等学校，大批具有博士学位的毕业生源源不断地从德国的大学返回，也为美国现代研究型大学的发展提供了必要的财力和人力资源。

---

① Frederick Rudolph, *The American College and University*: *A History*. Athens and Bibliography: The University of Georgia Press, 1991, p. 335.

（二）大学改革与新型大学的建立

19 世纪 70 年代，哥伦比亚大学校长伯纳德（Frederick A. Barnard）对美国的高等教育进行批评，提出学习其他国家高等教育的经验，建立美国真正的大学，一个能够提供专业训练和各学科高级学位教育的场所。① 伯纳德的提议得到响应，教育家对美国原有的高等教育进行了改革，一是建立独立的以研究生教育为重点的新型大学，如吉尔曼（Daniel C. Gilman）所领导的约翰·霍普金斯大学和霍尔领导的克拉克大学；二是改造美国现有的英国式学院为德国式的大学，注重学术研究和高级学位教育，如艾略特领导的哈佛大学。美国现代大学的形成是一个缓慢的过程，直到 19 世纪 80 年代，美国现代大学才初具雏形，其中具有代表意义的就是霍普金斯大学的建立。②

1876 年，约翰·霍普金斯大学创立，吉尔曼校长宣布研究生教育是大学的重要使命，促进知识的发展，鼓励科学研究，提高学者的水平，是新型大学追求的目标。杰出的教师是大学的中心，教师的需要和科学研究能力是大学发展的决定性因素。吉尔曼始终把建设一流的教师队伍作为中心工作，他认为大学所需要的是世界上最优秀的学者，而不是最宏伟的建筑，"大学的荣誉应该取决于会集在这里的所有的教师和学者的品质，而不取决于人数的多少，更不取决于他们所使用

① Christopher J. Lucas, *American Higher Education: A History.* New York: St. Martin's Griffin, 1994, p. 172.

② Christopher Jenckes & David Reisman, *The Academic Revolution*, New York: Doubleday & Company, Inc., 1968, p. 13.

的建筑物"。① 为此，吉尔曼坚持聘用世界上一流的学者来校任教，该校第一批教师中许多曾经在德国大学学习并且拥有博士学位的学者。到 1884 年，霍普金斯大学所有任命的 53 位教学人员，13 位获得过德国博士学位。霍普金斯大学在建校之初，没有制定建设校园的计划，也没有足球场和棒球场，然而却为研究人员提供了所需要的大量的设备，以至于学校看上去更像一个工厂或大的商店而不是大学。此外，为了招收到那些具有从事高一级学习准备的一流的学生，给教师的科学研究以激励和挑战，他不惜建立奖学金制度吸引他们，该校的第一届研究生就是通过提供优厚的奖学金"雇用"来的，其中包括约翰·杜威、卡特尔（J. Mckeen Cattell）、伍德罗·威尔逊（Woodrow Wilson）等一批后来著名的学者。② 从招生人数看，霍普金斯大学始终将重点放在研究生教育上，1876 年招收了 54 名研究生和 35 名本科生，1880—1881 年招收了 102 名研究生和 37 名本科生，1885—1886 年招收了 184 名研究生和 96 名本科生，1895—1896 年招收了 406 名研究生和 149 名本科生。霍普金斯大学还采用德国大学的讲授法、实验室方法以及研讨班等有利于科学研究的教学组织形式和方法，提倡学术研究的自由氛围，学生可以自由地选择他们感兴趣的学习课程。吉尔曼在大学的管理上严格排除"教派主义和党派偏见"的影响，成为一所致力于自由自在的追求真理的非教派机构。霍普金斯大学在吉尔曼的领导下，取得了辉煌的

---

① "Gilman Recounts the Founding Principles at the Johns Hopkins, 1876." In: Richard Hofstadter & Wilson Smith Ed., *American Higher Education*: *A Documentary History* (Vol. 2). Chicago and London: The University of Chicago Press, 1961, p. 755.

② John S. Brubacher & Willis Rudy, *Higher Education in Transition*: *A History of American Colleges and Universities*, *1636 – 1976*, New York: Harper & Row Publishers, 1976, p. 180.

成就，到 1901 年已经拥有从事高深研究的 13 个不同的系组成的哲学研究院和一所医学院，其中医学院已开始在世界闻名。据卡特尔（J. Mckeen Cattell）的调查发现，在当时 1000 名美国卓越的科学家中就有 243 名是霍普金斯大学的毕业生。到了 1896 年，教师队伍中有 3 名或更多斯霍普金斯大学毕业生的美国学院和大学超过了 60 所，其中哈佛大学有 10 人，哥伦比亚大学有 13 人，威斯康星大学有 19 人。① 学校培养的年轻的哲学博士们毕业后就像传教士一样，在全国传播现代大学的思想，大大推动了学术研究工作的广泛开展。霍普金斯大学常常被称为设在美国的柏林大学，是"巴尔的摩的哥廷根大学"。

霍普金斯大学是美国第一所现代意义的大学，许多美国高等教育的专家认为 1876 年以前美国没有真正意义上的大学，直至约翰·霍普金斯大学创立以后，美国大学第一次把研究生教育放在了第一位，学者第一次能够在自己的专业领域把教学和创造性的研究结合起来，科学研究职能成为大学区别于学院的重要标志，美国才有了现代意义的大学，标志着美国大学时代的开始。

霍普金斯大学的成功和榜样作用，既有力地促进了哈佛、耶鲁、哥伦比亚、威斯康星等著名的传统学院和州立大学改造为现代大学的进程，也为克拉克、芝加哥等新的研究型大学的创立开辟了道路。1889 年，克拉克大学建立，首任校长霍尔（G. Stanley Hall）提出学校不重视实用知识和学生的数量，促进知识的增长和传播才是学校的目标，因此，教师的主要任务就是开展高深学问的纯科学研究。1892 年，芝加哥大学成立，哈珀（Wil-

---

① John S. Brubacher & Willis Rudy, *Higher Education in Transition: A History of American Colleges and Universities, 1636 – 1976*, New York: Harper & Row Publishers, 1976, p. 181.

liam Rainey Harper) 校长宣布新成立的芝加哥大学的主要任务是学术和研究，"研究工作是这所大学的首要任务，教学工作是第二位的。"[①] 到 19 世纪末，美国传统学院和大学基本完成了向现代大学制度的转变。1900 年，在哈佛、哥伦比亚、霍普金斯、芝加哥和加利福尼亚五所大学校长的倡议下，成立了美国大学联合会（Association of American Universities，以下简称 AAU），致力于建立大学的统一标准，标志着美国现代大学制度的形成。

二 大学科学研究职能的确立

美国现代大学制度的形成与大学的科学研究职能的确立，逐步引起教师角色和职责的变化。学院由原来保存知识的职能逐步向以科学研究为其主要职能的大学转变，学院教师也由知识的传递者、保存者向新知识的研究者转变。"大学教师常常作为学者，他们寻求对已有的理论进行新的阐释；作为社会科学家，他们致力于明辨是非真假；作为物理和自然科学家，他们通过精密的实验对现有的理论进行检验。"[②] 不过，19 世纪 70 年代以前，美国的学术职业还处在发展的初期，科学研究在美国高等教育中还没有占据重要的地位。直到 19 世纪 80 年代以后，这种状况才开始发生变化，大学成立了由相关学科组成的各种系科和研究院，建立和扩展了各种为科学研究服务的大学实验室、图书馆和出版社，逐步引进和普及德国大学的学术演讲（scholar lecture）、研讨班（seminar）、实验法（experimental laboratory）等科学研

---

① Christopher J. Lucas, *American Higher Education: A History*, New York: St. Martin's Griffin, 1994, pp. 173 – 174.

② Walter P. Metzger, *Academic Freedom in the Age of the University*, New York: Columbia University Press, 1955, p. 44.

究和教学的组织形式、方法和制度，大力发展科学研究和研究生教育。据统计，1876 年，25 个机构授予了 44 个博士学位。1890 年，美国大学共授予 164 个哲学博士学位，10 年间翻了一番，达到近 250 人。1850 年，全美国仅有 8 名研究生，1871 年取得学士学位后继续学习的学生仅 198 人。到 1890 年，几乎达到 3000 人，1900 年更达到 5668 人。到 1900 年，美国开设研究生课程的学院和大学已达 150 所，其中 1/3 开设了博士课程。科学研究逐步成为美国大学的重要职能。1900 年 AAU 的建立标志着美国已形成了研究型大学群体。① 19 世纪晚期大学知识分子开始认识到自由探究是科学的必要条件，只有不断地探究才能促进知识的发展。② 大学职能的转变和教师角色的转换引起了教师知识观念的改变，由于任何没有经过实践检验的知识和经验都是不可靠的，也不存在一成不变的永恒真理可供大学传递和保存，大学教师再也不能固守现有的知识和传统的价值观念，而必须不断地进行知识的研究与创新。维布伦（Thorstein Veblen）认为"传授知识与科学探究的本质区别就在于，科学始于怀疑"。③ 大学科学研究职能的确立，导致大学教师逐步从原来的"说教者"的角色向"科学探究者"的角色转变，使一直不受重视的学术自由思想开始为大学教师所提倡。大学教师对束缚思想自由的教派主义进行了更加猛烈的抨击，极力推崇德国的大学思想和学术自由的理念，为学术自由在美国的发展清除了思

---

① 贺国庆：《德国和美国大学发达史》，人民教育出版社 1998 年版，第 150 页。

② Julie A. Reuben, *The Making of Modern University*: *Intellectual Transformation and the Marginalization of morality*, Chicago and London: The University of Chicago Press, 1996, p. 49.

③ Thorstein Veblen, *The Higher Learning in American*, New Brunswick（U. S. A.）and London（U. K.）: Transaction Publishers, 1993, p. 132.

想上的障碍。

三 教授职位与学术团体的产生

"教授职位的出现完全是一个组织建设上的标志，标志着一次较大的学术和教学方式向着知识专业化的方向的转化。"[1] 美国较早出现的教授职位是在威廉·玛丽学院，该校于 1712 年设立了第一个自然哲学和数学教授职位，1727 年又设立了道德哲学和神学教授职位，获得这两个职位的分别是爱德华·威格尔斯沃斯（Edward Wigglesworth）和艾萨克·格林伍德（Isaac Greenwood）；哈佛于 1721 年，设立了霍利斯神学教授职位，并于 1727 年设立了霍利斯数学和自然哲学教授职位，1764 年又设立了希伯莱语和其他东方语言学教授职位；耶鲁于 1753 年设立了神学教授职位，1770 年设立了数学和自然哲学教授职位；1767 年，普林斯顿学院设立了三个永久性的教授职位。[2] 此后，在其他学院相继设立教授职位。这个时期的教授不同于 17 世纪学院的助教（tutor），主要承担诸如自然哲学、神学和古典语言等专门领域中的教学工作，大多都受过学士后阶段的教育，布朗学院任职的 8 位教授中，有 7 人受过学士后阶段的教育，而同期哈佛学院的 10 位教授均受过这种教育。[3] 另外，教授职位相对于助教更具永久性。在 18 世纪后期，耶鲁学院教授任职的平均时间从 21.5 年增至 36.8 年；布朗学院教授任职的平均时间从 30.7

---

① ［美］劳伦斯·A. 克雷明：《美国教育史：殖民地时期的历程 1607—1783》（Vol. 1），周玉军等译，北京师范大学出版社 2003 年版，第 494 页。

② 同上。

③ Philip Altbach and Martin Finkelstein, *The Academical Profession: The Professoriate in Crisis*, New York: Garland Publishing, Inc., 1997, p. 24.

年增至 36 年；哈佛学院教授任职的平均时间则为 42.5 年。① 从而保证了学院教学工作的稳定性和延续性，更为重要的是学院教师的工作有可能成为一种固定的职业。但在另一方面，教授与助教一样，也必须承担监督和管理学生学习、生活的职责。尽管与助教相比，这个时期美国学院的教授们通常接受了更多的教育和训练，但是基本上仍然是传统的古典学科的训练或神学训练，而不是专门领域的训练，也很少有教授在自己任职的专门领域进行研究。由于这个时期美国高等教育仍然把养成虔诚的信仰作为基本的目标，所以，学院教授们的主要责任就是"如何把自己对上帝的信仰很好地传递给学生"，"坚定的信仰和传递信仰的能力"成为教授必备的素养。正是由于这样的原因，美国著名高等教育史学家鲁道夫（Frederick Rudolph）把这个时期美国学院的教授称为"旧式学院教授"（the old-time college professor）②，以区别于现代意义上的大学教授。

19 世纪末，美国学术日益专业化，过去那种能够胜任不同学科教学任务的博学之士，逐渐被精通某一学科的专家所取代，博士学位成为从事大学教学和科研的必备资格，大学教师出现了专业化和职业化的趋势。许多大学开始尝试实行包括讲师、助理教授、副教授、正教授的学术等级制度，不同等级的教师享有不同的权利。芝加哥大学对副教授以下职位的教师实行短期雇用，而副教授、正教授、首席教授（head professor）职位的教师则享

---

① Philip Altbach and Martin Finkelstein, *The Academical Profession*: *The Professoriate in Crisis*, New York: Garland Publishing, Inc. , 1997, p. 25.

② Frederick Rudolph, *The American College and University*: *A History*. Athens and Bibliograph: The University of Georgia Press, 1991, pp. 159 – 160.

有长期雇用的权利。[1] 1900 年，哈佛大学和密歇根大学等建立了包括助理教授、副教授和教授组成的大学教职系列，其他大学相继仿效。[2] 不过，大学教师的专业化不仅没有扩大教师参与大学事务的权力，事实上反而进一步加大了教师与董事会之间的隔阂，教师逐渐沦为大学董事会的雇员，导致教授对学科及其专业标准的忠诚超过了对大学的忠诚。[3]

美国最早的学术专业组织形成于 19 世纪 40 年代，但是直到 19 世纪 70 年代以后，学术组织的重要性才日益显现出来，并且随着美国学者队伍的不断壮大，各种各样的学术社团开始出现。美国早期学术团体或组织的产生主要有两种方式：一种是在已有的学术组织的基础上分化产生新的分支，如：1870—1890 年间，美国科学促进会 （American Association for the Advancement of Science） 通过分化产生了美国数学协会 （American Mathematical Association）、美国化学协会 （American Chemical Society） 以及美国植物学协会 （Botanical Society of American）；另一种方式就是单独建立新的学术组织，如美国现代语言协会 （Modern Language Association）。尽管这些不同学术组织的产生过程可能存在差别，但是所有这些学术组织的目的和动机是类似的，那些具有共同学术兴趣的学者希望通过建立协会，创办学术刊物，开展学术会议等方式，以加强彼此之间的交流，促进学科专业的发展。[4] 从

---

[1] Christopher J. Lucas, *American Higher Education*: *A History*, New York: St. Martin's Griffin, 1994, p. 179.

[2] 乔玉全：《21 世纪美国高等教育》，高等教育出版社 2000 年版，第 33—34 页。

[3] Christopher J. Lucas, *American Higher Education*: *A History*, New York: St. Martin's Griffin, 1994, p. 180.

[4] Richard M. Freeland, *Academia's Golden Age*: *Universities in Massachusetts 1945 - 1970*, New York: Oxford University Press, 1992, p. 48.

1876 年到 1905 年，美国先后有 15 个重要的学术团体建立起来，其中著名的有：美国化学学会（1876 年）、美国现代语言学会（1883 年）、美国历史学会（1884 年）、美国经济学会（1885 年）、美国地质学学会（1888 年）、美国数学学会（1888 年）、美国心理学协会（1892 年）、美国天文学学会（1899 年）、美国物理学学会（1899 年）、美国哲学协会（1901 年）、美国政治学协会（1903 年）、美国社会科学学会（1905 年）等。到 1908 年，美国已有 120 个全国性的学术团体，550 个地方性的学术团体。第一次世界大战期间，美国又开始出现了一些有关的专业学术团体组成的全国性的联合会或协会，如全国研究协会、社会科学研究协会、美国学术团体协会等。[①]

美国这些早期的学术专业团体和组织通过开展学术交流活动，制定相应的学术组织和管理制度，不仅促进了美国学术的发展和学术专业化，为美国学术职业的发展积累了丰富的经验，而且可以发挥学术团体的集体力量捍卫学者的学术自由权利，克服以往学者在学术自由斗争中孤立无援的局面。

[①] John S. Brubacher & Willis Rudy, *Higher Education in Transition: A History of American Colleges and Universities, 1636 - 1976*, New York: Harper & Row, Publishers, 1976, p. 189.

美国大学终身聘任制的历史与变革[*]

一　终身聘任制的起源

大学教师聘任制的历史与大学发展的历史一样久远，大学教师的发展相继经过了中世纪大学学者行会主人（master）时期、雇员（employee）时期和职业化（professional）时期三个阶段。为了保护大学教师学术职位的稳定性，在每个时期大学实行了各种不同形式的终身聘任制，包括中世纪大学作为特权形式的终身聘任制（tenure as privilege）、雇员时期任期制形式的终身聘任制（tenure as time），以及职业化时期法律形式的终身聘任制（tenure as judiciality）。①

（一）中世纪大学特权形式的终身聘任制

中世纪大学教师是享有高度特权的职业，只有获得一定的学

　＊　此文发表于《清华大学教育研究》2006 年第 3 期。

　①　Walter P. Metzger, "Academic Tenure in America: A Historical Essay *Faculty Tenure*", *A Report and Recommendations by the Commission on Academic Tenure in Higher Education*, San Francisco: Jossey-Bass Publishers, 1973, p. 94.

位和教师资格许可证，才能成为大学教师。中世纪大学是学者的行会，实行学术自治，学者自己管理大学内部的事务，大学负责颁发学位证书和教师资格许可证。大学教师的聘用、解聘等事务主要由大学自己决定，一般不受外部其他机构的影响。因此，作为特权形式的终身聘任制实际上是为了抵制非学术因素对大学学术事务的干扰。但是，终身聘任制并非仅仅是防止来自大学外部对教师的威胁，而且防止来自大学内部对教师个人的威胁。虽然大学教师违反大学管理规定，将会受到罚金、停职，甚至开除的处罚。但是大学并非可以随意处罚教师，而是必须履行正当程序，这并非现代大学的发明，当时的巴黎大学和牛津大学就为受到指控的教师提供正式的听证会，允许教师为自己进行辩护，教师对学校的处罚判决不服可以向全体教师会议提出上诉。由于特权形式的终身聘任制后来受到批评，逐渐衰落了，但是这种学术体制的某些特点却被现代大学所采纳。

（二）雇员时期任期制形式的终身聘任制

美国早期的学院实行教学与管理分离的管理体制，大学教师与董事会之间在很大程度上存在着事实上的双边合同关系，由于学院对聘用教师的权利义务关系缺乏明文规定，经常导致学院与教师的纠纷。为了改变这种状况，学院开始对聘用教师的职责、薪水待遇、任职期限等方面事项进行规定，以便调整学院与教师之间的权利义务关系，逐步产生了任期制形式的终身聘任制（tenure as time）。哈佛学院是美国最早实行教师聘用任期制的学校，1716 年哈佛学院董事会规定此后所有聘用的助教（tutor）任期不能超过 3 年，经过新一轮的考核可以续聘的除外。1760年，哈佛学院不仅限定每个教师的任期，而且规定每个教师任同一职务的最长时间不能超过 8 年。这是美国学院实行教师聘用试用期制度的最早尝试。直到 1721 年，哈佛学院才建立了第一个神学教授职位，1728 年又设立了数学和自然哲学教授职位，1757 年设立了东方语言学教授职位。① 哈佛学院开始对不同等级职务教师实行不同的任期制，所有教授的任职时间都不受 3 年任期制的限制，形成教师聘用的"双轨制"（two-track system），后来发展成为美国大学通行的"非升即走"的教师聘用制度。

19 世纪美国的一些学院曾经实行教师年度考核聘用制，学年末考核合格的教师才能获得续聘。多数学院最终实行两种不同的聘用制，对职务较低的教师实行任期不等的任期制，其他较高职位的教师实行"无限期"的聘用制（indefinite appointments）。但是美国的多数学院或大学并没有实行严格的教师聘用任期制，事实上存在着"无限期"的终身聘任制（indefinite tenure）。尽管多数学院没有明确规定教师的任期，但并不表明教师因此获得了终身聘用的保障，董事会仍然可以因为教师不能胜任教学工作或品行不端等原因加以解聘。19 世纪，美国学院很少在解聘教师之前举行听证会，据一项对美国 1860—1914 年间的 122 所学院历史的考察发现，72 件解聘教师事件中仅有 6 件经过听证会。② 可见，虽然学院教师聘用存在事实上的终身聘任制，但是终身聘任制远远没有成为人们广泛认可的教师权利。由于解聘教师不经过听证会，很难保证其公正性，教师的职业安全无法得到保护。因此，19 世纪美国学院经常发生教师不服学校的解聘处理决定，因而上诉至法院的事件。"无限期"的终身聘任制是美国大学教师试用期制度的雏形，虽然可以在一定程度上防止学校

---

① Walter P. Metzger, "Academic Tenure in America: A Historical Essay", *Faculty Tenure*, *A Report and Recommendations by the Commission on Academic Tenure in Higher Education*, San Francisco: Jossey-Bass Publishers, 1973, pp. 117 – 119.

② Ibid., pp. 126 – 128.

随意解聘教师，但是由于对教师任职期间的权利义务关系以及任职期限没有明确规定，教师的聘用缺乏法律保障，因此具有很大的随意性，教师经常面临被解聘的威胁。

(三) 教师职业化时期法律形式的终身聘任制

19 世纪末期，美国的学院和大学开始受到美国医学协会、律师协会等发展比较成熟的行业协会组织的影响，试图把其他行业的标准借鉴到高等教育领域，从而建立学术职业的标准，促进学术的职业化。20 世纪初，美国大学教师进入职业化时期，大学董事会与大学教师之间的矛盾日益激化，大学教师的职业安全受到严重的威胁，要求建立职业保障机制的呼声日益高涨。为了维护大学教师职位的稳定性，1915 年美国大学教授协会（AAUP）成立以后，发表了 1915 年声明，首次提出终身聘任制的原则。此后，相继发布了 1940 年、1958 年原则声明，阐述学术自由与终身聘任制的有关原则，制定解聘教师正当程序的原则制度，并对违反学术自由与终身聘任制原则的事件，特别是学校没有使用正当程序解聘教师的事件进行调查和公开谴责，促使终身聘任制逐步成为美国大学通行的教师聘用制度。可见，法律形式的终身聘任制不同于雇员式的终身聘任制，就在于大学教师从一个可以被大学任意解聘的雇员（an "at will" employee），变成了一个必须有正当理由和合法程序才能被解聘的雇员（a "for cause" employee）。因此，法律形式的终身聘任制实质是大学管理者授予大学教师的具有法律合同关系的权利。[①]

---

① Ronald B. Standler, "Academic Freedom in U. S. A.", http://www.rbs2.com/afree.htm, 1999.

二　大学教师的职业危机是终身聘任制兴起的主要原因

美国学院实行校外人士管理的董事会制度，董事会作为学院的法定代表，几乎拥有管理学院的所有权力。19 世纪后半期，美国富有的工商业人士开始逐步取代牧师成为大学董事会的主要成员，由世俗人士管理大学已经成为美国高等教育的一大特色，大学董事会的绝大多数成员都是银行家、律师、工商业家，大学董事会看起来更像一个公司董事会。大学董事会结构的变化，促使大学更多地选择世俗人士而不是牧师担任校长，大学中来自工商业阶层的董事或校长强调工商业的功利主义价值观，奉行效率至上的评价标准，片面追求大学管理中的效率、成本、效益，完全用量化的指标评价教师的教学、科研、社会服务，套用企业程序化、制度化的管理方式，对教师实行统一的非人性化的管理，这些引起大学教授的担心。①　维布伦（Thorstein Veblen）对大学管理的官僚化趋势以及工商业价值观的潜在威胁表示了极大的忧虑。维布伦认为，科学与商业是两种不同的文化，具有不同的价值观。大学的使命就在于不受价值影响地追求高深学问，以满足学者对知识的好奇心。然而，大学董事会及其管理机构中的政治家、工商业人士却把大学变成了政府机构或公司企业，按照企业、政府组织的官僚化管理方式管理大学，追逐经济利润成为他们的主要目标，培养实用的专业人才成为他们主要的教育目的，

---

①　Logan Wilson, *The Academic Man: a study in the sociology of a profession*, New Brunswick (U. S. A.) and London (U. K.): Transaction Publishers, 1995, pp. 109 – 112.

大学教师逐渐沦为他们的雇员，大学成为实现他们功利主义价值观的工具，严重干扰了大学教师对知识的探求。① 美国大学管理的官僚化、商业化成为威胁大学教师职业安全的主要因素。许多大学董事会对待大学教师，就如同公司经理对待工厂工人一样，只要董事会对大学教师的行为不满就随意解聘他们，大学教师沦落为大学的雇员，大学教师的职业安全无法得到保障。

19 世纪 90 年代以来，美国学术自由的矛盾逐步从神学领域转向经济学和社会学领域。在此以前，学术自由主要表现为科学与神学之间的斗争，现在则公开地表现为科学与财富之间的冲突。② 美国大学不断发生大学教授因为批评现存的社会经济制度和主流的经济学观点而被董事会解聘的事件，主要原因不是教师言论的内容本身的问题，而是因为教师的言论引起了公众或大学资助者的不满，董事会和大学校长因为担心教师的言论可能影响公众或工商业人士对大学的资助，或者迫于外界压力，进而解聘教师。学术自由的矛盾是大学及其学者与公众之间关系冲突的反映。19 世纪 90 年代是美国大学发生学术自由事件的高峰期，大学董事会中的工商业资本家开始疯狂地清除大学中新出现的"经济学异端"（economic noconformity）思想。据威尔（Thomas Elmer Will）研究的不完全统计，这期间美国大学发生的有代表性的学术自由事件就有 10 多件。③ 在这些事件中，大学解聘学

---

① Thorstein Veblen, *The Higher Learning in America*, New Brunswick（U. S. A.）and London（U. K.）: Transaction Publishers, 1993, p. xxiii.

② Walter P. Metzger, *Academic Freedom in the Age of the University*, New York: Columbia University Press, 1955, p. 147.

③ Thomas Elmer Will, "A Menace to Freedom: The College Trust", Arena 26（September, 1901）, pp. 244 - 257., Christopher J. Lucas, *American Higher Education: A History*, New York: St. Martin's Griffin, 1994, pp. 194 - 195.

者主要不是因为学者发表的政治、经济学说本身是错误的，而是因为他们对现有社会政治、经济制度的批评会影响工商业资本家以及公众对大学的资助。因此，"大学对学术自由的抵制与其说是原则问题（a matter of principle），不如说是大学处理公众关系的一种策略。"①

三　美国大学教授协会的推动与
终身聘任制的建立

（一）美国大学教授协会的成立与终身聘任制原则的初步确立

1900 年，斯坦福大学的经济学教授罗斯（Edward A. Ross）因为公开发表演讲批评政府的亚洲移民政策和支持公共设施国有化的主张被解聘。罗斯事件使大学教师认识到建立教师集体组织维护职业的重要性。1915 年 AAUP 成立，发布了关于学术自由与终身聘任制的原则声明。1915 年原则声明首先分析了学术权力的基础以及学术职业的性质。大学不同于公司企业，大学教师也不同于工厂的工人，董事会与大学教师之间不是雇用与被雇用的关系。对于大学董事会把教授当作雇员，把大学当作他们自己的私有财产的做法进行了谴责。其次，声明从大学履行三大功能的角度阐述了学术自由存在的必要性。为了保证研究和教学自由，声明提出了保护学术自由的原则，建议大学实行教授终身聘任制（Tenure System）、教授会裁判（Faculty Trials）以及司法听证会（Judicial Hearings）制度。具体而言，大学讲师以上职

---

① Laurence R. Veysey, *The Emergence of American University*, Chicago and London: The University of Chicago Press, 1965, p. 410.

位的专业人员任职 10 年以上均应永久聘用，没有正当理由不得任意解聘。大学在解雇和处罚大学教师之前，应通过书面材料告知当事人解聘的缘由，并由教授、副教授和所有讲师以上职位的专业人员组成的公正团体进行审议，组织公开的听证会，当事人有权辩护。如果确因教师不能胜任本职工作要求解聘教师，也必须由教师所在院系的同行专业人士或其他院校的同行专家委员会撰写书面的评价报告。此外，大学解聘讲师以上职称的教师必须提前一年通知当事人，而解聘讲师必须提前三个月通知。① 1915年原则声明把保护职业安全的终身聘任制，与防止外行干预的专业人员裁决制度有机统一起来，把实行教授终身聘任制与保护学术自由有机结合起来，成为美国学术自由与终身聘任制原则的纲领性文件，后来经过 AAUP 的努力逐步得到美国学院和大学的认可，成为大学维护学术自由与终身聘任制的有力武器，被称为"美国有史以来有关学术自由原则的最全面的最有影响的宣言"，"是学术职业发展的一个里程碑"。②

（二）学术自由事件调查机制的建立与终身聘任制的推行

AAUP 成立的短短几年中所取得的成绩是显著的，在促进美国学术职业化方面所作的长期努力是有目共睹的。AAUP 在维护学术自由权利斗争中充当着两方面的角色，一是学术自由与终身聘任制指导原则的制定者，二是学术自由与终身聘任制事件的合

① Louis Joughin: *Academic Freedom and Tenure*, Madison: The University of Wisconsin Press, 1967, pp. 174 – 176.

② Walter P. Metzger, *Academic Freedom in the Age of the University*, New York: Columbia University Press, 1955, pp. 133 – 134.

法调查者。AAUP 在早期学术自由事件的处理中主要通过非正式的或谈判调解的方式，敦促学校实行保护学术自由与终身聘任制原则的措施和正当程序，或者通过舆论谴责和曝光的方式，引起学校的重视。1930 年，芝加哥大学心理学教授瑟斯通（L. L. Thurstone）建议建立 AAUP 认可院校名单制度，对院校贯彻学术自由与终身聘任制原则的情况进行认证，所有违反学术自由与终身聘任制原则的院校将得不到 AAUP 的认可。同时还提出只有在 AAUP 认可院校任职的教授才有资格成为 AAUP 和其他学术社团的会员。此后，有人提议通过在 AAUP 的公告栏公布 AAUP 不认可院校的"黑名单"，对违反学术自由与终身聘任制原则的学校进行处罚。1931 年，AAUP 决定建立定期公布"不推荐院校"名单的制度（"non-recommended" institutions）[1]，对违反学术自由与终身聘任制原则的院校进行制裁，以代替原来的 AAUP 认可院校名单制度。AAUP 在每年一月份发布不推荐院校名单，直到这些院校实施的措施或政策发生了让 AAUP 满意的变化，才可以从名单上去掉。AAUP 实行的"不推荐院校"制度，成为保护学术自由和终身聘任制原则的有力武器，一直沿用至今。

（三）1940 年原则声明与终身聘任制的形成

1940 年，AAUP 发布了关于学术自由和终身聘任制的原则声明，声明第一次提出试用期的概念，并对教师终身聘任制的授予作出了准确的说明，根据教师服务期长短而不是职务高低授予终身教职，指出所有教师包括试用期内的教师，经过最长不超过 7

---

[1] 1935 年改为"不具备资格的院校"（"ineligible" institutions），1938 年又改为"受到谴责的（院校）管理当局"（censured administrations），允许受到谴责院校的教师加入 AAUP，避免因为学校受到谴责影响到教师。

年的试用期合格之后，必须授予终身教职；除非"财政危机"或"教师不称职"以及"道德败坏"等原因，否则不得无故解聘教师。即使确需解聘教师，也必须履行解聘教师的正当程序。第一次对解聘教师的程序作出明确的规定，包括提交书面指控材料，举行公开听证会，允许当事人当场进行辩护，以及审判笔录等，以保护教师的合法权益。1940声明发布以后，引起了人们的广泛关注，美国几乎所有主要的教育组织都签署了这个声明，对声明提出的学术自由和终身聘任制的原则表示赞同，截止到1980年美国大约有110多个学术专业团体或组织签署了这个声明。① 1940年原则声明后来逐步成为美国学院和大学处理学术自由事件的准则，美国法院甚至引用声明的原则解释大学教师聘用中有关学术自由和终身聘任制等概念，并将其视为学术职业的习惯和惯例加以运用，从而成为法院处理大学教师聘用所引发的诉讼案件的原则和依据。

四　联邦法院与终身聘任制的法制化

20世纪50年代以后，美国学术自由的矛盾逐步从教学、科研领域过渡到大学教师的公民自由权利领域，主要涉及大学教师作为公民享有的言论、表达、结社自由权利，包括：大学教师在校外所表现的政治立场和倾向是否构成解聘的理由？政府和大学是否有权强迫大学教师进行"忠诚宣誓"或对大学教师的校外活动进行调查？等等。如何处理学术自由与公民自由之间的关系，维护大学教师的公民自由权利成为美国学术自由斗争的主要任务。

① AAUP 1940声明，http：//www.aaup.org/statements/Redbook/1940stat.htm.

学术自由究竟是大学教师所享有的特权，还是所有公民共同享有的权利？学术自由是大学教师作为学者的自由权利，还是作为公民的自由权利？这二者之间有何联系和界限？"特权论"（special theory）者认为，学术自由是大学教师的特权，不同于一般的公民自由权利，仅仅保护大学教师的公民自由权利远远不够，大学教师的特殊职责还需要受到特别的保护，因此反对把学术自由等同于公民自由；"普权论"（general theory）者认为，学术自由是大学教师与其他公民所享有的共同权利，大学教师享有宪法所保护的公民自由权利，就足以保护大学教师的学术自由，因此没有必要再对大学教师进行特别的保护。① "特权论"虽然可以涵盖学术自由的主要内容，但是学术自由被置于宪法保护之外，失去法律保护的学术自由最终只能是一句无法兑现的"空头支票"。"普权论"把学术自由置于宪法所保护的公民自由权利范围之内，大学教师享有其他公民同等的学术自由权利，任何以大学的特殊性质和职责对教师的公民自由权利进行特别限制的行为，都违反了宪法，从而避免发生以大学教师的特殊身份为由侵害大学教师学术自由现象，有利于从法律上保护大学教师的学术自由权利不受侵害。但是"普权论"却把大学教师等同于普通的公民，把学术自由混同于公民的言论、结社等自由权利，没有看到大学教师所承担的特殊职责要求他们享有与其他公民不同的自由权利。人们对学术自由的性质和范围存在根本的分歧，必然引起大学在处理相关问题上缺乏原则和依据。

由于学术自由并非美国宪法明文规定所保障的权利，而是经过美国学者的引进倡导，才逐渐为美国社会所接受，并为法院判

---

① Edmund L. Pincoffs Ed. , *The Concept of Academic Freedom*, Austin and London: University of Texas Press, 1972, p. xvii.

例所承认的权利。刚开始，法院对介入大学内部管理的案件十分谨慎，不仅担心缺乏处理教育事务的能力，而且也是出于对大学机构自治的尊重。① 虽然美国联邦法院极少涉及学术自由的案例，明确提出学术自由一词的案例，更是寥寥可数。然而这些判例却为确立学术自由的法律地位产生了深远的影响。起初，联邦法院介入学术自由事件主要以 AAUP 制定的政策声明作为法律依据，处理有关大学教师的言论自由问题，特别是涉及大学教师聘用合同和终身聘任制的问题，进而逐步把学术自由纳入法律保护的范围之内。在 1952 年至 1959 年间，美国联邦最高法院审理的几起学术自由案件中，记录在案的所有 9 位法官都认为学术自由既是一种实质性权利，又是一种程序性权利。② 学术自由作为一种程序性权利，主要保障大学教师享有"学术正当程序"（academic due process）的权利，诸如：教师被解聘时有权要求校方说明理由，享有在听证会上为自己进行辩护的权利，以及要求由同行专家组成的委员会进行裁决的权利。学术自由作为一种实质性权利，主要指教师享有自主确定教学内容、教学方法以及教科书等学术事务方面的权利。1957 年，联邦最高法院在斯韦泽诉新罕布什尔州（Sweezy Vs. New Hampshire）一案的判决中对教师所享有的学术自由的实质性权利作了最为详尽的阐述。这个判

---

① C. Herman Pritchett, "*Academic Freedom and the Supreme Court: Is Academic Freedom Constitutional Right?*" by Valerie Earle Ed., On Academic Freedom, American Enterprise Institute, p. 6. William P. Murphy, "*Academic Freedom: An Emerging Constitutional Right*", by Hans W. Badde, Ed., Academic Freedom: The Scholar's Place in Modern Society, New York: Oceana Publications, Inc., 1964, p. 19.

② John S. Brubacher & Willis Rudy, Higher Education in Transition: *A history of American Colleges and Universities, 1636 – 1976*, New York: Harper & Row, Publishers, 1976, p. 326.

例的意义不仅在于确立了学术自由在宪法中的地位①，而且法官们的意见也反映了学术自由是公民言论自由的重要内容，以及大学机构的自由（四项基本自由权利）是学术自由的重要组成部分的思想，因此都将受到宪法的保护，为以后各级法院司法提供了依据。此外，在这一判例中法庭提出的正当程序（due process）被扩展到大学领域。然而法院对于如何区分大学教师的学术自由与公民自由权利仍然存在十分模糊的认识，导致学术自由的概念与宪法第一修正案所保护的言论自由、结社自由概念的相互混淆。由于法院没有能够从法律上明确学术自由的内涵和范围，因此法官在处理学术自由案件时往往具有很大的主观性和随意性。乔治敦大学法律中心（Georgetown University Law Center）的伯恩（Peter Byrne）教授认为："宪法第一修正案规定保护学术自由，这一简洁的条款虽然受到人们的极力推崇，但是在许多法官的判决中却显得似明非明。人们试图理解学术自由法律保障的范围和依据，最终却感到更加迷惑……根本的原因就在于，宪法应该保护哪些方面的学术自由，以及宪法为什么要保护学术自由的问题，没有得到充分的阐述。由于（宪法中缺乏对学术自由的明确）界定和指导性原则，因此保护学术自由的法律条款也就形同虚设，法官的裁决也就具有较大的随意性。"② 尽管如此，法院在处理学术自由案件时所适用的正当程序原则，却有利于保护大学教师的合法权益，后来被 AAUP 1958 年原则声明所借鉴，成为保护大学教师学术自由的重要措施。

　　1958 年，AAUP 与 AAC 联合发表了关于解聘教师正当程序

---

① John S. Brubacher & Willis Rudy, *Higher Education in Transition: A history of American Colleges and Universities, 1636 – 1976*, New York: Harper & Row, Publishers, 1976, p. 327.

② Byrne, P., "Academic Freedom", *Yale Law Journal* 251, 1989, pp. 252 – 253.

的声明，全面系统地阐述了大学解聘教师应该履行正当程序的原则，试图运用法院司法审判的方式解决大学解聘教师的问题。1958年声明重点阐述了大学解聘教师应该履行的正当程序，详细阐述了大学解聘教师的正当程序的主要内容和步骤，大学解聘教师一般要经过三个阶段。第一阶段为非正式协商阶段，主要通过非正式协商的方式解决大学解聘教师所引起的争端，大学不得无故解聘教师，如果需要解聘教师，必须详细说明解聘的理由；第二阶段为司法听证会阶段，大学教师不服学校的解聘处理决定，大学必须成立教师委员会（Faculty Committee）、听证委员会（Hearing Committee）进行调查核实，并召开司法听证会，教师可以自己辩护或指定他人为其辩护。听证委员会在此基础上审查解聘教师的理由，并向校长和董事会提交详细的事件调查报告和处理意见；第三阶段为公布处理结果阶段，董事会根据调查委员会的意见，作出处理决定并加以公布。

正当程序的核心内容就是要求大学严格履行解聘教师的工作程序，强调大学解聘教师必须经过教师委员会（Faculty Committee）、听证委员会（Hearing Committee）等代表教师利益的专业团体的调查核实，对解聘教师的每一条理由进行认真的审查，并且举行听证会，真正发挥"教授会裁决"和"司法听证会"的作用，而不仅仅是大学董事会单方面就可以决定教师的去留，从而保证大学解聘教师过程的公正性和合理性，维护大学教师的合法权益。为了确保调查的公正性，声明规定调查委员会以及听证委员会的成员主要从大学教师中选举那些为人正直、工作能力强、受人尊重的专业人员担任，委员会自己选举他们的主席。此外，声明强调被解聘教师的权利应该受到充分的尊重，包括校长向教师正式说明解聘的理由，通知教师享有哪些程序性权利，诸如：如果教师要求举行听证会，教师至少在召开听证会之前一个星期提出书面申请，听证会是否公开应该征求教师的意见；只有处于调查期间的教师继续任职会对自己或他人造成损害和威胁，对其停职才是正当的，并且停职期间工资照发；教师有权在听证会上进行自我辩护或指定他人为其辩护，并且享有当面同出示不利证据的证人进行对质的权利，等等。①

五　终身聘任制的挑战与改革

在美国高等教育发展史上，终身聘任制有效地保护了大学教师的经济、职业安全以及学术自由权利，对于稳定美国高校教师队伍，吸引高水平的人才，发挥了十分重要的作用。然而，终身聘任制也不断暴露出存在的问题，受到人们广泛的批评，成为人们反对实行终身聘任制的主要理由。20 世纪 80 年代以来，美国高等教育界掀起对终身聘任制的激烈批评，甚至主张废除终身教职。针对人们要求废除终身聘任制的强烈呼声，AAUP 坚决捍卫终身聘任制存在的合理性，支持大学教师在授予终身教职等学校管理事务方面所享有的民主权利。20 世纪 90 年代以来，美国高校在各种压力下更加注重教师的教育、教学质量的控制，许多高校开始实行终身聘任后评审制，许多州也要求公立院校必须实行这种制度。刚开始，AAUP 反对实行终身聘任后评审制，后来由于学校内部以及社会各界要求实行终身聘任后评审制的呼声日趋强烈，AAUP 不得不做出政策上的调整。1982 年，AAUP 与 ACE（American Council on Education）召开联合会议，制定有关实行

① AAUP 1958 年声明, Louis Joughin, *Academic Freedom and Tenure: A Handbook of the American Association of University Professors*, Madison: The University of Wisconsin Press, 1967, pp. 40 –45.

终身聘任后评审制的建议。1998 年，AAUP 公布了《终身聘任后评审制：美国大学教授协会的回应》（*Post-Tenure Review：An AAUP Response*）的报告，全面阐述了 AAUP 对终身聘任后评审制的看法和建议。报告首先提出了终身聘任后评审制的指导原则："终身聘任后评审制应该着眼于教师的发展，而不是教师的责任……评估不应该出于解聘教师的目的，而应该为了促进教师的发展。"为了实现这一目标，AAUP 提出了 5 项基本方针："大学董事会及其管理者应该遵循 AAUP 发布的关于学院和大学管理的声明，充分保障大学教师在教师评估中的主导作用；大学开展任何形式的终身聘任后评审制活动都必须遵循相应的程序，并且提供有关被评估教师的充足证据；如果学校没有制定解聘教师正当程序的标准，可以参照执行 AAUP 声明中的有关程序标准，而不能直接过渡到终身聘任后评审制作为替代形式；AAUP 并不要求各个学校实行统一的教师管理方式，各个学校可以根据各自的特点采取不同形式的终身聘任后评审制，但是无论实行任何新的终身聘任后评审制度都必须在试用的基础上，评价其是否能够促进教师的发展以及帮助矫正教师所存在的问题。"此外，AAUP 还提出了有效实行终身聘任后评审制度的 10 条最低标准，"终身聘任后评审制必须充分保障 1940 年声明所倡导的学术自由原则，不能成为侵犯教师职业自主权的借口；终身聘任后评审制不是对终身聘任制教师重新进行评审和再次进行确认；教师必须参与制定终身聘任后评审制的标准和规则，并定期对这些标准进行审查；终身聘任后评审制必须具有较强的灵活性，以适应不同学科的特点以及不同年龄阶段教师的需要，等等。"[1] 这个报告既

---

① AAUP 1998 Report，"Post-Tenure Review：An AAUP Response"，http：//www.aaup.org/statements/Redbook/rbpostn.htm.

表明 AAUP 已经默认在高校实行的终身聘任后评审制度这一既成事实，同时也表明了 AAUP 坚决捍卫学术自由与终身聘任制原则的愿望。1999 年，AAUP 年会批准并签署了关于实行终身聘任后评审制的报告。报告强调，终身聘任后评审制必须坚持"重教师发展而非教师责任"以及"教师与学校管理者的通力协作"的指导原则，指出实行终身聘任后评审制的主要目的是为了促进教师的发展，而不仅仅是为了学校管理的需要。因此，实行终身聘任后评审制必须有利于保护教师的学术自由，必须充分保障大学教师参与制定终身聘任后评审制的政策和标准，同时还必须制定明确具体、公开透明的评审标准，建立规范的评审程序确保终身聘任后评审制的公正性。

　　近些年美国很多州的公立高等教育系统开始尝试改革终身聘任制的做法，增加了终身教授评估制度作为终身聘任制的补充，即对那些获得了终身聘任职位的教授从教学、科研和服务等方面，再次由校内同行、学生、校方管理者、校外同行进行全面评估，这种评估不是对终身教授资格的再评估，评估的结果也不能作为取消终身教授资格的依据，但评估的结果与工资、研究经费、教学奖、科研奖、学术奖等挂钩，以克服终身聘任制可能带来的激励消退、停滞不前的弊端。① 目前，终身聘任后评审制度本身还不完善，各个高校也都在探索实施终身聘任后评审制的具体办法。

---

① 周文霞：《教师任用制度待解之题》，《光明日报》2003 年 8 月 28 日。

美国大学教师终身聘任制的走向[*]

终身聘任制与大学自治、学术自由相并列，被誉为美国高等教育的三块基石。终身聘任制作为美国大学教师聘任制度的重要组成部分，在保障大学教师的经济、职业安全、稳定教师队伍，吸引高水平的人才，尤其是在保护大学的学术自由等方面，发挥了十分重要的作用。然而，终身聘任制也存在明显的弊端，不断地遭到人们的非议，20 世纪下半叶以来要求改革终身聘任制的呼声日益高涨。

一

20 世纪六七十年代因为政治原因，美国大学的终身聘任制度曾引起很大争议，主要涉及终身聘任制究竟是保护了学术自由，还是学术特权。

反对实行终身聘任制的主要理由，具体说来表现在以下几个方面：

---

* 本文发表于《复旦教育论坛》2005 年第 4 期。

首先，终身聘任制只强调了学校对教师的义务，忽视了教师对学校的责任，不利于高校的发展。一是由于高校不能及时解聘平庸的教师，导致很难提高教师质量；二是高校很难在试用期较短时间内对教师作出公正客观的评价，要么导致一些有发展潜力的教师在获得终身教职之前被辞退，要么留下的是一些没有发展潜力的教师；三是由于已经获得终身教职的教授可能产生怠惰、松懈，导致教师质量的下降；四是由于无法提供足够的终身教职，导致教师的不断更替，许多教师刚刚熟悉教学工作却不得不离开学校，不仅造成资源的浪费，而且加大了学校每年聘用教师的工作量。由于终身教职数量的限制，高校基础课的任课教师很难获得终身教职，而高校由于教学任务的需要不得不大量聘用年轻的缺乏教学经验的临时教师，造成教师的频繁更换，影响了教学质量，增加了的学校的管理成本；五是由于终身聘任制实行7年试用期制度，高校很难在较短的时间内对教师的能力作出客观公正的评价，尤其是人文与社会科学的学者，相对于自然科学的学者，往往更难在短期内做出让人信服的研究成果。然而高校必须在教师试用期内作出是否授予终身教职的决定，这时高校往往以公开发表的研究成果作为评价教师的创造力和学术成就的依据，从而导致许多教师在其成为杰出学者之前就被高校解聘，而另外那些被授予终身教职的教师也可能后来被证明是平庸的教师，从而对大学造成极大的人才损失。因此，要求大学在没有足够信息的情况下就决定是否授予教师终身教职的做法，是不合理的，也是不符合大学利益的。

其次，实行终身聘任制虽然有利于维护教师的职业安全，但是确实给部分教师带来了明显的不利影响。教师或者因为没有发表足以证明其学术能力的研究成果，或者因为学校目前没有空缺的职位，导致在试用期内很难获得终身教职，不得不经常更换工作岗位，从而给教师及其家庭带来极大的不便和困难。此外，实行终身聘任制不仅对高校及其教师造成某些不利影响，同样也会影响到整个大学教师职业，这主要表现在社会心理和经济方面的影响。虽然大学教师享有终身聘任制所保障的职业安全，却是以较低的工资水平为代价，在经济上大学教师职业处于明显的不利地位。

詹姆斯·贝斯（James L. Bess）历数了终身聘任制的种种弊端，认为终身制不仅限制了大学教师、职员的流动（20世纪60年代美国大学拥有终身教职的教师流动率为8%，到1972年，降为1.4%，到80年代，尽管劳动力高级人才市场活跃，流动率却降到1%以下），限制了教职员工作的灵活性，扭曲了个人职业发展的正常模式，降低了专业人员的自我意识和自我形象，加重了大学的官僚作风，为学术本位主义提供了基础，而且可能蓄养创造性低的教职员而把创造性高的教师排斥在外，使大学终身教授在与校方的工资谈判中占尽优势。因此，终身聘任制在教师管理中既有保护教师权利，稳定教师队伍，吸引高水平人才等积极的一面，又有缺乏动力机制，限制教师流动，恶化大学的官僚作风，压抑中青年学术骨干，排斥贤能等消极的一面，因此并不是尽善尽美的制度。

终身聘任制的捍卫者则进行了针锋相对的辩护，坚决维护教授终身聘任制的权利。终身聘任制的捍卫者则认为，授予教师终身教职意味着大学必须为此长期支付较高的薪水，承担相应的高昂代价。因此，可以促使大学在对候选人进行审核的过程中更加严格、更加谨慎，有利于保持大学教师较高的学术水平，同时还可以为教育界吸引和保留优秀的人才。针对反对者提出终身聘任制造就"朽木"（deadwood），保护平庸教师，导致教育质量下降的问题，哈佛大学文理学院院长亨利·罗索夫斯基认为，这种情况在一流大学很少发生，因为一流大学的终身聘任制教授不仅面临同行的激烈竞争，而且要接受各种各样的鉴定和评估，承受来自各方面的压力，使得他们对工作不敢有丝毫的懈怠。因为终身聘任制实行"非升即走"的办法，使得高校聘用和晋升教师的代价非常大，高校管理者和高级教师不得不在聘用、晋升教师的时候特别谨慎，进行经常性的质量控制。即使终身聘任制导致高校无法解聘平庸的教师，阻碍了教师质量的提高，也主要是负责教师聘用和晋升的官员缺乏正确的判断力所致。虽然他们也承认部分教师获得终身教职以后，不思进取、自甘平庸的现象也确实存在，不利于高校淘汰平庸的教师。高校有时不得不花费巨大的代价等待高级教师退休后出现职位空缺，才能聘用到杰出的教师。但是如果没有终身聘任制提供的职业安全保障，就更难吸引优秀的教师和调动教师的工作积极性，杰出的人才将会被其他工资待遇更好、更为安全、更有社会地位的职业吸引过去。

虽然实行终身聘任制给高校、学者个体以及整个教师职业带来了一些不利影响，但是终身聘任制保护了学术自由，捍卫了学术自由的社会成果，是整个社会为了保护学术自由及其社会成果所必须付出的代价，而且终身聘任制所带来的任何不利影响，也远远没有给整个社会所带来的利益更大。为了社会的共同利益，必须保障研究自由和言论自由。学术自由和终身聘任制的存在并非为了全体大学教师的特殊利益，而是为了保护学者作出诚实的判断以及进行独立的批评。学者不必担心自己的看法与社会主流的观点相抵触，或冒犯社会统治集团的利益。大学教师或学者应该充分享有行使学术自由的权利，对人们广泛接受和认同的理论或观点进行质疑；对现存的社会、政治、经济制度的弊端，以及他们所任职机构的管理者及其实行的政策，提出批评或改革的建议；对学术自由权利受到侵害的同事进行声援。事实上，人类历史上促进社会进步和科学知识发展的伟人就曾经被称为"异端"、"持异议者"、"惹是生非者"，绝大多数侵犯学术自由的事件也总是以教师和学者滥用学术自由为借口。如果没有他们的"异想天开"，如果他们离开了社会的宽容和学术自由的保护，就不会有人类社会的发展和文明的进步。

可见，学术自由是社会进步和文明的重要标志和必要条件，而终身聘任制是学术自由必不可少的重要保障，没有终身聘任制保护的学术自由是得不到保证的。没有严格的终身聘任制，就不能有效地保护教师免受滥用自由的指控而遭到高校董事会和行政官员解聘的威胁。终身聘任制强调的学术自由不仅指获得终身教职的大学教授，在研究、发表和教学等学术环节上不受学校行政管理等方面的限制，而且更重要的是它强调学术活动有自身的逻辑，学术逻辑不应该屈从于经济、政治等外在的逻辑。在现代社会中终身聘任制是捍卫学术自主性的堡垒。没有这种学术自主性，新观念或者新价值的创造根本无从谈起。正像哈佛大学前校长博克指出的："坚持学术价值，拒绝让大学听命于经济逻辑，就是坚持学术自由。"

总之，高校、教师个人以及整个教师职业可能为终身聘任制付出了很大的代价，我们也无法否认终身聘任制带来的各种不利影响，但是我们不能因此就废除教师终身聘任制，因为从总体上看，社会因此而获得的利益远远大于所损失的利益，这是非常值得的。因此，经过十几年的讨论，终身聘任制与学术自由的密切关系再次得到确认。AAUP 在 1971 年成立的高等教育终身聘任制委员会（the Commission on Academic Tenure in Higher Education）最终对这个问题提交的报告指出：终身学术职位之所以得到认可，就是因为它在维持学术自由和教师质量方面具有积极的意义，是美国高等教育教员人事体制的根本组成部分。终身聘任制与学术自由的紧密关联是公认的，正如评论者所说，无论是历史上的作者，还是当代的作者，都力主学术自由是终身聘任制最重要的目标。

二

20 世纪 80 年代以来，美国高等教育界再次掀起对终身聘任制的激烈批评，终身聘任制问题成为美国高等教育争论不休的热点话题，美国不少学者开始重新审视终身聘任制的作用。不过，这个时期关于终身聘任制的讨论，则不仅仅是学术自由问题，而是经济危机时期的工作安全问题。

1987 年 2 月发表在《经济学家》杂志上的一篇文章颇有代表性，文章认为终身聘任制保障"教授可以拿着不高的薪水安安稳稳地思考问题或虚度光阴，无须对任何人负责"。公众认为：终身聘任制已经成为大学教师保护职业安全而非学术自由的借口，由于违反市场竞争规律而损害了职业的公平性。教授获得终身教职后基本上就享有了"永久的职业安全"，学校没有正当的理由是不能解聘终身聘任制教师，加之缺乏合理的终身聘任制教师的评价机制和退休机制。因此保护了平庸的教师，弱化了竞争意识，导致教师工作积极性降低，创造力下降。不仅不利于激发终身聘任制教师的工作积极性，而且不利于有学术潜力的年轻教师的成长。许多学生则对此项制度把他们所喜欢的教师排除在外表示不满。年轻教师也认为终身教授过多的特权压抑了年轻人的发展，妨碍了他们的晋升，是年轻教师职业发展的阻力和障碍。女性和少数民族教师则担心此项制度对他们不利，减少了他们获得终身教职的机会，限制了教师评聘过程中的机会均等，导致终身聘任制教师中妇女和少数民族的比例不高，造成种族和性别歧视，因此纷纷提出批评。[1] 此外，越来越多的大学管理者也对终身聘任制表示不满，认为终身聘任制不仅不利于学校及时应对市场的变化，进行学术资源的重新分配以及机构重组和学术创新，限制了教师队伍的更新和新项目的开发，影响了学校的管理效率，降低了教育质量，而且加重了学校的经济负担。据估算，哈佛大学每新设一个终身聘任制教席需要净增资金约 200 万美元，这个数字还在不断增长，而且这还仅仅包括工资和津贴。[2] 因此，终身聘任制教师甚至被称作消耗大学资源的"朽木"。大学市场化程度的加深使大学管理层感受到各方面的压力，尤其是大学之间竞争的压力。大学管理人员认为，终身聘任制纵容了一些懒惰和业绩不佳的教师，不利于制度和学科创新，成为制约大学发展和竞争的瓶颈。他们主张应该用学术责任的原则来平衡学术自由原则，对终身聘任制进行改革，最激烈者甚至主张废除终身教职，其代表人物是任全美州立大学和私立学院协会主席的彼得·麦格拉思（C. Peter McGrath）。麦格拉思在 1997 年发表的《废除终身教职不会摧毁学术自由》一文中认为，实际上，非终身聘任教师并没有因为不具有终身教职而影响他们享有学术自由的权利，这是因为宪法第一修正案已经能够提供这种保障，因此终身聘任制已经失去了原初的存在理由。在各个行业的劳动关系都进入市场经济的今天，大学教师不应该享受特殊保护。

终身教职说到底是一种在市场经济条件下保障学术自由的特权制度，自确立之日起就一直存在着争议，近年来尤其受到严峻的挑战。20 世纪 90 年代以后，市场经济的浪潮席卷全球，在美

[1] "A Report and Recommendations by the Commission on Academic Tenure in Higher Education", *Faculty Tenure*, San Francisco: Jossey-Bass Publishers, 1973, p. 54.

[2] Henry Rosovsky. *The University: An Owner's Manual*, New York: W. W. Norton and Company, Inc., 1990, p. 189.

国高等教育领域里终身聘任制首当其冲地受到挑战。由于大学资金紧张等原因，终身教职的问题再次成为美国高等教育广泛争论的议题，拥护和反对的双方围绕学术自由、工作保障以及参与学校管理等问题进行了激烈的争论。

终身聘任制的支持者强调，终身聘任制是学术自由和学术独立的基本条件，它确保教师的研究成果或学术思想不会受到外界压力的约束和引导，它也使学生和公众相信教师的学术观点完全来自于他们诚实的专业判断，而不是出于担心失去工作的畏惧而作出的判断。终身聘任制创造了一种对全体教员包括未获终身教职的教员都有利的学术自由氛围。如果没有终身聘任制，那些发表不受欢迎观点的教授，就有可能被解雇。缺乏学术自由，高等教育的批判功能就会丧失。终身聘任制还是一种用来吸引优秀人才从事教育事业的重要手段，有助于弥补教师通常较低的经济回报，鼓励教师将精力集中在对学生和学科的基本义务上，促进高等教育的繁荣和发展。反对者提出尽管终身聘任制从一定程度上起到了严格选拔和激励资历较浅的年轻学者的作用，但并没有真正解决长期激励问题，反而由于竞争终身教职，年轻学者重科研而轻视教学，从而导致教育质量下降。这种制度不仅保护了平庸的教授，而且比例很高的终身教授也降低了学校回应财政危机和学生需要变化的灵活性。某些教师不负责任的政治活动在终身聘任制的掩护下也得以进行，导致出现校园混乱的事端。因此反对终身聘任制的呼声日趋强烈，更有甚者直接提出废除终身聘任制。他们认为，虽然对于学术自由的重要性无论如何强调都不为过，但是学术自由并非与终身聘任制存在一种必然的联系，并不一定要同终身聘任制联系在一起。实际上，全美大学中近一半的教师并没有获得终身教职，没有终身教职也并不妨碍大学中讲师和助理教授行使学术自由的权利，这足以说明学术自由并非与终身聘任制存在密不可分的关系，没有终身聘任制，学术自由同样可以得到维护，因此废除终身聘任制并不影响对学术自由的保护。另外，反对者还提出目前各种专业人才需求将长期处于饱和状态，即使大学不以终身聘任制为诱饵也可以吸引到优秀的人才，终身聘任制吸引人才的说法已经不合时宜。这样一来，AAUP 用以支撑终身聘任制的两大理论基石——维护学术自由以及通过提供职业安全而吸引优秀人才，遭到了全面的颠覆，主张废除终身聘任制的呼声不断高涨。根据卡耐基教学促进会 1989 年的调查，所有被调查的教师中的 29%，女教师中的 32%，39 岁以下的年轻教师的 39%，认为废除终身聘任制可以提高美国高等教育的质量。①

　　针对上述批评，终身聘任制的支持者在一项统计报告中用大量的数据说明，并不存在批评者所说的那些情况。调查表明，少数族群的晋升障碍在于社会歧视，而不是终身聘任制的存在。正是由于学校大量雇用低廉的临时教师造成了教学和学术水平的下降，等等。因此并不存在批评者所提出的，教授们一旦获得终身教职，工作就不像以前那样努力的现象。事实上，终身教授在教学和科研方面的生产力并不低于非终身聘任教师，终身教授在论文发表的数量、出版的书籍、承担的课时、参加的服务工作、与学生接触的次数等方面都高于非终身聘任制教师。工作本身就是对教授的激励因素，他们不会因获得终身教职而变得懒惰。相反，当学者总是不安分地关注于其他职位时，教学效率和研究成果才会受到负面影响。

　　美国大学教授联合会在这场终身聘任制的论战中，无疑始终

---

　　①　周作宇：《美国终身教授制的变迁与启示》，《高等教育研究》2001 年第 3 期。

是终身聘任制最坚定的捍卫者，同时在深刻理解终身聘任制重要性的问题上也无疑是最好的诠释者。但应该看到公众对终身聘任制的不满情绪，因此必须明确说明终身聘任制在保持美国高等教育质量中的真正作用。除非能够从真正意义上证明终身聘任制的价值，否则就不应该把它作为一件仪式化的人造物品来"供奉"。为了更好地理解终身聘任制和终身聘任后评审制可能在美国未来高等教育中所扮演的重要角色，必须认真研究反映在这场内部争论中的相关问题。如果目标明确，就完全可以保留终身聘任制，同时让终身聘任后评审制成为鼓舞和更新教授这一职业的好帮手。

针对人们要求废除终身聘任制的强烈呼声，以 AAUP 为代表的终身聘任制的坚定捍卫者进行了积极的回应，一方面呼吁全社会和大学管理当局尊重教师的发展，不要因为追求功利性目的或短期目标就抹杀终身聘任制的优点；另一方面坚决捍卫终身聘任制存在的合理性，支持大学教师在授予终身教职等学校管理事务方面所享有的民主权利。他们认为，高校现有的问题不能简单地归咎于终身聘任制度，终身教职至今仍是学术自由的必要保障。首先，调查显示，选择大学教师职业的人大多是因为大学有如下吸引力：智力挑战（84%）、思想自由（79%）、学术和教学自由（75%）、教学机会（72%）、时间自由（65%），等等。如果废除了终身教职，也就失去了这些吸引力。其次，新的经济现实反而更强化了保障学术自由的需求。有些学校急功近利地调整教学结构，压缩文理基础学科、加强应用学科；无视学术研究的长期性，追求研究成果的数量而牺牲质量。有些学校害怕失去捐款和生源，干预教师对学生的评估，等等。另外，宪法第一修正案不足以保障学术自由，而且学术自由包含的许多内容并非言论方面的，例如课程设计、教材选择、大纲制定、评分，等等。总之，终身教职存在的理由并没有过时。虽然在美国一些大学已经开始对终身聘任制度进行改革，但是除了极少数学校提出要废除终身聘任制度的极端情况外，多数改革是在承认这一制度的前提下进行的。例如，斯坦福大学的改革措施主要是使授予终身教职的资格要求和程序更加严格，并加强对终身聘任制教师的定期学术审查（实行 5 年审查制）。斯坦福大学人文社会科学院院长约翰·肖文（John Shoven）表示："我不敢说 50 年后是否还有终身教职，但是 10 年之内它仍会存在。"①

三

为了应对外界对终身聘任制的猛烈抨击，立法机关、大学董事会及其管理者开始不同程度地思考如何对已经获得终身教职的教师进行职后评估的问题。实际上，终身聘任后评审制并不是一个新的概念，早在 1982 年美国高等教育问题委员会（the National Commission on Higher Education Issues）就提出，终身聘任后评审制是美国高等教育面临的最为紧迫的任务之一。委员会认为，如果终身聘任制被当作一种阻挠评价教师的制度，将对终身聘任制本身造成极大的损害，因此委员会建议高校建立同行评议制度，以促进教师教学水平和学校教育质量的提高。在此以前，美国的一些高校就已经存在终身聘任后评审制。美国最大的公立高等教育系统加利福尼亚州立大学（CSU）系统，在 20 世纪 70 年代就开始采纳对终身聘任制教师进行定期评价的政策，并于 1983 年实行集体谈判协议制度。谈判协议的内容之一就是，要

① 刘北成：《以职业安全保障学术自由：美国终身教职的由来及争论》，《美国研究》2003 年第 4 期。

求由专业同行组成的委员会每 5 年对终身聘任制教师的教学、科研情况进行评价。

20 世纪 90 年代以来，美国高校在各种压力下更加注重教师的教育、教学质量的控制，许多高校开始实行终身聘任后评审制，许多州也要求公立院校必须实行这种制度。我们无法精确地统计全美到底有多少院校实行了终身聘任后评审制度，但是实行终身聘任后评审制度的院校在不断增长，并有逐步扩大的趋势，却是一个不容置疑的事实。据 1996 年哈里斯（Harris）对 680 所公立和私立高校的调查结果显示，大约有 61% 的院校制定了终身聘任后评审制度。同年，特罗尔（Trower）对 1200 所院校教务长的调查发现，23% 的院校已经实行了终身聘任后评审制度，还有 6% 的院校准备实行这种制度；据利卡塔（Licata）和莫雷亚莱（Morreale）的研究发现，1997 年美国有 28 个州的州立院校正在实行或将要实行终身聘任后评审制度，到第二年达到 30 个州。根据 AAU 的报告，1989 年，其成员中采取终身聘任后评审制的比例不足 1%。到了 1998 年，192 所四年制大学中有 46% 的学校实行了终身聘任后评审制。到 2000 年，美国已经有 37 个州要求学校实行终身聘任后评审制度，对获得终身教职的教师进行定期或不定期的评估。AAUP2001 年报道 41 个会员院校中有 24 所院校实行了终身聘任后评审制度。美国高等教育联合会（AAHE）的一项研究发现，69% 的被调查院校正对终身聘任制进行某些改革，其中最为普遍的改革就是实行终身聘任后评审制度，院校比例高达 29%。①

人们对终身聘任后评审制的看法可以说是众说纷纭，有人支

---

① Christine M. Licata & Joseph C. Morreale, "*Post-Tenure Review: Policies, Practices, Precautions*", http://www.aahe.org/pubs/licata.pdf.

持，有人反对，还有人表示疑虑。人们的主要疑虑就是这一制度
究竟要达到什么目的？许多立法者和董事会成员之所以赞成实行
终身聘任后评审制度，是因为他们认为这种制度能够帮助院校摆
脱闲散平庸的教员，增强院系聘用教员的灵活性；大学管理人员
则担心这种制度能否真正起到激励教师提高教学、科研质量的作
用，因此是否值得这样做？广大教师则对究竟是否需要实行这种
制度以及这种制度的目的和作用深表怀疑；AAUP 的领导人则本
能地拒绝接受终身聘任后评审制度，他们担心这种制度将成为院
校解聘终身聘任制教师的借口，必然威胁到终身聘任制的传统。
终身聘任后评审制不仅不会带来任何益处，相反会造成时间和经
济上的浪费，挫伤教师的创造性，影响教师之间的和谐关系，最
终威胁到学术自由。总之，赞成实行终身聘任后评审制度的人认
为，这种制度有利于帮助教师和院校更加注重提高教育、教学的
质量和绩效；反对者则认为目前实行的教师评价制度已经足以保
证教育、教学的质量，因此不需要实行新的教师评价制度，因为
搞不好不仅不能带来任何好处，反而破坏了学术自由。①

　　AAUP 为了应对挑战甚至成立了专门的组织——终身聘任制
特别工作组（Task Force on Tenure），负责调查大学教师的现有
状况，集中力量维护终身聘任制。刚开始，AAUP 反对实行终身
聘任后评审制，认为这项制度造成学校内部关系紧张，威胁教师
的学术自由。后来由于学校内部以及社会各界要求实行终身聘任
后评审制的呼声日趋强烈，AAUP 不得不做出政策上的调整。尽
管 AAUP 指责定期对获得终身教职的教授进行评审是徒劳无功
的，同时会增加不必要的支出，浪费大量的金钱和时间，还会

---

　　① Christine M. Licata & Joseph C. Morreale, "*Post-Tenure Review*: *Policies*, *Practices*, *Precautions*", http://www.aahe.org/pubs/licata.pdf.

挫伤教师的创造力和平等合作的关系，甚至会威胁学术自由。但是 AAUP 认识到仅仅依靠教师个人自律性行为是无法捍卫终身聘任制的本质的。终身聘任后评审制不仅对于一个学校的可持续发展是必要的，可以帮助我们在平等合作的基础上管理高校事务，并改善我们的工作，而且有助于保持终身聘任制的本质，确保我们自己和公众关注的是终身聘任制的功能作用，而不是把它当作一种特权、地位和最后防线来捍卫。因此，终身聘任后评审制实质上捍卫了终身聘任制，或者进一步来说，它是终身聘任制的一个"补丁"，有利于捍卫终身聘任制。美国其他一些主要的学术专业组织，如美国高等教育联合会（AAHE）等在反复争论中也就此达成了基本的一致。1982 年，AAUP 与 ACE（American Council on Education）召开联合会议，讨论实行终身聘任后评审制度的目的及其影响。由于实行终身聘任后评审制的院校不断增加，AAUP 担心将削弱教师的学术自由和终身聘任制权利。因此，AAUP 开始制定有关实行终身聘任后评审制的建议，学术自由与终身聘任制委员会经过全面评价终身聘任后评审制度的利弊，提交了关于实行终身聘任后评审制度的建议报告。

　　1998 年，AAUP 公布了《终身聘任后评审制：美国大学教授协会的回应》（Post-Tenure Review：An AAUP Response）的报告，全面阐述了 AAUP 对终身聘任后评审制的看法和建议。报告首先提出了终身聘任后评审制的指导原则："终身聘任后评审制应该着眼于教师的发展，而不是教师的责任。终身聘任后评审制的制定与实施必须保障教师的参与，终身聘任后评审制不是对终身聘任制的再评审，也不是为了把管理者所承担的（提供解聘教师的理由）责任转嫁给教师个人，而是根据保护学术自由和提高教育质量的标准来进行。"同时，报告指出，"由于教师不称职、渎职或不履行自己的职责等方面原因，导致有些终身聘任制教师未能很好地履行他们的学术责任。在这种情况下，有必要对他们进行评估和审查，以便帮助和指导他们改正缺点和错误，促进他们的职业发展。"但是，这种评估"不应该出于解聘教师的目的，而应该为了促进教师的发展"。"终身聘任后评审制只有坚持保护学术自由与终身聘任制的原则，以及遵循同行评议的原则，才可能建立一种有效的终身聘任制教师评价方式，既有利于促进教师的职业发展，又有利于保障教师履行学术责任。"

为了实现这一目标，AAUP 提出了 5 项基本方针："大学董事会及其管理者应该遵循 AAUP 发布的关于学院和大学管理的声明，充分保障大学教师在教师评估中的主导作用；大学开展任何形式的终身聘任后评审制活动都必须遵循相应的程序，并且提供有关被评估教师的充足证据；如果学校没有制定解聘教师正当程序的标准，可以参照执行 AAUP 声明中的有关程序标准，而不能直接过渡到终身聘任后评审制作为替代形式；AAUP 并不要求各个学校实行统一的教师管理方式，各个学校可以根据各自的特点采取不同形式的终身聘任后评审制，但是无论实行任何新的终身聘任后评审制度都必须在试用的基础上，评价其是否能够促进教师的发展以及帮助矫正教师所存在的问题。"此外，AAUP 还提出了有效实行终身聘任后评审制度的 10 条最低标准，"终身聘任后评审制必须充分保障 1940 年声明所倡导的学术自由原则，不能成为侵犯教师职业自主权的借口；终身聘任后评审制不是对终身聘任制教师重新进行评审和再次进行确认；教师必须参与制定终身聘任后评审制的标准和规则，并定期对这些标准进行审查；终身聘任后评审制必须具有较强的灵活性，以适应不同学科的特点以及不同年龄阶段教师的需要，等等"。① 这个报告既表明 AAUP 已经默认在高校实行的终身聘任后评审制度这一既成事实，同时也表明了 AAUP 坚决捍卫学术自由与终身聘任制原则的愿望。

1999 年，AAUP 年会批准并签署了关于实行终身聘任后评审制的报告。报告强调，终身聘任后评审制必须坚持"重教师发展而非教师责任"以及"教师与学校管理者的通力协作"的指导原则，指出实行终身聘任后评审制的主要目的是为了促进教师的发展，而不仅仅是为了学校管理的需要。因此，实行终身聘任后评审制必须有利于保护教师的学术自由，必须充分保障大学教师参与制定终身聘任后评审制的政策和标准，同时还必须制定明确具体、公开透明的评审标准，建立规范的评审程序确保终身聘任后评审制的公正性。

近些年美国很多州的公立高等教育系统采取了一个折中的解决方法——保留终身聘任制，但是同时进行终身聘任后评审制（Post-Tenure Review）。终身聘任后评审制有基于两种不同目的的评价形式，即形成性评价模式和终结性评价模式。终结性评价模式主要提供有关教师过去教育、教学工作业绩的情况，以此作为教师聘用、晋升、加薪、奖惩的依据，以及帮助教师不断提高专业水平和制定专业发展规划的依据。虽然终结性评价一般不会立即导致教师终身聘任职位的丧失或工资的降低，但是它对教师所造成的潜在威胁是显而易见的。因此，批评者认为这种终结性评价模式如果被院校用来代替以前对教师所进行的定期评价的作用，以便在听证会上作为提供解聘教师正当理由的手段，最终将

---

① AAUP 1998 Report, "Post-Tenure Review: An AAUP Response", http: //www. aaup. org/statements/Redbook/rbpostn. htm.

导致废除教授终身聘任制，而采用教师聘用任期制。相反，形成性评价模式则把评价教师的过程当作帮助教师制定未来专业发展的过程，形成性评价在很大程度上对教师起着咨询、激励的作用，一般很少涉及对教师的惩罚，同时评价报告也只有教师本人才可以看到，院校的职责就在于尽可能地为教师提供各种便利条件，鼓励教师的专业发展和业务提高，从而实现学校的目标。①。

美国不少的大学开始尝试改革终身聘任制的做法，增加了终身教授评估制度作为终身聘任制的补充，即对那些获得了终身任职位的教授从教学、科研和服务等方面，再次由校内同行、学生、校方管理者、校外同行进行全面评估，这种评估不是对终身教授资格的再评估，评估的结果也不能作为取消终身教授资格的依据，但评估的结果与工资、研究经费、教学奖、科研奖、学术奖等挂钩，以克服终身聘任制可能带来的激励消退、停滞不前的弊端。赖斯大学规定：至少每5年要对终身聘任制教授进行一次评估，每3年必须对获得终身教职的副教授进行一次评估；科罗拉多州立大学规定：每5年对获得终身教职的教师进行一次评估，但是这期间如果教师有连续2年的年度考核不能令人满意，也必须进行全面的终身聘任后评审制。有的大学实行以高薪和学术休假为特色的任期合同制取代终身聘任制，另外一些大学则实行无限期的聘用制，哈佛大学的一些学院和斯坦福大学就为高级讲师和研究人员提供无限期雇佣的机会。弗吉尼亚大学为专职教师提供了六项选择的机会，其中一项通往强制性的终身聘任制的道路，两项提供永久聘用的机会，其余三项均与永久聘用无关，但各项都有晋升的机会。1995年，马里兰大学研究助理特罗尔

---

① Christine M. Licata & Joseph C. Morreale, "Post-Tenure Review: Policies, Practices, Precautions", http://www.aahe.org/pubs/licata.pdf.

（Cathy Trower）对美国 280 家高等教育机构进行了调查，结果发现 69% 的院校在职前的试用期和职后的评估检查等方面对教授终身聘任制进行了改革。概括起来，改革的措施大致包括：少数大学直接废止教授终身聘任制，采取多年合同制聘任教师；减少终身教授岗位，利用经济手段和其他优厚条件吸引教授放弃终身资格，采用合同制聘任专职教师；严格终身教授的评审，提高聘用标准，延长试用期，调整解聘条件；通过财政激励，鼓励老教授尽早退休，规定教授终身待遇享受期限。目前，终身聘任后评审制度本身还不完善，各个高校也都在探索实施终身聘任后评审制的具体办法。

美国学术职业安全的保障机制[*]

一 学术职业的宪章:美国
大学教授协会声明

19 世纪末 20 世纪初,美国大学管理者随意解聘教师的现象十分突出,使大学教师认识到维护学术职业安全的重要性。1915年在美国主要学术组织的倡导下,美国大学教授协会(Association of American University Professors,英文缩写 AAUP)成立,大会讨论了入会的标准,建议建立学术职业的标准和规范。大会最后通过的宪章,明确提出大学教授协会的宗旨就是"加强学术职业成员之间的合作,充分发挥在维护美国高校利益以及研究方面的特殊作用;促进对有关高等教育的问题开展更加广泛的系统的讨论;保障学院和大学教师的言论自由;促成集体行动;提高学术职业水平,维护职业理想"[①]。AAUP 成立之后立即着手建立学术职业标准,先后发表了 1915、1940、1958 年声明,制定

---

[*] 本文发表于《现代大学教育》2006 年第 6 期。

[①] Philo A. Hutcheson, *A Professional Professoriate*:*Unionization*,*Bureaucratization*,*and AAUP*,Nashville:Vanderbilt University Press,2000,p. 7.

保护学术自由和职业安全的终身聘任制的原则，推动美国学术职业的发展。

（一） 1915 年原则声明

1915 年 AAUP 发布了关于学术自由与终身聘任制的原则声明。声明首先分析了学术权力的基础以及学术职业的性质。大学不同于公司企业，大学教师也不同于工厂的工人，董事会与大学教师之间不是雇佣与被雇佣的关系。"教授与董事之间的关系好比联邦法官同任命法官的总统之间的关系。大学教师在提出和发表研究结论方面，不受董事的控制，正如法官的裁决不受总统的控制一样；同理，董事没有为教授的思想和言论承担责任或者表示认同的义务，正如总统无需承担批准法院所有法律判决的义务。"[1]

其次，声明从大学履行三大功能的角度阐述了学术自由存在的必要性，大学开展科学研究，促进知识的发展，首要的条件就是学者应该享有完全的不受限制的探究自由和发表研究结果的自由，这种自由是所有科学研究活动必不可少的条件。大学教师享有在专业领域探讨深奥的和有争议的问题，并以个人的名义发表思想观点的自由，以及对一般的社会和政治问题以体面的适于教授身份的方式发表意见的自由。任何阻止大学教师发表对有争议问题的看法，或者把他们言论自由限定在其专业范围之内，以及禁止他们积极参加代表公众利益的有组织活动，都是不正确的。

为了保证研究和教学自由，声明提出了保护学术自由的原则，建议大学实行教授终身聘任制 （Tenure System）、教授会裁

---

① Louis Joughin, *Academic Freedom and Tenure*, Madison: The University of Wisconsin Press, 1967, pp. 160 – 161.

判（Faculty Trials）以及司法听证会（Judicial Hearings）制度。具体而言，大学讲师以上职位的专业人员任职 10 年以上均应永久聘用，没有正当理由不得任意解聘。大学在解雇和处罚大学教师之前，应通过书面材料告知当事人解聘的缘由，并由教授、副教授和所有讲师以上职位的专业人员组成的公正团体进行审议，组织公开的听证会，当事人有权辩护。如果确因教师不能胜任本职工作要求解聘教师，也必须由教师所在院系的同行专业人士或其他院校的同行专家委员会撰写书面的评价报告。此外，大学解聘讲师以上职称的教师必须提前一年通知当事人，而解聘讲师必须提前三个月通知。①

AAUP 1915 年原则声明把保护职业安全的终身聘任制，与防止外行干预的专业人员裁决制度有机统一起来，从而把实行教授终身聘任制与保护学术自由有机结合起来，具有特别重要的历史意义。1915 年原则声明成为美国学术自由与终身聘任制原则的纲领性文件，后来经过 AAUP 的努力逐步得到美国学院和大学的认可，成为大学维护学术自由与终身聘任制的有力武器。

（二）1940 年学术自由与终身聘任制的原则声明

1940 年，AAUP 发表了学术自由与终身聘任制的原则声明，第一次提出试用期的概念，并对教师终身聘任制的授予作出了准确的说明。根据教师服务期长短而不是职务高低授予终身教职，指出所有教师包括试用期内的教师，经过最长不超过 7 年的试用期合格之后，必须授予终身教职；除非"财政危机"或"教师不称职"以及"道德败坏"等原因，否则不得无故解聘教师。

① Louis Joughin, *Academic Freedom and Tenure*, Madison: The University of Wisconsin Press, 1967, pp. 174 - 176.

即使确需解聘教师，也必须履行解聘教师的正当程序。第一次对解聘教师的程序作出明确的规定，包括提交书面指控材料，举行公开听证会，允许当事人当场进行辩护，以及审判笔录等，以保护教师的合法权益。具体规定如下：（1）终身聘任制的具体任期和条件应该有书面陈述，并在聘任工作结束之前送到校方和教师手中。（2）自受聘为全日制讲师或高级职务之日起，试用期不应超过7年（包括在其他高校担任全日制教师的服务时间在内）。教师在试用期满后不被续聘，则至少在试用期结束前的1年通知。（3）在试用期内，教师应享有其他所有教师拥有的学术自由。（4）教师任期结束不再被续聘或因故需要提前解聘教师，应该经过学校的教授会和董事会研究决定。在有争议的情况下，被指控的教师有权要求在公开的听证会举行之前书面告知指控的原因，教师应该有机会在所有审查他的案件的机构团体前进行自我辩护。教师被指控不能胜任工作，应该出具本校或外校其他（同行）教师和学者的鉴定报告。（5）由于财政危机终止教师的终身教职，应该有确凿的论证。①

1940声明得到美国主要的教育组织的认同，截止到1980年美国大约有110多个学术专业团体或组织签署了这个声明。1940年原则声明在维护学术职业安全以及保护学术自由方面发挥了重要作用，后来逐步成为美国学院和大学处理学术自由事件的准则，美国法院甚至引用声明的原则解释大学教师聘用中有关学术自由和终身聘任制等概念，并将其视为学术职业的习惯和惯例加以运用，从而成为法院处理大学教师聘用所引发的诉讼案件的原则和依据。

---

① Louis Joughin, *Academic Freedom and Tenure*, Madison: The University of Wisconsin Press, 1967, pp. 36 – 38.

（三）1958 年解聘教师正当程序的声明

大学教师"正当程序"（academic due process）是大学在聘用、解聘、晋升教师的过程中必须遵守和履行的制度、规范。AAUP 最早在 1915 年声明中规定大学没有正当理由不得任意解聘教师，确需解聘教师，必须履行相应的程序，这是"正当程序"的最初形式。后来在 1940 年声明中 AAUP 建议大学在解聘教师时必须遵守相应的步骤，规定大学教师经过最长不超过 7 年的试用期合格，必须授予终身教职，同时规定了试用期内教师所享有的权利，大学不得随意解聘教师，大学需要解聘教师，必须履行相应的程序，包括提交书面指控材料，举行公开听证会，允许当事人当场进行辩护，以及提供审判笔录等，其目的就在于通过规范解聘教师的法律程序，保障教师的合法权益。1954 年，美国民权自由联盟（American Civil Liberties Union，简称 ACLU）起草了《大学教师正当程序》（Academic Due Process）的报告，报告的副标题为"教育机构在处理学术自由事件时应该履行的程序的声明"，第一次全面阐述了"大学教师正当程序"的概念，此后这一概念不断被人们引用。①

1958 年 AAUP 发表了关于解聘教师正当程序的声明，全面系统地阐述了大学解聘教师应该履行正当程序的原则，试图运用法院司法审判的方式解决大学解聘教师的问题。声明详细阐述了大学解聘教师的正当程序的主要内容和步骤，大学解聘教师一般要经过三个阶段。第一阶段为非正式协商阶段，主要通过非正式协商的方式解决大学解聘教师所引起的争端，大学不得无故解聘

---

① Louis Joughin, *Academic Freedom and Tenure*, Madison: The University of Wisconsin Press, 1967, p. 268.

教师，如果需要解聘教师，必须详细说明解聘的理由。第二阶段为司法听证会阶段，大学教师不服学校的解聘处理决定，大学必须成立教师委员会（Faculty Committee）、听证委员会（Hearing Committee）进行调查核实，并召开司法听证会，教师可以自己辩护或指定他人为其辩护。听证委员会在此基础上审查解聘教师的理由，并向校长和董事会提交详细的事件调查报告和处理意见。第三阶段为公布处理结果阶段，董事会根据调查委员会的意见，作出处理决定并加以公布。

正当程序的核心内容就是要求大学严格履行解聘教师的工作程序，强调大学解聘教师必须经过教师委员会（Faculty Committee）、听证委员会（Hearing Committee）等代表教师利益的专业团体的调查核实，对解聘教师的每一条理由进行认真的审查，并且举行听证会，真正发挥"教授会裁决"和"司法听证会"的作用，而不仅仅是大学董事会单方面就可以决定教师的去留，从而保证大学解聘教师过程的公正性和合理性，维护大学教师的合法权益。①

二 学术职业的干预机制："院校黑名单"

AAUP 在维护学术职业安全的斗争中既是学术自由与终身聘任制原则的制定者，又是学术自由与终身聘任制事件的合法调查者。由于 AAUP 仅仅是大学教师的民间组织，并不是具有法律强制效力的权力机构，在处理违反学术自由和终身聘任制原则的事件上，并不具备实施强制性处罚的特权和地位，而主要通过曝光

---

① Louis Joughin, *Academic Freedom and Tenure*, Madison: The University of Wisconsin Press, 1967, pp. 40–45.

和道义谴责的方式进行制裁，通过公布院校名单的方式，对违反学术自由和终身聘任制原则的高校进行公开曝光和批评谴责。

1930年，芝加哥大学心理学教授瑟斯通（L. L. Thurstone）建议建立 AAUP 认可院校名单制度，如果院校违反学术自由与终身聘任制原则，将不能列入 AAUP 认可的院校名单之中。同时还提出只有在 AAUP 认可院校任职的教授才有资格成为 AAUP 和其他学术社团的会员。如果会员到 AAUP 所不认可的院校任职，将被取消会员资格；如果院校被 AAUP 取消了认可资格，那么在这些院校任职的教授的会员资格并不受影响。[1] 此后，有人提议通过在 AAUP 的公告栏发布消息，并辅之以公布 AAUP 不认可院校的"黑名单"，对违反学术自由与终身聘任制原则的学校进行处罚。1931年，AAUP 决定建立定期公布"不认可院校"名单的制度（"non-recommended" institutions）[2]，每年一月份发布不认可院校名单，对违反学术自由与终身聘任制原则的院校进行制裁，以代替原来的 AAUP 认可院校名单制度。AAUP 实行的"不认可院校"制度，成为保护学术自由和终身聘任制原则的有力武器，一直沿用至今。

三 学术职业的组织保障：教师工会与集体谈判制度

集体谈判（Faculty Collective Bargaining）即大学管理当局和

---

① L. L. Thurstone, "Academic Freedom", *Journal of Higher Education*, 1930 (I), p. 136.

② 1935年改为"不合格院校"（"ineligible" institutions），1938年又改为"受到谴责的（院校）管理当局"（censured administrations），允许受到谴责院校的教师加入 AAUP，避免因为学校受到谴责影响到教师。

地区主管部门与教师双方代表参与这种谈判，旨在达成雇佣双方都能接受的并对双方均有约束力的关于工资、福利待遇、工作条件等方面的协议。集体谈判的主要法律依据是 1935 年颁布的《国家劳工关系法》，依据《国家劳工关系法》的有关规定，大学教师可以组织工会，并选举工会代表与校方进行协商谈判，就双方各自的权利、责任和义务关系，包括教师的工资待遇、工作时间和工作职责的要求，以及学校聘用、晋升、解聘教师的正当程序、教师终身聘任制的授予等方面的事项，达成一致意见。此外，教师工会及其活动不受校方的支配和干涉，校方不能在教师的聘用和职业保障上对加入工会的教师进行歧视，也不能拒绝教师集体谈判。否则，教师可以因为校方的"不公平劳动行为"（unfair labor practice）向法院提起诉讼。

美国教师联合会（American Federation of Teachers，英文缩写 AFT）与全国教育协会（National Education Association，英文缩写 NEA）是集体谈判制度的积极提倡者。1959 年，威斯康星州率先制定了公职人员谈判法，规定公立机构的雇主必须履行与其雇用人员进行谈判的义务，该法令却为该州教师的集体谈判提供了法律依据。[①] 1960 年 AFT 的分会 UFT（the United Federation of Teachers）组织教师同纽约市教育委员会（New York City Board of Education）开展集体谈判，成功敦促纽约市教育委员会建立了集体谈判的机制，推动了教师集体谈判运动的蓬勃发展。此后，美国两大教师组织的会员数量增长迅速，不断重视教师集体谈判的作用。AFT 开始在美国公立的两年制学院中发展教师工会，组织大学教师通过集体谈判的方式维护他们的合法权益，后

---

① Philo A. Hutcheson, *A Professional Professoriate: Unionization, Bureaucratization, and AAUP*, Nashville: Vanderbilt University Press, 2000, p. 67.

来逐步扩大到四年制的学院和大学。全国教育协会从 1962 年开始也要求各州分会推行集体谈判制度。在 AFT、NEA 的推动下，大学教师工会发展迅速，集体谈判成为大学教师维权的重要手段。到 1973 年 1 月，全美 2800 所院校中的 250 所院校成立了教师集体谈判的团体，数量达 170 个左右，代表 75000 名教师。①

虽然 AAUP 不鼓励大学教师采用工会组织的有关政策和措施捍卫大学教师的合法权益，然而 AAUP 又不能提出更为有效的措施，阻止大学教师与学校管理当局不断发生的冲突，保护大学教师的合法权益，最终不得不改变对教师工会和集体谈判的态度。1971 年 10 月，AAUP 采取重大举措决定加入教师集体谈判，把集体谈判作为实现 AAUP 目标的重要措施之一，鼓励各地分会争取教师集体谈判独家代理的资格，同时提出将建立适合高等教育特点的集体谈判模式，而不仅仅照搬工厂企业工会组织的模式。1972 年，AAUP 发布了关于集体谈判的声明，明确提出将把集体谈判作为 AAUP 实现高等教育目标的另一个重要措施，标志着大学教师集体谈判的合法性在一定程度上得到了 AAUP 的承认，教师集体谈判开始成为大学教师维护自身合法权益的重要手段，成为 AAUP 推行其政策和措施的途径之一。此后，越来越多的大学教师以及 AAUP 在各地的分会开始通过集体谈判方式维护自身的合法权益。

四 学术职业的法律保障：联邦法院的介入

由于学术自由并非美国宪法明文规定所保障的权利，而是经

---

① A Report and Recommendations by The Carnegie Commission on Higher Education, *Governance of Higher Education*: *Six Priority Problems*, New York: Mcgraw-Hill Book Company, 1973, p.41.

过美国学者的引进倡导，才逐渐为美国社会所接受，并为法院判例所承认的权利。刚开始，法院对介入大学内部管理的案件十分谨慎，大多数情况下会支持学校的裁决，防止干涉大学自治。由于学术自由不是一个"所有权"性质的权利（"property" right），或是受到宪法直接保护的权利，甚至也不是法院判例所使用的法律用语，因此通过司法审查防止侵犯学术自由的不合法行为是十分困难的。即使案件被提交到法院，法院也会以只对大学管理当局裁定的合法性（authority）而不是正当性（propriety）具有审查权为借口，不愿意插手教育机构的内部事务。① 法院之所以不愿意把学术自由纳入宪法保护的范围之内，不仅担心缺乏处理教育事务的能力，而且也是出于对大学机构自治的尊重。

20 世纪 50 年代，联邦法院开始介入学术自由事件，起初主要以 AAUP 制定的政策声明作为法律依据，处理有关大学教师的言论自由问题，特别是涉及大学教师聘用合同和终身聘任制的问题。虽然美国联邦法院极少涉及学术自由的案例，明确提出学术自由一词的案例，更是寥寥可数。然而这些判例却为确立学术自由的法律地位产生了深远的影响。在 1952 年至 1959 年间，美国联邦最高法院审理的几起学术自由案例中，记录在案的所有 9 位法官都认为学术自由既是一种实质性权利，又是一种程序性权利。② 学术自由作为一种程序性权利，主要保障大学教师享有"正当程序"（academic due process）的权利，诸如：教师被解聘时有权要求说明指控的理由，享有在听证会上为自己进行辩护的

① Peggie J. Hollingsworth, *Unfettered expression: Freedom in American Intellectual Life*, Ann Arbor: The University of Michigan Press, 2000, pp. 126 – 127.

② John S. Brubacher & Willis Rudy, *Higher Education in Transition: A history of American Colleges and Universities, 1636 – 1976*, New York: Harper & Row, Publishers, 1976, p. 326.

权利，以及要求由同行专家组成的委员会进行裁决的权利。学术自由作为一种实质性权利，主要指教师享有自主确定教学内容、教学方法以及教科书等学术事务方面的权利。1957 年，联邦最高法院在斯韦泽诉新罕布什尔州（Sweezy V. New Hampshire）一案的判决中对教师所享有的学术自由的实质性权利作了最为详尽的阐述。这个判例的意义不仅在于确立了学术自由在宪法中的地位①，而且法官们的意见也反映了学术自由是公民言论自由的重要内容，以及大学机构的自由（四项基本自由权利）是学术自由的重要组成部分的思想，因此都将受到宪法的保护，为以后大多数的法院审判同类案件提供了依据。

虽然学术自由逐步被法院纳入法律保护的范围之内，然而法院对于如何区分大学教师的学术自由与公民自由权利仍然存在十分模糊的认识，导致学术自由的概念与宪法第一修正案所保护的言论自由、结社自由概念的相互混淆。由于法院没有能够从法律上明确学术自由的内涵和范围，因此法官在处理学术自由案件时往往具有很大的主观性和随意性。尽管如此，法院在处理学术自由案件时所适用的正当程序原则，却有利于保护大学教师的合法权益，后来被 AAUP 1958 年原则声明所借鉴，成为保护大学教师学术自由的重要措施。

---

① John S. Brubacher & Willis Rudy, *Higher Education in Transition：A history of A-merican Colleges and Universities，1636 - 1976*，New York：Harper & Row，Publishers，1976，p. 327.

美国大学集体谈判制度的形成与发展[*]

一 集体谈判制度的含义
及其法律依据

集体谈判（Faculty Collective Bargaining）又称集体订约，是一种谈判过程，即大学管理当局和地区主管部门与教师双方代表参与谈判，旨在达成雇佣双方都能接受的并对双方均有约束力的关于工资、福利待遇、工作条件等方面的协议。

美国大学集体谈判的主要法律依据是 1935 年颁布的《国家劳工关系法》（*National Labor Relations Act*）以及 1947 年修订的《劳工管理关系法》（*Labor-Management Relations Act or the Taft-Hartley Act*），并受到国家劳工关系委员会（National Labor Relations Board）的管理和监督。依据《国家劳工关系法》的有关规定，大学教师可以组织工会，并选举工会代表与校方进行协商谈判，就双方各自的权利、责任和义务关系，包括教师的工资待遇、工作时间和工作职责的要求，以及学校聘用、晋升、解聘教

＊ 本文发表于《比较教育研究》2006 年第 3 期。

师的正当程序、教师终身聘任制的授予等方面的事项，达成一致意见。此外，教师工会及其活动不受校方的支配和干涉，校方不能在教师的聘用和职业保障上对加入工会的教师进行歧视，也不能拒绝教师集体谈判。否则，教师可以因为校方的"不公平劳动行为"（unfair labor practice）向法院提起诉讼。集体谈判制度在保护大学教师的学术自由与终身聘任制权利等方面发挥了十分积极的作用，成为美国大学管理中较有特色的一种制度。

二　美国教师联合会与集体谈判制度的建立

终身聘任制是美国高校教师聘用的突出特点，是学术自由的重要保障。大学教师组织工会以及开展集体谈判活动的直接动因，是为了保障教师的职业安全，维护教师的学术自由与终身聘任制权利，以及保障教师参与管理的民主权利。

美国教师联合会（American Federation of Teachers，英文缩写 AFT）是教师工会的积极提倡者。教师工资待遇太低，教师的民主权利得不到保障，是成立教师工会的主要原因，而教师不满意美国大学教授协会（Association of American University Professors，英文缩写 AAUP）在这方面的工作成效则是 AFT 成立的直接动力。AFT 在其官方出版物《美国教师》中曾经论及组织的宗旨："AAUP 没有发挥教师联合会所期望的作用，虽然也吸收助教和讲师为初级会员，但是从来没有为他们的利益而呼吁。在多数情况下 AAUP 也不关心地方大学的问题，没有采取任何有效的保护措施，改善会员的经济状况。AAUP 与外界没有任何联系，是一个纯粹的专业组织。最为重要的是，AAUP 既不了解，也根本不关心有关经济制度方面的问题，教师联合会不仅认识到基本经济问题的重要性，而且至少赞同对基本的经济问题的关注。"①

　　AFT 自 1916 年成立以来，就主张提高教师工资，改善教师的福利待遇，保障教师参与学校管理的民主权利，维护学术自由。同时，AFT 认识到大学教师所处的雇员地位，必须更加重视发挥教师集体谈判的方式，而不是仅仅依靠发布报告、声明的方式，才能捍卫教师的权益，从而极大地促进了大学教师集体谈判运动的开展。20 世纪初，AFT 还只是各地教师分会组成的松散组织，1918 年成立的霍华德（Howard）大学教师分会是 AFT 的第一个分会，另一个分会是伊利诺依大学教师分会。20 世纪 30 年代以来，AFT 在各地分会的数量迅速增加。教师组织的成立，并不意味着集体谈判运动的开始。全国教育协会（National Education Association，英文缩写 NEA）与 AFT 早在 1857 年和 1916 年就成立了，然而美国教育史上第一次运用教师集体谈判成功取得聘用协议的范例，直到 1944 年才出现在伊利诺州的西塞罗学区（Cicero，Illinois）。1959 年，威斯康星州率先制定了公职人员谈判法，规定公立机构的雇主必须履行与其雇用人员进行谈判的义务，虽然法令仅仅包括地方两年制技术学院的教师，并不包括公立学院和大学的教师，但是该法令却为该州教师的集体谈判提供了法律依据。②

　　20 世纪 60 年代以前，AFT 曾经组织教师开展了各种形式的集体抗议活动，但是直到 1960 年 AFT 的分会 UFT（the United Federation of Teachers）组织教师同纽约市教育委员会（New

　　① Logan Wilson, *The Academic Man: A Study in the Sociology of a Profession*, New Brunswick (U. S. A.) and London (U. K.): Transaction Publishers, 1995, p. 126.

　　② Philo A. Hutcheson. *A Professional Professoriat: Unionization, Bureaucratization, and AAUP*, Nashville: Vanderbilt University Press, 2000, p. 67.

York City Board of Education）开展集体谈判的活动获得成功，才推动了教师集体谈判运动的蓬勃发展。自 20 世纪 50 年代末以来，纽约市学校系统的教师组织就多达 93 个，各个组织分别代表各自学校的教师同学校董事会就教师权益方面的问题进行协商，但由于彼此之间缺乏协调和一致的目标，因此这些教育组织所发挥的作用也就十分有限。1960 年，UFT 成功敦促纽约市教育委员会建立了集体谈判机制，极大地影响了 AFT 以及 NEA 的政策，促使它们重视集体谈判的作用。此后，美国两大教师组织的会员数量增长迅速，不断重视教师集体谈判的作用。AFT 开始在美国公立的两年制学院中发展教师工会，20 世纪 60 年代中期，AFT 开始组织大学教师通过集体谈判的方式维护他们的合法权益，后来逐步扩大到四年制的学院和大学。到了 20 世纪 70 年代中后期，美国高等教育发展速度趋缓，大学教师的就业机会减少，就业竞争的压力增大，工资增长缓慢，教师的经济状况开始恶化。因此，争取终身聘任制权利以及民主管理权利，保障大学教师的经济、职业安全，成为教师工会与集体谈判产生的主要动机。

由于学者大多是职业理想主义者，大学教师对于参加教师工会以及组织集体谈判的态度并不积极，认为这种方式把大学教师等同于工厂企业的雇员，降低了大学教师的身份和地位。洛夫乔伊在"专业协会还是工会"的论文中提出，在某种程度上 AAUP 与工会的作用没有多大区别，都是为了提高教师或工人的经济地位，但是工厂企业的工人同雇主之间是利益对立的关系，工厂企业的工会组织通过集体谈判的方式平衡双方的利益关系；大学教师不是大学的雇员，他们与大学之间不存在对立的利益关系，而是利益共同体的成员，因此大学教师组织教师工会，采用集体谈判这种激进的维权手段，将造成大学教师和学校管理当局的对立，影响学术职业的团结。①

　　据 1969 年卡耐基委员会的调查发现：从总体上看，大约 59%
的教师赞同采用集体谈判的方式。社区学院以及专业性综合学院
的教师对于集体谈判的态度，相对于具有博士学位授权的研究型
大学的教师的态度更加积极。主要因为研究型大学教师具有较高
的地位以及较强的影响力，而且研究型大学还具有能够代表教师
利益的强有力的教授会以及教师评议会，它们在某种程度上发挥
着教师集体谈判的功能。教师可以通过教授会和教师评议会向学
校管理当局施加压力，反映教师集体的愿望和要求。然而两年制
的社区学院以及专业性的综合学院从来不存在一个强有力的教师
委员会和评议会，教师只有通过集体谈判的方式，才可以从学校
管理当局那里争取到属于他们的权利，以获得与其他院校教师同
等的权益。调查显示，凡是认为学校教师评议会的工作是高效的
院校，只有 54% 的教师赞同集体谈判；相反，凡是对学校教师评
议会工作效率的评价是差的院校，63% 的教师赞同集体谈判。其
次，院校管理水平的好坏、工资水平的高低、教师的年龄、政治倾
向以及终身聘任制状况等方面因素，也影响到教师的态度变化。②

　　集体谈判的内容不仅包括教师的经济、职业安全和终身聘任
制权利，而且包括大学教师民主管理学校的权利。调查表明，大
学教师对参加学校管理的民主权利具有较高的积极性，56% 的被
调查者对于集体谈判和参加学校董事会持赞成态度，还有 33%
的被调查者提倡教师参加董事会。

---

①　Logan Wilson, *The Academic Man: A Study in the Sociology of a Profession*, New Brunswick (U.S.A.) and London (U.K.): Transaction Publishers, 1995, p. 125.

②　A Report and Recommendations by The Carnegie Commission on Higher Education, *Governance of Higher Education: Six Priority Problems*, New York: Mcgraw-Hill Book Company, 1973, p. 40; pp. 94 – 96.

事实上，20世纪以来，要求扩大教师管理学校的民主权力，就一直是大学教师保护学术自由斗争的重要内容。1966年AAUP就颁布了《关于学院和大学管理的声明》，充分强调了加强教师、校长、董事会之间的沟通和理解的重要性，指出在学校制定重要政策以及进行重大决策时，要保障教师参与学校管理的民主权力。教师不仅享有自主决定课程的设置、选择教学和研究的内容与方法的权利，有权制定同教学过程相关的学生生活方面的政策，而且还有权参与制定涉及学校教师权利和地位方面的政策，包括聘用、晋升、解聘教师，授予教师终身教职制以及增加教师工资等方面的政策和措施。此外，在校长的遴选、院系负责人的确定方面，也应该充分听取教师的意见。为了保障教师广泛参与管理的权利，声明要求学院和大学制定保障教师参与管理的组织原则与制度，建立学院、大学的各级教师代表机构，通过教师选举组成各级教师委员会以及教师评议会、教授会，充分保障教师履行民主管理的权力。最后，声明还建议学院和大学建立教师、董事会、校长之间的长期协商机制，包括实行三方谅解备忘录的机制，建立特别联合委员会和常设联络委员会，以及扩大学校管理委员会和董事会中的教师代表等方面的措施，保持交流渠道的畅通，共同促进高等教育的健康发展。[①]

三 美国大学教授协会与集体谈判制度的推行

自AAUP在1915年声明中提出实行教授终身聘任制以来，

① "AAUP 1966 Statement on Government of Colleges and Universities", In Louis Joughin Ed. *Academic Freedom and Tenure: A Handbook of the American Association of University Professors*, Madison: The University of Wisconsin Press, 1967, pp. 90–101.

为了在高校推行保护教授终身聘任制的原则或措施，AAUP 相继颁布 1940 年、1958 年声明，提出了一系列保护教授终身聘任制的原则和建议，敦促大学在聘用、晋升、解聘教师的过程中履行正当程序。不过，AAUP 只是为各高校制定实行终身聘任制的原则和建议，并非要求所有高校实行统一的终身聘任制政策或措施，而是为高校留下了自由选择的空间，以避免造成干涉大学内部事务的嫌疑，影响与大学管理当局的关系。尽管多数高校都表示赞同 AAUP 1940 年颁布的学术自由和终身聘任制原则声明，并且也签署了这个声明，但是并没有严格地贯彻和推行终身聘任制的原则规定，而是结合各个高校不同的传统和实际情况，实行了各种不同形式的终身聘任制政策和措施。各个高校不仅对终身聘任制的含义及其法律基础有不同的理解，而且对于授予终身教职的标准和程序也有很大的差异。具体来说，包括试用期的长短，授予终身教职的条件和程序，如何评价教师的工作业绩，教师、学生、管理者以及董事会在终身教职的授予上应该发挥多大的作用，以及聘用、晋升、解聘教师的程序等多方面问题。由于各个高校对上述问题有不同的看法和规定，因此，各个高校实行的终身聘任制政策和措施就体现出不同的特点。有些高校制定了保护终身聘任制原则的政策，明确规定授予终身教职的标准和程序，并且严格实行保护终身聘任制原则的措施，而在另外一些高校却没有制定相关的政策和措施，教师的终身聘任制权利得不到有效的保障，这是大学教师工会和集体谈判制度产生的重要原因之一。

虽然大多数高校实行了不同程度的保护终身聘任制的政策和措施，但是仍然存在将近半数的教师，尤其是私立院校的教师以及职位较低的教师，无法得到终身聘任制的保护。即使实行了终身聘任制的院校，院校的管理当局也可以以学校财政紧张为借口，不再履行解聘教师的正当程序就解聘教师。大学管理当局以种种原因解聘教师，因而发生违反学术自由原则的事件，也就不足为奇了。1970 年至 1980 年，AAUP 公开报道的案件就有 59 件，解聘教师达 1356 人，终身聘任制教师 149 人，非终身聘任制教师 151 人。因为财政紧张的原因而被解聘的教师为 1158 名，占被解聘教师总数的 85%，其中终身聘任制教师 87 人，非终身聘任制教师 81 人。因为政治原因而被解聘的教师为 55 人，占被解聘教师总数的 5%，其中终身聘任制教师 6 人，非终身聘任制教师 35 人。38 名教师因为公开批评和反对学校的管理政策而被解聘，还有 89 名教师因为学校政策的变化以及宗教原因而被解聘。这还仅仅是 AAUP 公开报道了的学术自由事件，大量的学术自由事件因为没有被公开报道，所以还不为人所知。AAUP 的档案资料清楚地反映了在 1975—1979 年间大学发生的学术自由事件以及 AAUP 是如何处理这些事件的。这 5 年间，AAUP 共接到教师投诉 2135 份，其中 43% 的投诉被认定为不构成调查案件的要件，1312 件（57%）被确定为需要进一步调查的案件，然而 AAUP 只对其中的 23 件（2%）进行了全面的调查和公开报道，而大量的学术自由事件并没有被 AAUP 调查或公开报道。[①] 一方面，大学大量发生违反学术自由和终身聘任制原则的事件，另一方面 AAUP 处理这些事件的力度和效果并不理想，日益引起广大大学教师的强烈不满，大学教师在长期的斗争实践中逐步认识到，只有团结起来，依靠教师集体的力量，才能更好地维护自己的合法权益。

---

① Sheila Slaughter, "Academic Freedom in the modern American University", In by Philip G. Altbach & Robert O. Berdahl Ed. , *Higher Education in American Society* (Revised Edition), Buffalo, New York: Prometheus Books, 1981, pp. 85 – 87.

　　为此，AAUP 召开了关于教师集体谈判的专题讨论会，对集体谈判的相关问题展开了全面的讨论。虽然与会代表一致认为在大学开展教师集体谈判已势在必行，但是对于集体谈判的性质等问题争论较大。此后，AAUP 的会员不断建议大学教师应该同学校管理当局以及董事会进行谈判，签订有关教师工资和福利待遇的协议。然而 AAUP 却始终坚持职业理想，反对教师参加集体谈判。虽然 AAUP 不鼓励大学教师采用工会组织的有关政策和措施捍卫大学教师的合法权益，然而 AAUP 又不能提出更为有效的措施，阻止大学教师与学校管理当局不断发生的冲突，保护大学教师的合法权益，最终不得不改变对教师工会和集体谈判的态度。

　　20 世纪 70 年代，美国再次爆发经济危机，宣告了第二次世界大战后美国高等教育发展"黄金时代"的终结，美国高等教育发展开始进入萎缩期。高校学生的入学率锐减，政府对高校的资金投入也大幅度降低，高校为了缓解财政危机，逐步削减终身聘任制教师的比例，大量解聘教师，包括终身聘任制教师。教师工会与集体谈判运动的兴起就是大学教师应对这种严峻形势的产物。在 AFT、NEA 的推动下，大学教师工会发展迅速，集体谈判成为大学教师维权的重要手段。NEA 的大多数会员来自四年制的师范学院，在 1971 年就全面组织会员开展集体谈判，到 1972 年已经在全美的两年制学院以及四年制学院设立的代表机构分别达到了 93 个和 31 个。AFT 主要在社区学院开展集体谈判，截止到 1972 年底，AFT 在全美大部分院校建立了教师工会代表机构，其中在两年制学院建立的教师工会代表机构达到 37 个，在四年制学院建立了 7 个，在纽约城市大学以及纽约州立大学分别为 19 个和 26 个。① 到

---

　　① Philo A. Hutcheson, *A Professional Professoriate*: *Unionization*, *Bureaucratization*, *and AAUP*, Nashville: Vanderbilt University Press, 2000, pp. 136 – 137.

1973 年 1 月，全美 250 所院校成立了教师集体谈判的团体，代表 75000 名教师。① 1976 年，AFT 已在两年制学院建立了 79 个教师工会代表机构，在四年制学院建立了 53 个教师工会代表机构，在纽约城市大学建立了 19 个教师工会代表机构；NEA 在两年制学院建立了 142 个教师工会代表机构，在四年制学院建立了 56 个教师工会代表机构。②

由于 AAUP 担心如果继续反对各地分会成为教师集体谈判的代表，抵制大学教师开展集体谈判活动，势必导致其他组织乘虚而入，取代 AAUP 分会的地位而成为大学教师集体谈判的代表。1971 年 10 月，AAUP 采取重大举措决定加入教师集体谈判，把集体谈判作为实现 AAUP 目标的重要措施之一，鼓励各地分会争取教师集体谈判独家代理的资格，同时提出将建立适合高等教育特点的集体谈判模式，而不仅仅照搬工厂企业工会组织的模式。1972 年，AAUP 发布了关于集体谈判的声明，明确提出将把集体谈判作为 AAUP 实现高等教育目标的另一个重要措施，"我们一直致力于在学院和大学实现一系列基本目标，包括促进学术自由和终身聘任制的发展，保障教师正当程序的履行以及大学管理的不断改善，而集体谈判不仅是实现这些目标的另一个必要的手段，而且可以加强教师在学校资金分配方面的影响力。如果要实现我们所坚持的原则，单纯依靠职业传统和道德说服的作用是不够的，还必须通过集体谈判达成的同意以及法律强制力作为必要的补充，才能有效保证我们的原则得到实现"。声明还提出了集

---

① A Report and Recommendations by The Carnegie Commission on Higher Education. *Governance of Higher Education*：*Six Priority Problems*, New York：Mcgraw-Hill Book Company, 1973, p. 41.

② Philo A. Hutcheson. *A Professional Professoriate*：*Unionization*, *Bureaucratization*, *and AAUP*, Nashville：Vanderbilt University Press, 2000, p. 169.

体谈判的目标,"遵循 AAUP 制定的原则声明,致力于保护和促进全体教师的经济、职业利益;遵循 AAUP 关于学院和大学管理的声明,建立大学的民主机制,充分保障大学教师参与管理的权利;遵循 AAUP 1940 年、1958 年、1971 年声明以及其他声明,保护学术自由与终身聘任制;建立明确快捷的处理教师投诉的机制,保证受害教师能够及时得到帮助"。① 1972 年声明标志着大学教师集体谈判的合法性在一定程度上得到了 AAUP 的承认,教师集体谈判开始成为大学教师维护自身合法权益的重要手段,成为 AAUP 推行其政策和措施的途径之一。此后,越来越多的大学教师以及 AAUP 在各地的分会开始通过集体谈判方式维护自身的合法权益。截止到 1976 年,AAUP 用于集体谈判的预算占到了31%,开展教师集体谈判活动成为 AAUP 工作的主要内容。② AAUP 主席范·阿尔斯帝恩(Van Alstyne)在其就职演说中全面回顾了所取得的成绩。自从 AAUP 加入集体谈判以来,在全美30 所院校建立了教师工会,进一步扩大了 AAUP 的影响力。尤为重要的是,AAUP 加入集体谈判不仅有利于推行保护学术自由与终身聘任制的原则声明,而且对其他协会和组织也起到了感染和示范作用,自觉参照 AAUP 的标准成为高校教师集体谈判活动中十分普遍的现象。此外,AAUP 通过集体谈判,不断促使法院接受 AAUP 的合理建议,成功地影响到法院的判决,法院在处理相关案件时也会参照 AAUP 所制定的有关原则声明。

总之,AAUP 从开始反对大学教师参加集体谈判,到后来支

① A Report and Recommendations by The Carnegie Commission on Higher Education, *Governance of Higher Education: Six Priority Problems*, New York: Mcgraw-Hill Book Company, 1973, p. 223.

② Philo A. Hutcheson, *A Professional Professoriate: Unionization, Bureaucratization, and AAUP*, Nashville: Vanderbilt University Press, 2000, pp. 169 – 170.

持甚至组织大学教师通过集体谈判的方式捍卫自身合法权益，集体谈判逐步成为大学教师捍卫学术自由与终身聘任制权利的重要武器，从而表明 AAUP 已经充分认识到保障大学教师经济、职业安全对于实现学术职业理想的重要性，AAUP 开始真正成为大学教师利益的忠实代表，进一步增强了组织的凝聚力，扩大了 AAUP 在大学教师中的影响力。

国外高校教师队伍建设的经验与特色[*]

　　高校教师管理是高校管理的核心内容，能否建立一支科学、合理、高效的教师队伍直接影响到学校的整体办学质量和水平。西方发达国家非常重视高校教师队伍建设，通过采取种种措施，不断提高教师的整体素质，促进教师专业发展。本文简要介绍了美、英、德等西方发达国家在教师培养、选拔、培训以及促进教师专业发展等方面的做法，以期为我国高校教师管理和建设提供参考。

一　明确高校教师任职资格，不断完善教师聘用制度

　　为了保障大学教师的质量，各国高校对教师的任职资格都有明确规定，高校制定了严格的教师聘用标准，以保证教师来源的高素质，实行学位、学衔与教师职务、待遇挂钩。国外大学普遍规定，高校的教学和科研人员，应具有硕士以上学位，晋升教授

　　＊　本文发表于《大学教育科学》2006 年第 1 期。

要有博士学位，并且由教师的学位、学衔、职务共同决定教师的工资和各种福利。一般有学术水平、学历、教历三项，但对不同职称教师的具体要求不同。许多高校明确规定：只有硕士毕业才有资格担任讲师，晋升助理教授必须有博士学位。未获硕士以上学位的毕业生没有资格在高校从事教学工作，因此，硕士和博士学位成为高校教师任职资格的必要条件。一般来说，要进入美国大学任教，首要条件必须具有博士学位，多数大学还附加其他条件，包括一定的研究工作经历，不是本校当年毕业生等。美国高校中，95%以上的教师都具有硕士学位，研究型大学中具有博士学位的教师比例高达80%以上。这种高学历以及研究或工作经历的要求，使得刚进入大学的教师就已经完成了基础性、学术性、学历性教育。

发达国家大学教师聘任制具有以下特点：

教师任用法制化。西方发达国家为了规范高校教师任用制度，不断将高校教师的任用工作纳入法制化的轨道。德国高等教育法对高校教师的编制、职责等问题作了全面规范。日本通过制定一系列的法律、法规，为教师的聘任、解聘等工作提供明确的法律依据和法律程序。1997年日本通过了大学教员任职法，对国立、公立、私立大学实行任期制的条件、范围等作了明确规定。加拿大也通过法律的形式对大学教师的权利义务关系予以保障。

教师招聘过程公开、公正，重视教师的校外工作与研究经历。国外高校聘选教师一般都要向全国或有关机构和单位公布招聘信息。美国、德国、英国、日本等国规定教授一般必须公开招聘，在世界著名杂志上刊登广告，向国内外公开招聘教授，对于应聘者的学历、资历和科研成果进行全面的考察。如：日本筑波大学为了贯彻竞争性原则，1994年首次在《科学》和《自然》

杂志刊登求人广告，公开招聘 7 名教授，来自 26 个国家的 187
人提出申请，参与竞争，学校最后招聘了 7 人。由于学术上的血
缘关系过近而易形成狭隘的帮派体系，不利于博采众家之长和优
秀人才的脱颖而出，最终导致学术退化。西方发达国家极力避免
"近亲繁殖"，充分利用人才市场，面向社会招聘教师，一般不
从本校毕业生中直接选留教师，美国大学一般把本校毕业的教师
比例控制在全体教师总数的 1/3，防止可能形成的学阀帮派。英
国剑桥大学规定，本校毕业生到校外单位工作若干年以后才有应
聘本校教师的资格。德国大学招聘教授，规定最少须有 3 年以上
校外工作的经历。德国教授从校外聘用的规定有利于提高大学教
师队伍的质量水平。重视校外工作与研究的经历。

教师终身制与任期制相结合。发达国家大学教师聘任制可分
为三种类型：一是美国式的，聘任制与试用制、契约制、终身制
同时并行运作，对高级职称者没有任期规定，而对低级职称者规
定聘任期；二是德国式的，大学教师中除了教授，其他都有任期
规定；三是日本式的，由各大学自己决定的选择性任期制。英国
大学教授、高级讲师没有任期，而一般讲师规定任期。法国大学
教授和副教授没有任期，助教规定任期。德国大学教授没有任
期，一般规定讲师 6 年、高级助教 4 年、高级技师 6 年、学术助
教和艺术助教 3 年任期。实行终身制与任期制并行的教师聘任制
度，能够免除教师的后顾之忧，稳定教师队伍，有效保护教师的
学术自由权利。此外，西方发达国家的高校大多以评估机制来促
进教师研究、教学或服务水平的不断提高，各高校都制定了较为
科学的评估指标体系，使之规范化、制度化，并且与教师的去
留、职称晋升、工资待遇挂钩。评估种类大体上分为：年度评
估、申请终身职位的评估、晋升评估。评估内容全面，包括教学
效果与水平评估、科研绩效评估、行政服务及社会服务评估。评

估方式多样化，包括本人总结、学生问卷调查、同事和系主任评价等。

二 重视高校教师的专业发展，不断完善高校教师职前培养与职后培训体系

虽然将新任教师培训制度化的国家不是很多，但值得注意的是各国都越来越重视新任教师培训工作。20世纪90年代，为了适应高等教育对教师的要求，美国学院与大学联合会和研究生院委员会共同发起和实施了"未来教师培训计划"，旨在将博士研究生培养成为能胜任高校教学工作的人，使他们具有教学、研究和专业服务的职业能力，为他们未来选择教师职业创造一个好开端。美国许多大学还建立了各种旨在帮助提高教师水平的教学中心，为青年教师提供业务咨询和进行教学实践的场所；英国虽然在法令上没有规定新任教师培训的义务，但是非常重视对新任教师进行特别的培训，比如老教师对新任教师给予指导、组织新任教师进行教学参观等。俄罗斯对新任教师采取了在任职第一年由熟练教师给以指导的培训体制。加拿大高校的新教师一般都有一定期限的见习期，见习期满后，合格者与学校签订长期任教合同，不合格者则被解聘。学校对新录用的教师进行教育理论和技能培训，培训内容包括为新教师讲授有关教学理论、教学计划、教学大纲、教学方法、课堂管理、处理师生关系等方面的基本知识；给新教师提供观察、论证、评价各种教学方法的机会，使新教师懂得教育规律、提高教学能力。

西方各国不仅注重新教师的专业培训，而且不断完善教师专业发展制度，并逐步同教师聘任工作相结合。美国高校通过实施资助青年学者和研究者的优惠制度，设立教学、科研奖金和学术

休假，建立教师专业发展专项基金制度，积极鼓励教师走出校门参加各种学术交流活动，为教师参加国内外学术活动提供条件，使教师有机会获得新的信息，了解学科动向，扩大教师本人的学术影响。日本大学将教师的进修提高和晋升制度结合起来，并与科研奖励制度、教师考核制度联系起来，同时为高校师资的进修培养提供各种方便条件。每年派遣教师出国进修或进行学术考察，为教师出版科研成果方面提供经费支持，等等。德国大学为增强教授职位的吸引力，减少职位较低教师的职业风险，设立了"海森堡奖学金"，用于奖励获得高校执教资格的优秀青年学术人员，资助他们在受聘为教授之前从事校内与其资格相适应的研究工作。此外，德国的对外交流计划中的"洪堡基金会"仅1987年就耗资5200万马克，资助150名德国学者获得了去国外进行研究、进修的机会。

三 注重教师职业生涯发展规划，
实行学术休假或研究假制度

学术休假或研究假制度是许多国家促进教师专业发展的重要手段。美国的高等学校鼓励教师参加校外乃至国际性的学术会议，以达到交流信息、了解学科发展、扩大影响的目的。尽管学校财力有限，但大都坚持拨出部分资金用于提高教师的学术水平。许多高等学校还设有提高教师质量的服务中心，帮助教师提高教学水平。美国高校教师连续工作7年可以得到为期1年的"教育休假"，学术休假的活动范围不受限制，可以继续从事原有的科研课题，也可以开拓新的领域；可以进行高深学科的深造、专题项目的研究、新技术开发、课程建设，也可以深入实际调查研究，从而提高专业理论水平。此外，美国高校也经常为教师提供短期学术假和一定的经费，或者减少工作负担，为教师到校外进行协作科研，或者到企业和国家实验室短期工作，以及其他目的和形式的业务进修，创造条件。德国的教授每四年可享受1学期的研究假。法国高校教师可享受学术休假，法国教育部根据各高校科学委员会建议，准许部分高校工龄6年以上的教师获得1年以内的学术休假。日本的国立、公立大学教师可享受"年度休假"，每年休假的最长时间为30天。

四　保持教学科研人员与管理服务人员的适当比例，建立结构合理、高效的教师队伍

教师队伍结构是否合理直接影响到高校教师队伍的整体工作效率。西方发达国家注重从职称结构、学历结构、学缘结构方面加强教师队伍的管理，注意保持教学、科研、行政人员的适当比例，从而有利于发挥教师队伍的整体优势。从职称结构来看，发达国家高校教师的高级职称占有相当大的比例，从而确立教授在高校学术活动中的主导作用：美国高校现有教学人员约70万人，其中专职教师约46.5万人，兼职教师约23万。其中教授占36.1%，副教授占27.5%，助理教授占26.8%，其余为讲师或无职称的教学人员。综合性大学教授总数占了36%左右，在一些著名大学教授比例高达50%左右。法国高校教授占教师总数的30.5%，加上高级讲师，约占37%；英国对高级职称控制极严，规定不超过总数的40%。实际上，全国高校教师的高级职称平均约占28%，牛津、剑桥占1/3左右。从学历结构来看，国外高校教师的学历结构呈高学历化趋势，不断提高高校教师任职资格，一般要求有博士学位。美国前25所研究型大学中博士

学位的比例更高,加州理工大学、布朗大学、莱斯大学、西北大学均为100%,96%以上的共有20所,康奈尔大学最低也达91%。从学缘结构来看,英、美、德三国为了防止"近亲繁殖",一般都不直接留用本校毕业生。从形式结构来看,美、日、法、德等西方国家高校大量聘用临时教师或兼职教师,兼职教师大多由各学科领域的专家、学者组成。从教学、科研人员与管理、服务人员的结构比例来看,西方发达国家高校中的管理服务人员比例较高,有利于建立一支高效、精干的教学、科研人员队伍。在高校总体人员中一般教学人员所占的比例为18%—23%,研究人员为8%—12%,行政管理人员为30%—35%,文职技术人员为25%—28%,服务人员为7%—12%。哈佛大学的教学人员一般维持在20%左右,研究人员占全院人员的总体水平偏低,行政管理人员比例较高,一般都达到了30%以上,有些学院甚至高达40%左右,文职和技术服务人员一般都在20%—30%之间。

参考文献

何仲山:《美国高校教师的选拔和培养》,《新视野》2000年第6期。

徐辉:《国外高校教师队伍管理的历史发展及启示》,《比较教育研究》2003年第10期。

[美]詹妮特·劳伦斯:《美国高等学校教师管理及相关问题研究》,《天津商学院学报》2003年第5期。

姜远平,刘少雪:《世界一流大学教师的学缘研究》,《江苏高教》2004年第4期。

第 三 编

关于高校管理的探讨

论大学学术权力与行政权力关系的协调[*]

一 学术权力与行政权力的内涵及其相互关系

（一）学术权力与行政权力的内涵与性质

大学内部事务可以分为学术事务和非学术事务（或行政事务）。与此相对应，大学内部存在着两大并行的权力系统。一种是以行政管理组织结构为网络的行政权力系统^①，一种是以教授、专家、学者为核心，以"学术委员会"、"学位委员会"、"教学指导委员会"、"教师职务评定委员会"、"教授委员会"等学术组织为主体的学术权力系统。

学术权力与行政权力是两种具有不同含义和性质的权力，具

---

* 本文发表于《中国教育报》2005 年 2 月 4 日第 4 版。

① 行政权力是相对于学术权力而言的广义概念，在中国大学中则涵盖了党委和行政两大系统。本研究不涉及进一步加强和完善高校领导体制（党委领导下的校长负责制）问题。

有各自不同的运行方式以及价值取向。学术权力指学术管理的权力，主要指高等学校教学活动、科学研究、学科建设、课程设置、教材建设、师资培养、学位授予以及招生就业等方面的管理权力。行政权力一般特指国家行政机关的权力，即国家行政机关依靠特定的强制性手段，为有效地执行国家意志而依据宪法及其原则对全社会进行管理的一种能力，但常常也用来指社会组织中的行政权力，即社会组织中的行政机构和人员为实现组织目标，依照一定的规章对社会组织自身进行管理的能力。行政权力是与职位相联系的制度化了的权力，大学的校长、副校长、处长、科长等都是行政权力系统的组成部分，通过行使行政权力来维持大学的运行。

学术权力与行政权力的主体、客体及运作方式不同。大学学术权力的主体主要是学术人员和学术组织，学术人员包括拥有学术头衔的教授、副教授等；学术组织包括决定学术事务的有关组织，如学术委员会、学位委员会、教学指导委员会、教授会等；学术权力的客体是学术事务。大学的学术权力不是外部赋予的，而是大学内在逻辑的客观要求，是大学本质特性的外化，主要依靠学者自身的权威对客体产生影响，运行方式是自下而上的。行政权力的主体主要是行政机构及行政人员，其客体是行政事务，主要通过法律、政策、指示、指令等自上而下贯彻执行，具有一定的强制性。

学术权力与行政权力在性质上是有区别的。从权力的来源或者设立的依据来讲，一般认为，大学行政权力与学术权力分别来源于大学对行政事务和学术事务的需要。行政权力是学校行政机关及其行政人员通过各种方式管理行政事务的权力，这种权力扎根于权力的授予，它通过"科层制"的行政组织系统，突出照章办事和等级服从，具有整体性和层次性。学术权力在性质上是一种完全不同于行政权力的"权力"，它的存在与否，依赖于专家的专业背景和学术水平，是学术组织及学术人员通过各种途径管理学术事务的权力，这种权力扎根于学科专业，具有自主性和松散性。从权力的来源看，行政权力主要来自组织的委派或任命，而学术权力主要来自专家学者的学术声望。从权力的实质看，行政权力的核心是"权"（行政职位），权大力大；学术权力的核心是"力"（学术地位），力大权大。① 从权力的组织状态来看，行政组织具有严密的科层式结构，上级对下级具有绝对的控制权，而学术组织一般处于松散的状态，上级对下级往往是指导性的意见。另外，从权力的作用范围看，学术权力越是在基层其影响力越大，而行政权力则相反。此外，学术权力与行政权力在价值取向上存在冲突。学术权力的价值追求是保证学术标准得以贯彻，学者所从事的学科得以发展，学术人员的学术权力得以保障；而行政权力的价值定位则是保障大学组织目标的实现，保证教育方针和办学思想得以落实。

（二）学术权力与行政权力的功能与关系

学术权力与行政权力是两种不同性质的权力，具有各自的合理性和局限性。大学中学术组织和学术人员的特点，决定了学术人员应该广泛参与大学学术管理事务，从而提高行政决策的科学性和民主性。行政权力是大学组织正常运行不可或缺的因素，大学职能的多样化，大学组织的复杂性，需要有强有力的行政权力发挥作用。同时，大学行政权力的合理性还在于能够弥补学术权力的不足，克服学术权力的局限性。

---

① 秦惠民：《学术管理中的权力存在及其相互关系探讨》，《中国高教研究》2002 年第 1 期。

学术权力和行政权力是大学统一整体不可分割的有机部分，二者相辅相成，共同服务于学校的整体目标。学术权力的存在确保了大学教学、科研的基本属性，行政权力的作用则在于协调大学内部各部门之间的相互关系，使之成为不可分割的整体。因此，对行政权力的过分强调必然会影响学者的积极性和创造性，而过分松散的学术权力则将有损于大学效率的提高和整体目标的实现。行政权力在与学术权力目标一致的前提下，又常常作为学术权力实现的基础。正是大学行政管理和学术管理的共同作用，才能保证大学在整体稳定有序的状态下不断发展和提高。

行政权力和学术权利的协调还有利于提高决策的科学化、民主化水平。在大学系统内部，学术系统和行政系统两种管理是不可分割的，同时双方又有着不可取代的作用。但是，由于管理目标和方式上的差异，出现矛盾和冲突是不可避免的。如果进行积极的协调，可以使问题得到建设性的解决，防止教育资源的浪费，提高决策的科学性。

二 国外大学协调学术权力与行政权力关系的模式及发展趋势

（一）学术权力与行政权力匹配的三种模式及其特点

1. 学术权力与行政权力分离，各司其责，以美国为代表

美国大学的最高权力机构是董事会，公立大学的董事会成员通常由州长或议会任命，私立大学董事会成员由学校创办者或校友选举产生。董事会主要由校外人士组成，成员多是政府官员、企业首脑、社会名流等。董事会下设若干委员会，如设备委员会、投资委员会、发展委员会、学术事务委员会、学生委员会等。董事会决定学校的大政方针，重点是管理学校与社会各界的关系及本校的财政、资产，而对学术管理、具体的教学工作很少介入。

由于美国大学董事会的成员以校外人士为主，董事会把处理学校日常事务和大部分管理权力交给校长。美国大学校长是学校一般行政管理和学术管理的总负责人，在内部管理上有较大权力。校长全面负责学校的行政管理，任命行政管理人员，制定有关教师和行政管理人员的工作职责，建立有效的管理系统；在学术管理上，提出学校总的学术政策，协调推动课程计划的执行。校长兼任评议会主席，提出学校预算并监督实施，领导制定学校发展规划，处理学校的日常工作等。

评议会是美国大学学术管理的专门机构，评议会（Senate 或 Council），也称为大学教授评议会（University Faculty Senate），主要由教授、副教授组成。评议会成员按院或按学科分配名额产生。教授评议会下学术规划委员会、科学研究委员会、教学委员会、研究生工作委员会、学术政策委员会、调查委员会等，分别负责进行相关学术事务的管理和决策。

董事会、校长、评议会共同构成了美国大学内部的权力体系，形成了以校长为首的行政权力系统和以评议会（教授评议会）为代表的学术权力系统。在这种结构中，权力界限是清楚的，董事会主要对学校重大事项进行决策。而将学术事务的决策和日常管理权力交给了评议会（教授评议会）和校长。评议会由教授或以教授为主的学术人员组成，几乎包揽了学术事务的决策权，评议会的作用反映了学术权力在学校管理中的作用。校长在行政管理中的权力很大，校长任评议会的主席，主持召开评议会，评议会决策的事情由校长负责执行。校长在如何协调行政权力和学术权力两者之间的关系方面，发挥了十分重要的作用。尽管美国大学内部有发达的科层组织，行政权力较强，但是以教授评议会为代表的学术权力仍有效地控制大学的学术事务。

2. 学术权力与行政权力相互渗透，学术权力起主导作用，以德国、英国、日本为代表

德国大学的最高决策机构是大评议会，其职责是选举校长和评议学校规章制度。大学的主要决策机构是评议会。校长作为行政最高负责人具有相当大的权力，这种权力主要体现在学校的一般管理上，校长是大评议会和评议会的主持人，要执行评议会的决议，并且有权否决评议会的决议。从评议会的组成看，教授占有相当比例，评议会审议决策的事项包括学术事务以及重大的行政事项。学术权力在学校管理中的作用之大，不仅体现在校一级，也体现在学部及讲座一级，正因为如此，德国大学才被称为"正教授大学"。

英国传统大学的权力结构一般分为大学、学部和系3个层次。在大学层次，通常有4种权力结构单元：校务委员会、理事会、评议会、和大学副校长。校务委员会形式上是学校的最高权力机构，但在职能上很大程度上是仪式性的。理事会是通常意义上的权力机构，评议会是一个大学教授组成的管理机构，它具体负责对学部和系的学术事务管理。理事会和评议会分别是行政权力和学术权力的代表机构，它们彼此间的协调通常由大学中"首席学术和行政官员"——大学副校长组织实施。副校长的人选是理事会和评议会协商的结果。

日本国立和公立大学的最高权力机构是评议会，法律规定评议会是审议咨询机构，但实际上是大学的决策机构。评议会由校长、学部长、教授等人组成，校长担任评议会议长。评议会有权决定本校一切重大事项，包括选举校长、任用各类人员、制定校规、编制预算、确定招生计划、课程设置等；通常，日本大学每月召开一次评议会审议有关重大事项。根据有关法律，校长是大学的最高行政负责人，校长掌管校务，统辖所属人员，执行评议会的决议，并拥有校务及日常行政、财政等方面事务的裁决权。此外，大学中还设立各种专门委员会，作为校长的咨询机构。日本大学中通常设有学部。一般大学在学部一级也设教授评议会，也有的在校一级设教授评议会。学部一级的教授会由学部长和各学科的1—2名教授组成，教授会的主要权限是：选举学部长、讨论决定教学和科研方针、教员人事事务、学部预算、课程设置、招生工作等与教学和科研有关的事项。学部长从本学部的教授中选举产生，主管所属学部的学术、行政等方面事务，还要作为学校的评议会成员参加学校重大问题的审议，参加大学设立的各种委员会等，直接参加学校的管理。

3. 学术权力与行政权力两权渗透，行政权力起主导作用，以法国为代表

法国大学的最高权力机构是校务委员会，校务委员会以本校职工为主体，其中教学、科研人员占多数，同时吸收部分校外人士参加（社会工商、金融、政界）等各界知名人士。校务委员会的主席是校长，校长的确定是通过校务委员会、科学委员会、大学学习和生活委员会三个机构成员选举产生的。校长应是本学校的正式教授和理事会成员，如果不是正式教授，其任命须得到国民教育部长的批准。法国大学实行校长负责制，在大学理事会中教授成员不占多数，教授群体对校长的制约能力十分有限，但却对大学的学术权力组织具有很大的影响。法国大学学术管理的专门机构是咨询委员会，它由科学委员会、学习和大学生活委员会等委员会组成。科学委员会的职责是：就学校科研方向、政策、科研成果、经费分配原则等问题向校务委员会提出建议，负责协调学校教学和科研的关系，特别是协调研究生阶段的教学与科研之间的关系。它由 20—40 名委员组成，其中教学、科研人员占 60%—80%，研究生代表占 7.5%—12.5%，校外机构或其他学校教学科研人员占 10%—20%。

校务委员会虽拥有决策审议权，但在大学教学和科研政策上，要听取科学委员会的建议。由于教师、学生在大学管理上的发言权得到承认，在一定程度上增强了大学内部管理的民主性和科学性，有利于大学的自我约束和完善办学自主权。另一方面，各管理机构分工明确，行政机构和学术机构各司其职，校长、校务委员会、评议会、各学术委员会等在统一指导下，履行各自的责任。

（二）国外大学学术权力与行政权力关系的发展趋势

国外高等学校内部都存在学术权力与行政权力运行的两个系统：一个系统自上而下，以校长为首的行政权力贯彻董事会、校务委员会或评议会的决议，行使行政权力；另一个系统自下而上，由讲座、研究所、学科、系，到学院、学部，再到学校评议会决议，以教授为主，行使学术权力。学术权力在学院或学部比在学校更能发挥作用，以学术人员为主体的教授会或部务委员会，决定着学院、学部的重要事项，而院长或学部长要执行教授会或部务委员会的决议。校长是两个系统的枢纽，校长都担任评议会的主席，既保证了个人负责制和会议制进行有效的协调，又保证学术权力与行政权力减少冲突，更有利于执行董事会决策或评议会决议。院长或学部长一般担任教授会或评议会主席，发挥平衡、协调学术权力和行政权力的作用。

近年来，国外国家的大学中学术权力和行政权力关系模式也在发生一些变化，其主要趋势是：第一，重视学术权力和行政权力的互补与协调，两个权力主体扩大渗透，学术权力决策注意吸收行政人员参加，行政权力决策注意吸收学术人员参加。在学部（学院）、校一级的决策机构中，其人员构成都注重学术人员和行政人员的平衡与协调，成员结构呈现多元化的特点。第二，高等学校内部有分权化的趋势，横向表现为学校的重大事项由学术权力与行政权力共同管理；纵向表现为学校、院系或学部各个层次的决策事项及职责明确规范。校务委员会或评议会下面，常常设有若干分委员会，分别履行各自的审议、咨询、决策职能。这样两条线路的存在避免单纯依靠行政权力、行政手段、行政方式所带来的弊端，保证了学术权力对学校事务决策的参与，保证了学校管理的效率化和民主化。第三，决策由单独的部门或个人转向注重委员会化，委员会化增强了决策的民主性和科学性。第四，无论学术事务的决策还是行政事务的决策，都注重吸收教学人员和学生的参与。

三 我国大学学术权力与行政权力关系的现状与问题

新中国成立以后，我国高等教育管理体制主要学习和照搬"苏联模式"，大学近乎于政府的附属机构，对大学的管理以行政权力为主，大学办学自主权十分有限。大学内部管理基本上也是上令下行的行政管理方式，学术权力一直没有发挥应有的作用。1985年，《中共中央关于教育体制改革的决定》确定了扩大高等学校办学自主权的方针；1993年，国务院颁布的《中国教育改革和发展纲要》进一步明确了高等教育改革要逐步建立政府宏观管理、学校面向社会自主办学的体制。1998 年《中华人民共和国高等教育法》的颁布和实施，以法律的形式对高等学校的办学自主权作了明确的规定，在有关条款中明确阐述了高等学校的党委、校长和学术委员会的职能，为大学依法自主办学、自我约束以及协调好行政权力与学术权力关系提供了法律环境，奠定了重要基础，改变了几十年来中国大学办学无法可依、单纯依靠政策指导工作的状况。尽管如此，由于种种原因，大学内部仍然存在着行政权力与学术权力关系失衡的现象，突出表现在以下几个方面。

（一）大学内部行政权力泛化

大学管理的"机关化"色彩过于浓厚，以行政权力干预或取代学术权力的现象仍然比较普遍，最普遍的表现就是行政权力对学术事务介入过多，忽视学者对学术事务的管理等，学术权力在大学的地位没有得到充分落实。行政权力有时甚至支配着学术事务，用效率化的行政衡量尺度来要求教学与科研工作，从而造成了学术研究人员不是注重学术力量，而是唯行政权力是瞻，导致了学术的急功近利和学术欺骗。其原因在于体制的惯性，仍习惯于用行政管理的逻辑和方式来管理大学，按照行政组织和行政机构的组织结构来设计大学的内部组织，按行政组织的方式对校、院、系进行权力分配，并赋予其相应的行政级别，确立管理中的隶属和服从关系。

行政权力的泛化导致学术权力的弱化，大学中的学术组织（如学术委员会、学位委员会、教师职务评审委员会、教学指导委员会等）或者泛化为行政组织，行使某种行政职能；或者作为"虚位"组织，学术权力在大学中往往难以发挥实际的作用。学术权力弱化，主要表现为：教师参与管理的权力薄弱。教师代表参与大学管理的组织体制尚不健全，只是在某些咨询性委员会如校务委员会、学术委员会或各种各样的座谈会上，才能听到教师的声音。即使在学位评定、职称评审等学术事务委员会中，教师代表也只是在行政部门制定的原则下发挥有限的作用。在大学管理中，教师权力的影响力与完备的庞大的党政体制相比，只是处于从属地位。无论是个人还是集体，教师对大学的大部分学术事务以及大量的非学术事务少有发言权。学术权力的弱化影响了行政决策的科学性，降低了决策实施的严肃性，大学管理中不同程度地存在着"议而不决、决而不行、行而未果"的现象，行政权力"泛化"的结果是官本位意识的增强，使更多的人关心权术而不关心学术，追求"官位"，而不是"学术真理"，不利于高校的整体发展。

（二）大学内部的学术权力与行政权力的界限模糊

行政权力和学术权力常常交织在一起，造成分工不明，责任不清，导致行政权力与学术权力的相互越位。行政权力常常替代学术权力，以行政权力的方式管理学术事务，以至于包办学术事务。另一方面，由于学术权力的使用不当，学者在学术事务中观点偏颇、意见不一致，或在非学术事务中发挥作用的意志过于强烈等，同样会对行政权力的行使产生不利影响。

学术权力和行政权力的相互越位和干预，构成了我国大学管理中的特有矛盾。由于管理职责不清，权力又过于集中，许多走上管理岗位的学术人员常常身兼多职，多种权力集于一身，扮演着多重身份。学术权力行政化造成官本位思想的蔓延，教师心理失衡不安心教学科研工作，学术环境遭到污染，背离了大学学术导向的基本原则，不利于高校形成一个民主、科学、高效的管理运行机制。

（三）学术权力的主体——教授及其学术组织的作用不突出

我国高校的权力结构属于行政权力模式。大学实行党委领导下的校长负责制，校长人选或者由主管部门直接任命，或者由学校内部通过一定范围的民主选举产生，但必须经主管部门的认可和委任。大多数高校通常按照校、院、系三级划分层次。但学院的院长和系主任由校长任命，他们必须对校长负责。因此在校、院、系间形成了严格的等级。权力分别集中在少数人的手中。从理论上来讲，高校的各级领导应是学术和行政的双重权威。但在实践中，能够集二者于一身的领导并不多，其中尤其是教育家很少，他们更多的权威来自于行政而非来自学术。所以在很多的高校，学术往往得不到应有的重视。在基层，教授一般很少有机会介入各个层次的决策过程，即使是对学术事务也没有太多的发言权。尽管系主任常常是学术上的权威，但他通常作为基层行政权力的执行代表，不大可能全面地关注全体教授的意见。我国高校行政权力高度集中的管理体制，有利于学校贯彻执行国家要求，提高管理效率。但由于权力过于向行政管理偏移，势必削弱了学术权力的发挥，学术主要组成人员——教授在决策中的权威作用受到忽略，基层的自主权受到限制，因而抑制了基层创造性的发挥。

我国高校的校级学术委员会多由学校和院系以及职能部门的负责人组成，学术组织的成员构成存在着明显的缺陷。学校和院系领导虽然也是相关学科的专家，但在学术事务决策思维上多少带有行政色彩。另一方面，由于校务委员会、教代会制度不够健全完善，学者及学术组织缺少影响决策的制度化渠道，不能构成对行政权力的有效制约；在学校重大问题的决策中，学者及学术组织参与决策的途径和方式有限，学者及学术组织的权力得不到充分体现，影响了他们的积极性和创造性。此外，高校的学术委员会、职称评审委员会、教学指导委员会等学术机构缺乏相应的章程，导致权限和职责不明，成为行政机构的附属物和"挡箭牌"，存在学术机构官僚化的现象。

（四）学术权力的合法性缺乏相关法律和制度的保障

由于缺乏相关法律制度及其实施细则的保障，学术权力的合法性和可操作性在实践中难以体现。例如，按照《高等教育法》的规定，大学学术委员会的职责是审议学科和专业的设置，制定教学和科研计划，评定教学、科研成果等有关事项。但学术委员会、学位委员会的工作基本是在行政权力的控制之下，学术权力发挥的作用十分有限，学术组织机构的职能没有到位。在实践中，学术委员会主要发挥咨询审议的功能，学术委员会的议事规则不规范，相关决议的效力不明。

四　改善我国大学学术权力与行政权力关系的建议与对策

（一）明确界定学术权力与行政权力的作用领域，是协调二者关系的前提

（1）科学认识学术权力在大学发展中的地位，充分尊重学者与学术组织在学术事务决策中的作用，确立学术权力在学术管理活动中的主导地位。通过制度创新和校内体制改革，实现由以行政管理为主导的、高度集中的管理模式向行政管理与学术管理

相结合的管理模式的转变。

（2）制定大学"宪章"，明确学术权力和行政权力各自发挥作用的领域、范围，建立依法治校、依法行政的机制。无论是行政权力的行使，还是学术权力的行使，都应该在国家相关法律框架下进行。同时，应建立学术权力与行政权力关系的协调机制，形成有机的分工、合作与制约关系。在学术管理活动中通过制度设计给学术权力以应有的地位和权威，建立发挥其效能的制度保障机制，使二者在学术管理活动中建立一种有机合作与制约关系。

为了使我国高等学校有法和有章可依，要不断完善我国教育法规和高校内部的规章制度体系。通过制定高等学校章程，明确高等学校的性质、任务和办学原则，通过建立和健全高校内部组织机构制度、工作的制度，以及人的制度，不断完善高等学校内部管理体制和运行机制。

（3）高校管理应以学术为本，育人为中心，树立"管理就是服务"的理念，逐步消除"官本位"思想。大学是学术机构，大学的声誉主要取决于学术水平的高低和人才培养的质量。一流的学术离不开一流的教师，没有一流的学术，就培养不出一流的学生。社会对大学的评价，最终取决于大学所培养出学生的质量。大学组织的职能和属性决定了学术权力是大学权力的基础，行政权力是为学术权力服务的，是为教学科研创造良好的外部条件。因此，高校管理应紧紧围绕中心工作，重视教师队伍的建设，特别是学术带头人的培养，建立高水平的学术基地，提高学术声誉和人才培养质量。通过不断建立和完善有效的管理体制和机制，促进高校管理干部树立"为师生服务和为教学科研服务"的意识，提高大学管理干部的整体素质；要按照高等教育的发展规律，结合高校内部人事管理体制改革和教育职员制的探索，建立一支高效的专兼职结合的职业化行政管理队伍。

（二）强化学术民主制度建设，是协调行政权力与学术权力关系的关键

（1）建立和健全校务委员会、学术委员会制度。进一步落实《高等教育法》，建立健全学术委员会制度，明确学术委员会的职责与权限，以确保学者专家参与学术事务决策的权力落到实处。

（2）建立和健全专业委员会及学科委员会制度。大学的学术事务是复杂多样的管理活动，既有普遍性、共同性，又有差异性和特殊性。学科专业、课程设置、教材选择、教师聘任等都有学科、专业的特点。如果所有学术事务都由同一个学术委员会决策，表面看是对学术权力的重视，实际上可能会造成学术权力的不当使用。

（3）加强制度建设，充分保障教师权益。贯彻《高等教育法》，进一步建立健全"以教师为主体的教职工代表大会"制度；明确规定教代会的职责并确定学者代表的比例，使教代会的组成真正反映高校各种利益群体的要求，使教职工参与学校民主管理和监督的权力落到实处。

（4）营造以学生为育人中心的氛围，凸显学生的主体地位。大学肩负着培养社会主义事业合格的建设者和接班人的历史重任，大学不能把学生仅仅当成教育管理的客体，还要把他们当成接受教育服务的主体，并采取切实措施，保障学生参与学校事务的权利。

（三）健全管理运行机制，是协调行政权力与学术权力关系的保障

（1）建立集中与分散相结合的高校管理体制和运行机制。

随着高等教育的国际化，我国高校要在激烈的国际竞争获得有利地位，必须不断提高应变能力，调整职能部门的职责，变直接管理为间接管理，变过程管理为目标管理，强化咨询和服务功能，实现管理重心下移。因此，建立和健全以学术和学科为中心，以学院为大学的管理重心的管理运行机制，不断完善"校、院、系"三级管理体制，是协调大学行政权力与学术权力关系的重要保障。

（2）加强高等教育管理决策的科学化，发挥政策引导的积极作用。教育行政部门在制定政策、启动建设项目、确定评估指标体系和标准时，应充分考虑到高校内部行政权力与学术权力并存的特点，明确划分行政权力与学术权力的职能范围，通过制定相应的制度和政策，积极引导高校协调好行政权力与学术权力之间的关系，在高校逐步建立起行政权力与学术权力协调发展的体制，避免行政权力与学术权力关系失衡对高校发展带来不良的影响。

参考文献

秦惠民：《学术管理中的权力存在及其相互关系探讨》，《中国高教研究》2002 年第 1 期。

眭依凡：《论大学学术权力与行政权力的协调》，《现代大学教育》2001 年第 4 期。

谢安邦等：《高校的权力结构与权力结构的调整》，《高等教育研究》1998 年第 2 期。

阎亚林：《论我国大学学术权力行政化》，《陕西师范大学学报（哲学社会科学版）》2003 年第 1 期。

张德祥：《美、德、日三国大学学术权力和行政权力关系的现状——结构及其运行》，《辽宁高等教育研究》1998 年第 1 期。

张斌贤：《我国高等学校内部管理体制的变迁》，《教育学报》2005 年第 1 期。

陈学飞：《美国高等学校的内部管理系统及其特征》，《高等教育研究》1991 年第 2 期。

孙绵涛：《中国 VS 西方发达国家高等教育体制区别在哪里》，《中国教育报》2004 年 2 月 6 日第 6 版。

张德祥：《高等学校的学术权力与行政权力》，南京师范大学出版社 2004 年版。

高校教师队伍建设的现状、问题、对策[*]

高校教师队伍建设是一项基础性、战略性工程，是我国科教兴国战略的重要组成部分，它不仅是关系到高校改革和发展成败的头等大事，而且也是提高国家人才培养质量和科技创新水平的决定性因素。近年来，随着我国高等教育事业的迅速发展，我国高校教师队伍建设取得了可喜的成绩，但同时也存在一些需要进一步完善的问题。因此，必须进一步加强高等学校教师队伍建设，不断提高高校教师队伍的整体素质和水平，促进我国高等教育事业的健康发展。

一 高校教师队伍建设总体情况

（一）教师队伍总量增长迅速

据教育部统计资料，1994 年至 1998 年，普通高校教师的年

---

　　* 此文发表于王英杰主编《中国教育发展报告——高等教育的发展、问题与对策》，北京师范大学出版社 2005 年版。

增长速度一直低于 2.2%。1999 年起，由于部分学校升格合并以及高校扩招等方面的原因造成教师紧张，导致高校教师数量开始高速增长，教师规模总量增加了 31.8 万人。仅 2002 年、2003 年两年新增高校教师数达 10.8 万人；2003 年普通高校专任教师达到 72.5 万人，比上一年增加了 10.6 万人，增长速度为 17.7%；教师占校本部教职工的比重由 2002 年的 54.9% 上升到 57.0%。2004 年底，全国普通高等学校专任教师达到 85.8 万人，比 2003 年增加了 13.3 万，增幅达 18.3%。

（二）教师队伍整体结构不断优化

1. 职务结构趋于合理

从 1994 年到 2003 年的 10 年间，普通高校教师专业技术职务结构重心的提高比较明显。正、副高级职务教师的比重已提升到 40% 左右，其中正高级职务教师的比例由 7.1% 提高到 9.7%，提高了 2.6 个百分点；副高级职务教师由 25.8% 提高到 29.8%，提高了 4 个百分点。高级职务比例的适度提高，表明教师队伍整体科研能力和水平有了提高。同时普通高校年轻教师的大量补充，使中、高级职务教师比重同时下降。普通高校中、高级职务教师绝对人数增加而比重减少的原因，主要是因为近年来新补充了大量的年轻教师，导致初级和无职务教师的比重增大所致。另外，新升格高校原有教师中、高级职务教师的比例相对偏低，对普通高校中、高级职务教师整体比重降低也有一定的影响。2003 年普通高校正、副高级和中级职务教师的比重分别为 9.7%、29.8% 和 33.2%，虽然比 2002 年比重有所减少，但其绝对人数分别增加了 9853、29868 和 29563 人（见表 1）。

表1 **2002—2004年普通高校教师职务分布比较** 单位：人，%

年度	总计	正高级	副高级	中级	初级	无职务
2002	618419	60210	186293	210992	120229	40695
	100%	9.7	30.1	34.2	19.4	6.6
2003	724658	70063	216161	240555	146092	51787
	100%	9.7	29.8	33.2	20.1	7.2
2004	858393	83231	250251	280905	183285	60721
	100%	9.7	29.2	32.7	21.4	7.0

资料来源：教育部人事司中国高等学校教师网，http://www.ccf.edu.cn/gjgk/putonggaoxiao.asp

2. 学历结构明显改善

教师队伍的学历结构逐步优化，学历层次有所提高，学历结构有明显改善。连续多年以提升教师学历为重要内容的教育质量提高策略，从一定程度上改善了高校教师的学历状况，具有研究生学历的高校教师增幅较大。尤其是重点高校大力提升高校在职教师的学历层次，并将博士学位作为录用新教师的必备条件，使教师队伍中具有博士学位的教师明显增加。1998—2003年，高校教师学历水平有了新的提高，具有研究生学历的教师由12.1万人增至23.7万人，增长95.9%，其中具有博士学位的教师由1.9万人增至5.4万人，增长183.3%。2003年，高校教师中具有研究生学历的达到32.6%，比2002年的31.2%提高了1.4个百分点，其他本科院校具有研究生学历的教师占36.3%，博士占6.7%；专科院校具有研究生学历的教师占10.3%，博士占0.6%。其中53所有研究生院的高校具有研究生学历的教师达到65.3%，博士占25.8%；[①]

---

① 教育部人事司副司长吕玉刚在2004年高教学会师资管理研究分年会上的讲话：《深化高校人事制度改革　大力实施人才强校战略》。

2004 年，全国高校具有研究生学历的教师增长到 29.43 万人，研究生学历占教师总数的 34.3%。学历结构逐步高层次化体现了教师整体素质的提高，也显示了教师队伍较强的潜力和发展后劲。

表 2　　　2002—2004 年普通高校教师学历变化情况　　单位：人，%

年份	专任教师	博士	硕士	本科	专科及以下
2002	618419	43442	149392	397294	28291
	100%	7.0	24.2	64.2	4.6
2003	724658	53612	182517	458522	30007
	100%	7.4	25.2	63.3	4.1
2004	858393	70487	223860	532705	31341
	100%	8.2	26.1	62.0	3.7

资料来源：教育部人事司中国高等学校教师网，http：//www.ccf.edu.cn/gjgk/putonggaoxiao.asp

表 3　　　2004 年普通高校教师学历、职称、性别分布　　单位：人，%

	总计	博士	硕士	本科	专科及以下
专任教师	858393	70487	223860	532705	31341
	100%	8.2	26.1	62.0	3.7
其中：女	364559	15519	94045	242578	12417
	100%	4.3	25.8	66.5	3.4
正高级	83231	25105	21826	34774	1526
	100%	30.2	26.2	41.8	1.8
初级	183285	889	41978	133178	7240
	100%	0.4	22.9	72.7	4.0
无职称	60721	1679	14372	41806	2864
	100%	2.8	23.7	68.9	4.6

资料来源：教育部人事司中国高等学校教师网，http：//www.ccf.edu.cn/gjgk/putonggaoxiao.asp

3. 年龄结构年轻化

1998—2003 年，30 岁及以下年龄段教师增长了 83.7%；

36—40 岁的教师增长了 183.2%；51 岁以上教师增幅不大。从专业技术职务来看，正高级职务教师在 36—65 岁之间分布比较均匀，46—50 岁比重最大，占 21.4%；副高级职务教师则明显趋于年轻，40 岁以下所占比重达 42.1%。30 岁及以下年龄段教师占 28.4%；40 岁以下教师所占比重达到 68%，超过普通高校教师总数的 2/3。2003 年新增教师中 40 岁以下教师达 66488 人，占 2003 年新增教师总数的 62.6%。从高校教师队伍的年龄结构来看，普通高校 45 岁以下教师占 79.4%，年龄结构结构上呈现年轻化趋势。高校教师队伍已经成为我国规模较大、素质较高、学科领域涵盖最全的专业技术人才队伍，一支老、中、青相互衔接的教师队伍已经建立起来，学术断层基本消除。

表4　　　　　　　　**2004 年普通高校专任教师年龄情况**　　单位：人, %

	总计	30 岁及以下	31—35 岁	36—40 岁	41—45 岁	46—50 岁	51—55 岁	56—60 岁	61—65 岁	66 岁以上
总计	858393	246246	159483	161372	117917	77328	43542	36037	11913	4555
		28.7%	18.6%	18.8%	13.7%	9.0%	5.1%	4.2%	1.4%	0.5%
正高级	83231	130	886	9257	17798	19244	11547	12980	7888	3501
		0.1%	1.1%	11.1%	21.4%	23.1%	13.9%	15.6%	9.5%	4.2%
副高级	250251	1240	17729	75915	66322	41796	23920	19027	3458	844
		0.5%	7.1%	30.3%	26.5%	16.7%	9.6%	7.6%	1.4%	0.3%
中级	280905	45261	110576	68655	30256	14583	7315	3693	483	83
		16.1%	39.4%	24.4%	10.8%	5.2%	2.6%	1.3%	0.2%	—
初级	183285	145271	26138	6411	3103	1440	597	246	33	46
		79.3%	14.3%	3.5%	1.7%	0.8%	0.3%			
无职称	60721	54344	4154	1134	438	265	163	91	51	81
		89.5%	6.8%	1.9%	0.7%	0.4%	0.3%	0.1%		

资料来源：教育部人事司中国高等学校教师网。

（三）"教学名师"队伍建设初见成效

质量是高等教育的生命线，具有高级职务的高校教师是提高教学质量的重要载体。为此，教育部于 2001 年出台了《关于加强高等学校本科教学工作提高教学质量的若干意见》，明确规定 55 岁以下的教授、副教授必须讲授本科课程。2003 年教育部开始设立高等学校教学名师奖（简称教学名师奖），每年评选表彰 100 名教师，授予"国家级高等学校教学名师"荣誉称号，鼓励教授为本科生讲授大学基础课程和专业基础课程，旨在社会形成关注教学、关注名师的良好氛围。为此，各高校积极贯彻落实教育部的政策，纷纷出台相应的制度，鼓励教授走上本科教学一线，让学生领略教授们的治学态度和人文素养，营造高校的学术氛围，促进学生的全面成长。目前，"教授不教"的现象有所遏制，越来越多的教授、副教授开始走上大学讲台，受到大学本科生的欢迎，成为带领他们进入知识殿堂的引路人。2003 年我国普通高校教师中有 69.4 万人担任公共基础科和专业课教学，占普通高校教师总数 72.5 万人的95.8%，其中担任公共基础课教学的 20.5 万人，占任课教师总数的 29.5%，担任专业课教学的 48.9 万人，占 70.5%。任课教师中，不同专业技术职务教师所占比例分别为正高级 9.8%，副高级 30.1%，中级 33.0%，初级 20.0%。在公共基础课教学中，正高级职务的任课教师为 6.2%，副高级为 28.3%，中级34.3%，初级 22.6%；专业课教学中，具有正高级专业技术职务的任课教师比例为 11.3%，副高级为 30.9%，中级为 32.4%。教授、副教授职务的教师担任大学公共基础科和专业课教学比例有较大幅度的提高（见表5）。

表5　　　　　　　　2003年普通高校任课教师职务分布　　　　单位:%

	总计	正高级	副高级	中级	初级	无职务
合计	100.0	9.8	30.1	33.0	20.0	7.1
公共基础课	100.0	6.2	28.3	34.3	22.6	8.6
专业课	100.0	11.3	30.9	32.4	18.8	6.6

资料来源:教育部发展规划司。

此外,高校教师还是我国基础研究和科技创新的重要力量。2003年国家启动"973计划"项目25项,高校作为第一承担单位并任首席科学家的有18项,占72%。2003年高校共获得科研经费253.3亿元,比1998年增加了2.1倍。2003年全国高校教师获得国家自然科学奖13项、国家技术发明奖11项、国家科技进步奖87项,分别占授奖总数的68.42%、78.57%和56.49%。全国高校教师在国内外发表的论文数,占全国发表论文总量的60%。全国高校哲学社会科学研究成果获奖数占全国哲学社会科学成果授奖总数的60%以上。

(四) 高校人事制度改革初见成效

高校积极推行人事制度改革,引入竞争机制,探索实行"按需设岗、公开竞争、择优聘任、合同管理"的用人制度和"按岗定薪、优劳优酬"的岗位津贴分配制度,吸引和稳定了一大批优秀拔尖人才,极大地激发和调动了广大教师的积极性和创造性,基本解决了高校人才断层问题,有效地遏制了优秀人才流失。具体表现在:一是建立了面向社会公开招聘教师的制度,逐步减少直接选留本校毕业生的比例,要求教授、副教授逐步应有在校外工作、学习的经历,改善了教师的学缘结构。二是建立了职务聘任与岗位聘任统一的教师聘任制，实行校内外相结合的同行专家评议制度，将同行专家评议作为教师聘任工作的一个重要环节，进一步强化岗位聘任，逐步实行教师聘任由重"资格评审机制"向重"岗位聘任机制"转变、由论资排辈向竞争择优、激励约束机制转变。通过建立更加有效的竞争择优、激励机制和淘汰机制，促进了优秀人才能够脱颖而出。[①] 同时高校积极探索职员制改革的实践也取得了一定的进展。从 2000 年开始，武汉大学、华中科技大学、华中师范大学、厦门大学、东北师范大学、中国农业大学等学校相继组织启动了高校职员制度试点工作。几年来，高校职员制试点工作取得初步成效，理顺了试点高校人员关系，做到了人员分类管理；强化了岗位职责和岗位管理，推进了职员任用机制转换；强化了以岗定薪和按劳取酬，调动了职员工作的积极性；通过改革对学校职员进行了一次爱岗敬业的教育，学校管理队伍的服务意识、服务水平有了一定的提高。这些都为探索科学、完善高等学校职员制度积累了宝贵的经验。

（五）高层次人才和骨干教师队伍建设成效卓著

高等学校作为培养专门人才和拔尖创新人才的主要基地、集聚高层次人才的重要场所以及知识创新、科技创新的有生力量，肩负着重大的历史使命。加强高校高层次人才队伍建设，培养造就一批高水平学科带头人和创新团队，是一项重大的战略任务。为了适应高等教育改革和发展的需要，国家在高校实施了一系列吸引和培养高层次人才和骨干教师的计划。1998 年，国务院批

[①] 管培俊：《中国高等学校教师队伍建设研究报告》，高等教育出版社 1999 年版。

转教育部《面向 21 世纪教育振兴行动计划》，明确提出在高校
实施"高层次创造性人才工程"，通过实施"长江学者奖励计
划"，旨在延揽学界精英，造就学术大师，带动学科建设。为了
吸引优秀人才，教育部在全国高校的重点建设学科中设置五百至
一千个特聘教授岗位，面向海内外招聘优秀拔尖人才担任特聘
教授，在国内外产生了广泛影响；通过实施"高校青年教师
奖"、"跨世纪优秀人才培养计划"和"优秀青年教师资助计
划"等一系列优秀人才计划，着眼于培养一大批学术基础扎
实、具有突出创新能力和发展潜力的优秀学术带头人，鼓励高
校青年教师从事教学和科研工作，在推进高校高层次人才和骨
干教师队伍建设方面，取得了显著成效。上述优秀人才计划的
实施不仅对于培养和稳定高校优秀的青年骨干教师发挥了重要
作用，而且发挥了重要的示范和导向作用，许多地方政府和高
校也纷纷实施了相应的人才计划，加大引进高层次人才和培养
优秀青年学术骨干的力度。由于措施得力，我国高校教师队伍
的突出矛盾开始缓解，高校学术梯队建设取得明显进展，学科
带头人和骨干教师队伍不断发展，骨干教师严重流失的局面总
体上得到一定程度的控制，许多地方流失教师开始回流，出国
留学人员回归率逐渐提高，高校教师正在逐步成为受人羡慕的
职业。

二　新时期高校教师队伍建设
面临的挑战与问题

（一）教师队伍的总量仍不能适应高校扩招的需要

2004 年底，我国高等教育毛入学率已达到 19%，毛入学率
的提高意味着高等教育整体结构必然发生深刻变革。它不仅意

味着我国高等教育已进入大众化阶段，同时预示着高等教育面临极大的挑战，其中教学资源短缺的矛盾非常突出。队伍数量不足、质量不整齐、结构不合理的问题还比较突出。近年来，高等教育规模发展很快，高校在持续扩招的同时却对教师队伍的扩大和素质的提高未能给予足够重视，多数高校缺编严重，生师比过高，教师队伍规模无法满足教学、科研、人才培养的需要。虽然教育部核定的生师比为 17∶1，但客观事实是有很多学校的生师比远远高于此数字，而且一些学校的个别专业高达 25∶1 以上。为了应付大量本科生的教学任务，大量扩招的学校采取"全天候教学资源利用"，学生能够自由使用的教学资源越来越少。由于教师缺乏、教学资源紧张，各学校纷纷采取大班授课，师生交流的机会非常少，教学质量无法得到保证（见表 6）。

表 6　　　　　1998—2004 年普通高校生师比变化情况　　　单位：人

年份	学校数	在校生数	专任教师数	生师比
1998	1022	3408764	407253	11.62∶1
1999	1071	4085874	425682	13.37∶1
2000	1041	5560900	462772	16.30∶1
2001	1225	7190658	531910	18.22∶1
2002	1396	9033631	618419	19.00∶1
2003	1552	11085642	724658	17.00∶1
2004	1731	13334969	858393	16.22∶1

资料来源：全国教育事业发展统计公报（1998—2004 年）

（二）教师队伍的整体结构有待进一步优化

我国高等教育事业得到长足发展，教师队伍面貌发生了巨大变化。但是，仍然存在很多不容忽视的问题。教师队伍的整体结构离优化、精干、高效的目标还有较大的差距。教师队伍的学缘结构、学历结构以及年龄结构分布有待进一步优化。高学历的教师比例偏低，并且主要集中在部属重点高校，而大部分高等学校中高学历教师比例普遍偏低，尤其是拥有博士学位的教师比例太低。据统计，2003 年我国教育部直属高校和中科院及国防科工委所属高校教师中，最高学位为博士者仅占 23.49%，最高学位为硕士者仅占 39.79%；学科结构方面，由于社会产业结构和人才需求结构的变化，我国高校学科结构面临较大的调整与变化，教师队伍的学科结构亟待调整。传统学科教师过剩，学术带头人齐全，而新兴学科教师短缺，学术带头人极少的矛盾仍然存在，直接影响了这些学科专业的发展及其人才的培养。教师整体素质方面，高层次人才、顶尖人才缺乏，缺乏一批学贯中西的拔尖人才；高校师资队伍的国际性程度不高，许多重要学科还没有形成由国内外知名的学界精英为核心的学术队伍；学术梯队不健全，一些学科骨干教师队伍"青黄不接"，优秀团队为数不多，学术研究的衔接和传承出现较为严重的问题。教师学术研究的理论和方法相对滞后，原创性、开拓性研究成果相对缺乏，在国内外产生重大影响的科研成果数量不多，一些具有重大现实意义和深远历史意义的学科还没有跻身国际学术前沿，教师创新能力较弱，科技成果转化意识有待增强；教师队伍结构性矛盾比较突出，整体素质需要进一步提高。

（三） 教师管理缺乏科学合理的评价激励机制

学术评价机制不健全，评价方式、方法不够科学，形式主义的评审和重数量、轻质量的导向也严重地影响着教师队伍的建设。学术评价中由于受到非学术因素干扰，导致学术评价的公正性不够，主要表现在职务评聘中行政权力干预学术权力的现象，职务评聘标准的制定、评审过程缺少教师的参与监督，教师处于被动状态，被当作任人摆布的雇员，对教师，特别是中青年教师造成过大压力。

高校教师职务评聘中，如何把握教学和科研的关系，还缺乏科学的论证。由于教师工资、津贴、待遇等都与教师职务挂钩，而职务评聘又大多取决于科研成果数量，而不是质量，助长了学术浮躁和急功近利之风，在这种氛围里要造就一流的学术大师是很难的。职务评聘导向和标准上重科研轻教学，职务评聘的主要依据是教师的学术水平，评聘条件中把论文的数量、发表刊物的级别作为一个重要指标，使教师把主要精力放在追求发表论文的数量上。至于教学质量的评议，虽然对教师的思想表现、教学态度、教学情况也有一定要求，但很难通过量化指标加以反映，仅以教学工作量、教学态度、备课认真程度来衡量，教学评价量化不够科学，标准也很难把握，很难将教学工作拉开档次，难以真正反映教学质量的好坏。高校基础课教师教学任务重，收入低、课题申请困难、职务晋升慢，教师不安心基础课教学，影响了基础课教学质量。高校教师一旦被聘为教授，就不愿承担本科教学任务，以至于影响了本科生的教学质量。如何完善职务评聘指标体系，全方位地评价教师，既能激发教师重科研，又能鼓励教师重教学，是职务评聘中应该加以思考的重要问题。

专栏一：书教得再好也评不上教授①
——一个大学讲师的悲哀

上海交通大学的一位普通教师晏某，教学水平和师风师德广受赞扬。由于没有论文，去世时还仅仅是个讲师。熟知他的人都说，他最让人感佩的一点是淡泊名利的洒脱，对职称从未挂怀。也有人认为，无论如何，他都是一个"悲剧人物"，他的言行在浮躁之风盛行的校园里显得如此"不合时宜"。倘若以世俗的眼光看，他不能算是功成名就；但在人生价值的天平上，他的分量很重很重……在该大学，他的教学水平有口皆碑，其所授的电路课被誉为"魔电"，几乎场场爆满，座无虚席。在学生网上评教活动中，他也以罕见的满分居全校之首。学生在校园 BBS 的悼文中说："他的课充满了激情，从头到尾都扣人心弦，简直像一部精彩的电影。""书本上那些枯燥的字句，到了他嘴里就像活了一样，那些原本晦涩难懂的公式、定理，经过他的讲解，就变得非常简单明白。"就是这样一位深受学生喜爱的教师为什么至死连个副教授也评不上？主要原因是他没有论文。根据高校现行考核体制，教师评职称主要看科研论文的数量，而该教师几乎没有发表过一篇"像样"的学术文章。

（四）中青年教师生存环境堪忧

近年来，高校引入竞争机制为青年教师的迅速成才提供了有利的条件，但同时也带来了更大的压力。目前高校所采取的涉及

---

① http://www.ce.cn/xwzx/gnsz/gdxw/200504/04/.

青年教师切身利益的改革措施，诸如职称改革、工资改革、住房改革、人事管理制度改革等，给青年教师带来了更大的活动空间和自由选择的机会，同时也给青年教师带来了巨大的心理压力。青年教师普遍感到生活压力大，教学任务、科研任务繁重，晋升职称、发表论文、申请课题困难。据有关调查表明：30.2%的教师认为教学任务繁重，周课时在5—8节的教师有16.3%，9—12节的教师有22.7%，在12节以上的教师也有12.7%。不过，部分专业的青年教师又存在课时量太少，无课可上的情况；有25.3%的教师认为科研任务繁重，有50.2%的教师认为职称晋升（发表论文）难，有24.5%的教师认为申请课题难。青年教师繁重的工作任务导致睡眠时间不足，10点以前睡觉的只有13.1%，10—12点的占61.6%，在12点以后的占25.7%，而且有73.4%青年教师这段时间主要完成与教学科研有关的工作，可见高校青年教师的工作时间和生活时间没有明确的界限。在某种程度上，工作上的压力可以成为青年教师专业发展的动力，但是生活上的巨大压力则明显不利于青年教师的成长。由于目前高校的津贴和奖金发放主要依据职称、行政职务、工龄等，青年教师参加工作时间短，职称低，工资收入也较低，在这些方面青年教师明显出于劣势。调查还显示，有59.6%的青年教师年收入在3万以下，有22.0%的青年教师年收入在3万—4万，只有4.0%的青年教师收入在5万以上。① 然而青年教师面临的生活问题却不少，如组建家庭、教育子女、赡养老人等，加之现行的住房制度改革、医疗制度改革影响最大的又是青年教师。因此青年教师面临巨大的生活压力，这种状况引起许多青年教师的不满。

---

① 王海翔：《高校青年教师心理压力的调查分析及对策》，《宁波大学学报（教育科学版）》2004年第5期。

专栏二：中国高校青年教师生存状况调查①

　　范某是 2002 年 7 月北京某著名大学毕业的博士，在北京另一所著名大学经济数学系任教。范某每个月的工资和福利待遇加起来只有 2000 多块钱，扣除房租水电物业管理等费用后，就只剩下 1600 块钱左右了。学校安排给范某的住房是学校临时的教工过渡楼，约 15 平米大小，平时白天当客厅晚上是卧室，外带的厨房和卫生间特别小。由于没有开通网络宽带，查阅相关教学资料十分不便。他今年 29 岁，女朋友已谈了两年多，虽然到了结婚年龄，可依照北京地区的消费水平，每月的 1600 块钱除了穿衣吃饭后所剩无几，更谈不上买房子结婚。为了补贴家用，他在教书之余，外出兼职做家教。"我一周出去三四趟，教初中和高中两个学生的数理化，每月平均下来有 1000 多块钱。学校不提倡这样，我也是不得已，工资待遇太低，只能这样捞点外快。"据了解，2002 年和范某一起毕业到该大学的博士有 20 多个，大多都是这种情况。北京另外一所著名大学的青年博士教师的采访录音记录："我这个月份的工资为 1073.33 元人民币，加上不到 1000 元的岗位津贴，每月应该接近 2000 元吧，扣除每月生活费 300 元—400 元，零花 200，水电，房租，我想，总不至于入不敷出吧。还好，我是过惯苦日子的人"，"拿我同样级别工资的年轻教师比比皆是，都是处于学术阶梯的最低层，拿得最少，干活跑得最快，也最卖命。"北京其他高校青年教师的情况大致类似。

---

① 节选自《21 世纪人才报》，2003 年 6 月 2 日。

过去，高校与其他回报丰厚的行业相比，尽管工资待遇不高，但相对比较稳定，这是吸引高学历人才进入高校的重要因素。随着高校各项改革的逐步推行，这种优势已经丧失殆尽，在与社会争夺优秀人才的竞赛中高校明显处于劣势。青年教师往往经历了从学士、硕士到博士阶段的漫长教育过程，耗费了大量的人力资源成本和机会成本，因此将工作的收入列为影响工作积极性的重要指标。调查表明，30.4%的青年教师认为高校经济收入低，28.5%的青年教师认为自己不受重视，9.5%的青年教师认为工作条件差，8.2%的认为高校竞争激烈、压力大。调查还显示，青年教师目前最关注的问题依次为："收入"，占30.4%，其次是"工作环境"，占19.8%，其余的选项依次为"健康"、"职称"、"权力"，分别为17.6%、16.3%、1.5%。① 由于各种原因，许多青年教师缺乏必要的科研基金资助和先进的仪器设备，某些学科、专业得不到足够的重视，投入不够，学科发展缓慢，严重地影响了处于事业起步阶段的青年教师的工作积极性。25.6%的青年教师在科研方面最大的问题是没有启动经费；46.9%的青年教师认为导致自己才能没有充分发挥的首要因素是工作条件差。青年教师认为"在工作生活中最需要解决的问题"是为开展科研提供必要的物质条件。另外，在职称评审、科研经费申请、奖项评选、年终考核、住房分配等方面青年教师处于明显的劣势地位。另外，学校鼓励青年教师的政策措施覆盖面太小，实施效果不明显，78.9%的青年教师认为学校鼓励人才冒尖的政策与自己没有多大关系。此外，学校职能

---

① 杨震、张金隆：《高校青年教师人力资源现状的个案调查与分析研究》，《经济师》2005年第3版。

部门服务意识差，工作作风不端正，工作效率低下，对青年教师的工作和生活关心不够，影响青年教师对学校的信任，制约着工作积极性的发挥。42.6%的青年教师认为学校不够关心青年教师的工作和生活。① 上述因素在很大程度上制约着青年教师的发展，影响他们工作积极性的发挥和青年教师队伍的稳定。

由于青年教师面临上述种种压力，不仅极大地影响了他们的教学、科研工作的积极性，而且严重危及他们的身心健康。最近一些青年精英知识分子连续猝死（"过劳死"）的消息频频见诸报端，在科技教育界引起强烈震动。"过劳死"有两层含义，从医学角度来讲，是指因长期处于慢性疲劳状态而诱发的猝死。从社会因素来谈，则因为长期工作时间过长、劳动强度过重和心理压力过大，使得身体一直处于亚健康状态，而突然引发潜藏的疾病并急速恶化，抢救不及时导致丧命。"过劳死"曾在20世纪80年代的日本一度猖獗，而今天，已经悄然来到中国，成为威胁知识分子健康的极大隐患。大学里的知识分子，担任着从本科到硕士生、博士生的教学任务，承担着多项科研项目和大量管理工作，还要参加各种社会活动……在精英们无休止的加班熬夜、日益加重的压力负担中，过劳死就这样给生命无情地画上句号。

专栏三："过劳死"：知识分子的"头号杀手"
—— 清华两教师英年病逝背后②

2004年，清华大学讲师焦某以及高某，相继因病突然

---

① 杨震、张金隆：《高校青年教师人力资源现状的个案调查与分析研究》，《经济师》2005年第3版。

② 节选自，《清华两教师英年病逝背后》，（http://www.enorth.com.cn/2005—02—22）。

去世。同年我国有希望获得诺贝尔奖的山东大学全息生物学研究所所长张某，也不幸英年早逝。这样英年早逝的事件绝非个例。焦某毕业于清华大学电机系，先后获得工学学士、硕士、博士学位。留校任教6年时间里，共参与了12个项目的研究，发表学术论文20余篇，合作出版著作1部，所参加的科研项目还获得教育部科技进步二等奖。2001年至2003年间，曾先后被公派至香港大学、加拿大McGill大学从事科研工作。2004年9月回国后参加副教授职称的评审（所在系共有10余人竞争三个副教授名额），排名第四而被淘汰。此后，因压力太大曾萌发离开清华的念头。去世前，担任电机系电力系统研究所党支部书记、系工会副主席等职务。与焦某的情况相似，46岁的清华大学工程物理系教授高某，被视为清华大学工程物理系的重量级学者，曾获国家科学技术进步奖一等奖，受到党和国家领导人的接见及表彰。同时身兼本系教授、"粒子技术和辐射成像国家专业实验室"副主任、同方威视股份公司总工程师等多个职务。医学专家认为，长期超负荷工作及繁重的工作压力是这些年轻知识分子过早死亡的主要原因。年轻教师遭遇两个转型：社会转型和身体转型。社会转型使他们焦虑，身体转型让他们多病。如果不重视并克服这些问题，他们随时可能累倒。在这个竞争无处不在的社会，知识分子们除了要承担繁重的科研责任，同样还要面对学历、职称这些激烈的社会竞争。繁忙的工作让他们的身体疲惫的同时，激烈的竞争也同样会让自己的心灵憔悴，如果这时再没有良好的心理调适能力，身体疾病就会乘虚而入。

（五）教师专业发展未能形成有效的机制

高校对教师个人发展关心不够，没有制定教师培养、使用的计划。具体表现在：

（1）目标定位不明确，培训随意性太大。目前的教师培训主要是一种"学历补偿式"的继续教育，专科教师进修本科，本科教师进修研究生。多数教师参加培训主要出于晋升职称的需要，学校对于教师参加培训也没有科学规范的规划，基本采取教师自愿的态度。

（2）学校对青年教师的培训重视不够，缺乏相应的重点培养措施。在高校现有教师队伍中，教师结构不合理，其中拔尖人才年龄老化，高层次人才缺乏，特别是中青年教学、科研骨干和学科带头人缺乏。高校中导师由于担任着培养研究生和进行科研工作的双重任务，一般情况下对课时的要求不是很多。高校培养本科生的重任就直接压在了中青年教师的肩上。这些教师课时多，备课量大，任务紧，还有家庭因素的影响，他们很难既顾教学又顾科研，更谈不上有时间进行培训进修了。学校人力资源管理部门则没有根据现有的人力资源状况，对中青年教师的培训做出更好的规划，学校相关部门也没有在政策上对中青年教师的培训予以倾斜和扶助。

（3）培训的针对性不强，培训方式和类型单一化。目前，高校教师培训主要以考研考博居多，以提高学历层次、拓深本学科的知识为主要目的。高校需要的教师不只是某方面的专家，而且需要具备广博的知识来拓宽学生的视野，开拓学生的思维。教师仅靠加深本专业的知识是不够的。高校教师不仅担任着教学任务，而且承担着一定的科研任务，但由于教学任务较重，多数教师科研意识淡漠，积极性不高。因此，培训工作不能只局限在提高学历层次上。在现有的教师培训中，对于高校教师急需提高的计算机应用、新科学技术应用、外语知识、人文知识、心理学、教育学培训力度不够，对于如何提高教师的教学水平和科研能力，如何申请科研经费和科研课题等方面的培训比较缺乏。即使有这方面的培训，也只是限于理论知识的传授，与实际工作脱节较大。由于教师培训不具针对性，不能针对不同类型院校、不同层次教师、不同的个人需求开展，教师参加培训后感觉收获不大。

（六）教师职业道德和学术规范急需规范和加强

高校引入竞争机制，增强了教师的竞争意识，强化了效益观念，但也带来了一系列的负效应。高校教师队伍中的学术风气不正、学术道德失范等问题屡有出现。有的违背基本学术道德，或抄袭剽窃，或请人代写，或署名不实；有的片面追求数量，脱离实际，粗制滥造，甚至篡改、伪造数据；有的在各种评审、评估工作中弄虚作假，或以不正当手段影响评审结果；少数教师职业信念动摇，工作责任感淡漠，敬业精神不强，甚至存在学术道德方面的严重问题；部分教师过多关注各种评审、奖励、荣誉和称号，表现出浮躁、急功近利的心态，不愿静下心来踏踏实实地做学问；有的教师在事业上过于看重自己的发展和个人目标的实现，缺乏集体意识和团队协作精神；部分教师难以抵御强烈的物质诱惑，人生观、价值观偏离了正确的轨道，不把主要精力投入到学科建设和教学科研工作，热衷于校外兼职，对教学采取敷衍塞责的态度，在学生中间产生了十分不好的影响。[①] 这些现象严

---

① 纪宝成：《高校教师聘任制仍需改革与完善》，《中国教育报》2005年5月20日第3版。

重影响了教师队伍的整体形象。

三 高校教师队伍建设的建议、对策

高校是培养高级专门人才的场所，高校教师是办学的主体，教学、科研、社会服务职能主要依靠教师来完成。"所谓大学者，非谓有大楼之谓也，有大师之谓也。"一流的教师是学校的灵魂，也是衡量学校水平高低的主要标志。世界著名大学往往有一批蜚声全球、成就卓著的一流教师队伍。然而，由于我国高校管理长期存在的行政管理模式，导致大学内部行政权力泛化，大学管理的"机关化"色彩过于浓厚，以行政权力干预或取代学术权力的现象比较普遍，不考虑高校教师管理的特殊性，用行政命令等强制性的管理手段代替学术管理，忽视高校教师在学术事务管理中的主体地位和作用。大学中的教师组织（如学术委员会、学位委员会、教师职务评审委员会等）在大学中往往难以发挥实际的作用。由于教代会制度不够健全完善，高校教师缺少影响决策的制度化渠道，不能构成对行政权力的有效制约，在学校重大问题的决策中，高校教师参与决策的途径和方式有限，影响了他们的积极性和创造性的发挥。因此，高校必须进一步落实"人才兴校战略"，科学认识高校教师在大学发展中的地位，消除"官本位"的管理思想，确立"以人为本，以教师为本"的管理理念，逐步树立"为师生服务和为教学科研服务"的管理意识，充分尊重高校教师在学术事务决策中的作用，以及在学术管理活动中的主导地位，切实把师资建设作为重中之重，千方百计造就大批优秀人才，靠"大师"创名牌，靠"大师"铸辉煌。

（一）加快高校教师人事制度改革，实行终身制与合同聘任制相结合的聘任制度

我国高校虽然没有明确规定教师终身制，但长期以来，在计划经济体制下建立的用人制度事实上也是一种终身制，并且是所有教师聘任的终身制，不利于调动教师的积极性和创造性，缺乏激励作用，从而阻碍了教师队伍的发展。现在很多高校都提出要破除教师职务的终身制，实行教师职务合同制聘任，在一定程度上调动了教师的积极性。但完全的聘任制也造成了教师工作追求短期效果，使其无法安心开展中长期的重大项目研究，在一定程度上影响了基础性、原创性研究的开展和推进。因此学校在设置教师岗位时，可根据需要设定一定比例的终身制教师岗位，对部分成绩突出的教师实行终身聘任，建设一支稳定的学术骨干队伍，为学术创新创造宽松的环境。同时，对部分的教师实行合同制聘任，对各级各类教师聘用时规定任职期限，明确教师的职责和任务，教师聘期结束后，学校根据需要和工作绩效决定是否续聘，同时与晋升相结合，以提高教师积极性。对于一些学术成果显著，有发展潜力的教师，在职务晋升的同时可成为终身聘用教师，提供长期稳定的教学、科研机会，充分发挥教师的潜在动力，做出更多成果。要纠正职务评聘中重理论轻实践、重科研轻教学的不良倾向，进一步明确各级职务教师的教育教学职责和教学工作量要求。

（二）正确处理教学与科研的关系，建立科学、合理的评价机制

科学的考核与评估是提高教师质量的根本保证。目前，我国

高校教师考核评估存在的普遍问题是内容宽泛，没有与教师的实际工作相结合，尤其是没有将科研、教学的评价加以区分，对所有教师考评"一刀切"，不能有效地激励教师的积极性和主动性，不利于学校教学和科研水平的提升。高校教师作为学校的主体，有着不同于一般企业员工的特点。他们学历层次高，本身有很强的自我意识和独立性。他们在精神上的需求在一定程度上超过对物质的需求。因此，高校在制定绩效考核制度时，既要考虑到公平又要以人为本，考虑到教师教学、科研的特殊性，制定出科学、全面、实用的绩效考核体系，能够比较全面地反映教师在教学、科研、育人、服务等多维度的业绩，发挥高校教师的多元教育功能，考虑青年教师的实际情况，改进各考核维度绩效在总绩效中的权重。具体来说，就是要改革现行高校教师评价体系，针对科研、教学的特殊性，分别制定出两套评价标准和考评指标，学校应设立"教学教授"系列，对具有一定学术修养、教学成绩突出但科研成果较弱的老师，加强对教学方面的考核，适当降低科研的标准，从而使教学成绩突出的教师也可以享受与教授或者副教授同等的待遇，引起更多的教师重视教学工作，从而涌现出更多敬业的、在教学上出成绩的教师。

（三）注重教师职业生涯发展规划，形成以能力培养为核心的教师发展制度

高校教师除担任一定的教学任务外，还肩负着进行科学研究的重任。科学研究工作要求教师一定要了解科学领域的发展前沿和动态，了解本领域内的最新研究成果。高校应积极为教师提供高校访问学者、高层次学术研讨会等学术交流、培训的机会，选派一些中、高级学者在国内外一些有影响的学校做访问学者，将一些学术造诣较深的学者、专家请到学校来演讲、交流，鼓励教

师积极参加高层次学术研讨会，并在经费上予以支持。

在改革与完善教师聘任制的过程中，要始终重视教师队伍的能力建设问题。教师培训是加强教师能力建设的重要途径，在新的历史条件下必须对教师培训进行制度创新。为此，教师培训工作首先应当实现工作理念的转变，将以学校为主体的教师培训制度转变为以教师为主体的教师发展制度。其次，要实现工作重点的转变，将以基础性培训和学历补偿教育为核心的继续教育体系转变为以能力建设为核心的终身学习体制。再次，要构建有利于教师专业发展的培训体系，提高培训的有效性。在技能培训方面，要帮助教师提高计算机应用技术和外语水平；在业务培训方面，通过举办教育教学方法培训、研究生指导培训、论文写作规范培训、科研项目申请培训、国际学术交流培训等，帮助教师全面提高学习能力、教育教学能力和科研能力；在专业培训方面，通过建立规范的国内外进修制度，引导教师追踪国际学术前沿，掌握本学科前沿的研究动态和先进的研究方法。最后，逐步实行带薪学术休假制度，使教师发展制度在组织、资金和管理等方面得到充分保障，引导教师结合学校的发展目标规划职业生涯，确立终身学习的理念，不断增强他们的专业发展水平。

（四）改善青年教师的生存环境，保障教师队伍的可持续发展

高校教师是办好学校的主体，青年教师肩负着继往开来的使命，是学校发展的生力军，充分发挥青年教师的工作积极性和潜力，关系学校的兴衰成败。青年教师希望自身的价值能够在学校的发展中得到展示，主体地位得到学校的尊重；青年教师希望学校保持学术自由、宽容的风气，而对机械僵化的管理机制比较反感，认为这不利于他们发挥工作的主动性和创新精神；青年教师

作为知识的创造者、传播者，希望学校能够提供学习和培训的机会和条件，使他们能够不断充实完善自己。此外，青年教师同样具有对良好的生活、工作条件的需求，因为安居才能乐业，优良的生活条件和福利待遇才能保障他们没有后顾之忧，全力投入教学和科研以及其他教育活动。

因此，在教师管理制度改革和业绩评价体系中，要建立科学合理的管理机制和有效的激励制度，给青年教师提供一个公平合理、公开有序的竞争环境，为青年教师的成才提供相对有利的经济、科研、教学的环境，为青年教师实现人生价值创造条件。针对青年教师需要的特点，积极创造条件满足青年教师的合理需求，引导青年教师高层次的精神追求，重视他们的创造欲与成就感，尊重青年教师的自尊心和荣誉需要，为其成才创造各方面的有利条件；帮助青年教师制定职业发展规划，促进他们的教学、科研方面的能力不断提高，逐步成为教学和科研的中坚力量；同时，高校在管理上要以人为本，真正关心、尊重青年教师，从基本生活条件方面尽量满足青年教师的基本需要，使之安心教育工作，并在献身教育事业的实践活动中逐步健康成长，成为学校事业发展的重要力量。

我国高校教师职务管理制度的历史沿革与展望[*]

高校教师职务管理制度是高校人事制度改革的核心问题，同时也是高校教师最为关注的话题。改革开放以来，我国不断推动高校教师职务管理制度改革，促进了高校教师队伍结构的优化和整体素质的提高，极大地调动了高校教师教学和科研工作的积极性和创造性。因此，研究我国高校教师职务管理制度的历史沿革及其经验，不断完善我国高校教师职务管理制度，具有十分重要的意义。

一 我国高校教师职务管理制度的历史沿革

新中国成立以来，我国专业技术人员职务管理制度几经改革，相继经历了任命制、评定制、聘任制，再到岗位管理制等几个阶段。由于高校教师职务管理制度是我国专业技术人员管理制度的重要组成部分，高校教师职务管理制度改革仍然是在我国专

* 本文发表于《大学教育科学》2010 年第 4 期。

业技术人员管理制度改革的整体框架下进行的。因此，根据我国专业技术人员职务管理制度改革的历史阶段，结合不同历史时期我国高校教师职务评聘制度改革的内容，相应的也可以把我国高校教师职务管理制度改革分为专业技术职务任命制、专业技术职务评定制、专业技术职务聘任制以及专业技术职务岗位管理制四个阶段。

（一）新中国成立初期至 20 世纪 60 年代初期：实行专业技术职务任命制

新中国成立之初，我国高校基本上认可并沿用新中国成立前原有高等学校系统的教师职务管理制度，同时借鉴苏联的管理模式，实行技术职务任命制和职务等级工资制，将专业技术人员列入"国家干部"系列管理，逐步形成了工程师、医师、教授等学术技术性较强的职务系列，高等学校的教师职务分为教授、副教授、讲师、教员、助教五级。专业技术人员职务的确定和行政职务任命差不多，有严格的数量限制，一般由干部部门考核，行政领导或党委任命，技术职务的等级与工资分配制度紧密联系。由于专业技术工作具有自身的特点，专业技术职务毕竟不同于行政职务，因此，为了正确评价专业技术人员的学术技术水平和业务能力，1955 年，国务院组织"学位、学衔、工程技术专家等级荣誉称号"起草委员会，并于 1956 年 6 月制定了《高等学校教师学衔条例》，明确了学衔是根据"学术水平、工作能力和工作成就所授予的学术职务称号"，提出以学术、技术水平为授予和晋升学衔的主要依据，学衔可以作为确定工资、生活以及政治待遇的依据，学衔没有人数限制，一旦获得就终身享有。由于种种原因，该条例未能生效实施，但它对以后教师职务管理制度的形成产生了一定的影响。

1960年2月，国务院通过了《国务院关于高等学校教师职务名称及其确定与提升办法的暂行规定》。3月7日，教育部又印发了《关于执行〈国务院关于高等学校教师职务名称及其确定与提升办法的暂行规定〉的实施办法》，明确规定了高等学校教师职务的名称以及教师职务的确定与提升的条件，把高等学校教师职务名称分为：教授、副教授、讲师、助教四级，提出教师职务的确定与提升应以思想政治条件、学识水平和业务工作能力为主要依据，兼顾教师的资历和教龄。此外，《实施办法》还对确定与晋升教师职务的申报与审批程序作了具体规定，助教职务须经校务委员会批准；确定或提升为讲师职务，除学校批准外，还要报省级教育管理部门备案；确定或提升为副教授职务，经学校批准，报省级教育管理部门备案；确定或提升为教授职务，经学校批准，报省级教育管理部门核转教育部批准。这个阶段，我国高校实行专业技术职务等级工资制，专业技术职务与工资分配制度紧密相关。高校对那些符合相应条件要求的拟任用教师向上级行政主管部门推荐报批专业技术职务，只要上级部门批复同意就可以任用，而不需要进行评审。1960年有关教师职务的暂行规定与实施办法为我国现代教师职务管理制度奠定了坚实基础。至1965年，全国根据这些条例及其有关制度开展了高校教师职务的确定和提升工作。

（二）1977—1983年：实行专业技术职务评定制度

"文化大革命"10年间，高校教师职务工作全部停止。1977年9月，邓小平同志在《教育战线的拨乱反正问题》中提出："大专院校也应恢复教授、讲师、助教等职称"，从而为高校教师职务管理制度的恢复和实施奠定了基础。1978年2月13日，教育部向国务院提交了《关于高等学校恢复和提升教师职务问题的请示报告》，要求恢复执行 1960 年国务院颁发的《关于高等学校教师职务名称及其确定与提升办法的暂行规定》，并对执行中的有关问题提出了建议。3 月 7 日，国务院批转了这个报告。由此，我国高校开始全面恢复实行教师职务管理制度，对原来已确定提升为教授、副教授、讲师、助教职称的教师，一律恢复其职称即专业技术职务名称，不须重新办理批报手续。1982年，教育部印发了《关于当前执行〈国务院关于高等学校教师职务名称及其确定与提升办法的暂行规定〉的实施意见》，提出在恢复高等学校确定和提升教师职务工作的基础上，按照小平同志恢复职称评定的指示精神，开始实行技术职务评定制度。这个阶段，我国高校教师专业技术职务评定以评为主，只评不聘，专业技术职称只作为一种荣誉性的学术称号，由本人申报提交材料，并附所在单位的意见，然后由各级专业技术职务评审委员会进行评定，评审通过后，由主管行政机关授予专业技术职称。专业技术职称只是表明专业技术人员的水平、能力和工作成就的称号，仅作为任用专业技术人员的参与依据之一，没有岗位要求和职数限制，不与工资待遇挂钩，没有任期限制，一旦获得，终身拥有。高校专业技术职务评定制度的恢复和重建极大地调动了高校教师工作的积极性和创造力，尤其对于缓解当时高校教师队伍年龄断层起到了积极的作用。但是，由于专业技术职务评定过程中因人设岗、论资排辈现象比较突出，不能充分反映教师真正的学术水平和能力，青年教师因资历不够而得不到晋升影响了青年教师的积极性和主动性。[①] 为了总结经验教训，克服专业技术职务评定工作中出现的混乱现象，1983 年我国决定暂停专业技术

---

① 夏建芬：《高等学校教师岗位管理研究》，硕士论文，上海交通大学，2004年，第 8 页。

职务评定，研究制定新的专业技术职务管理制度。

（三）1986—1999 年：实行专业技术职务聘任制度

20 世纪 80 年代中后期，随着我国经济体制改革的深入，我国专业技术职务评定制度越来越不能适应社会发展的需要，因此，开始探索建立专业技术职务聘任制度。1986 年 2 月，国务院发布的《关于实行专业技术职务聘任制度的规定》指出，专业技术职务是根据实际工作需要设置的有明确职责、任职条件和任期，并需要具备专门的业务知识和技术水平才能担负的工作岗位，不同于一次获得后终身拥有的学位、学衔等各种学术、技术称号。专业技术职务聘任制度的主要内容包括：根据实际需要设置专业技术工作岗位，规定明确的职责和任职条件；在定编定员的基础上，确定高、中、初级专业技术职务的合理结构比例；由行政领导在经过评审委员会评定的、符合相应条件的专业技术人员中聘任；有一定的任期，在任职期间领取相应专业技术职务工资。随后，国家教委出台了《高等学校教师职务试行条例》、《关于〈高等学校教师职务试行条例〉的实施意见》等文件，明确提出高校实行教师职务聘任制度，国家根据各级各类高校教师职务岗位设置的需要，确定各级教师职务的结构比例和指标。高校根据下达的各级职务指标开展职务的评审和聘任工作。教师在任期内履行职责，并享受相应的职务工资待遇。自此，教师职务评聘工作逐步走上经常化的轨道。

20 世纪 90 年代，我国开始从计划经济体制向市场经济体制转轨，打破计划经济体制下的教师职务终身制，逐步建立择优聘任上岗的教师职务聘任制度，成为高等学校教师职务管理制度改革的重要内容。1993 年 10 月，我国颁布了《中华人民共和国教师法》，明确规定"国家实行教师职务制度"，标志着我国教师队伍管理进入法制化、规范化的轨道。1998 年颁布的《高等教育法》第 47 条规定："高等学校实行教师职务制度。高等学校教师职务根据学校所承担的教学、科学研究等任务的需要设置。教师职务设助教、讲师、副教授、教授。"同时还明确规定，"高等学校实行教师聘任制。教师经评定具备任职条件的，由高等学校按照教师职务的职责、条件和任期聘任"。1999 年，教育部颁布《关于当前深化高校人事分配制度改革的若干意见》，明确提出高等学校推行教师职务聘任制和全员聘用合同制，实现人事管理工作的三个转变，即从固定用工向合同制用工转变，从身份管理向岗位管理转变，从行政指令性管理向市场法制化管理的转变。但是，由于我国整体人事分配制度没有及时进行配套改革，在缺乏有效的社会保障机制的形势下，高校教师职务聘任制往往流于形式，在实施过程中存在重评审、轻聘任以及职务与岗位脱钩的现象，并没有从根本上改变教师职务终身制的状况。

（四）2000 年以来：实行专业技术职务岗位管理制度

2000 年以来，随着新一轮的高校人事制度改革的不断深化，高校教师职务"身份制"、"终身制"的思想受到了很大的冲击，打破教师职务终身制，实行教师岗位管理制度成为高校教师职务管理制度改革的重点。2002 年 7 月，国务院办公厅转发《人事部关于在事业单位实行人员聘用制度的意见》，提出实行岗位聘任制。按照文件精神，高校实行专业技术人员岗位聘任制度，彻底改变高校教师职务聘任制存在的因人设岗的现象，教师职务只是高校与教师个人之间的聘用合同关系，从而打破了教师职务终身制。2006 年 7 月人事部出台了《事业单位岗位设置管理试行办法》和《〈事业单位岗位设置管理试行办法〉实施意见》，明确要求事业单位实行专业技术岗位聘用制度。2007 年人事部、教育部联合颁发了《关于高等学校岗位设置管理的指导意见》，提出按照"科学合理、精简效能"的原则，在规定的专业技术岗位总量和结构比例范围内，进一步完善专业技术职务岗位设置方案，科学设置专业技术职务岗位，全面推进事业单位岗位设置管理制度。与此相适应，高校的专业技术岗位设置也分为 13 个等级：正高级专业技术职务包括一至四级岗位；副高级职务包括五至七级岗位；中级职务包括八至十级岗位；初级职务包括十一至十三级岗位。高等学校教师职务仍分为教授、副教授、讲师、助教。其中教授对应专业技术一至四级岗位，副教授对应专业技术五至七级岗位，讲师对应专业技术八至十级岗位，助教对应专业技术十一至十三级岗位，共 13 个岗位等级。目前，全国各高校正在按教育部统一部署和要求，在高校试行岗位设置管理制度，推动高校用人机制的转换，建立能上能下、能进能出和鼓励优秀人才脱颖而出、人尽其才的用人机制，不断深化高校教师职务管理制度改革。

二　我国高校教师职务管理制度改革的展望

我国高校教师职务管理制度经过几十年来的改革和探索，高校教师管理初步实现了从身份管理向岗位管理的转变，"按需设岗、按岗聘任、聘约管理"为主要特点的专业技术职务岗位管理制度正逐步成为我国高校基本的用人制度，高校教师岗位聘任的观念逐步得到广大教师的认同，并取得了积极的成效。然而，我们也应该看到，现行的教师职务管理制度并非十全十美，结合

《国家中长期教育发展规划纲要》（征求意见稿）的有关精神，我国高校教师职务管理制度改革需要从以下几个方面进一步探讨。

（一）探索多元化的高校教师岗位聘任制度

由于学术职业是以复杂脑力劳动为主的活动，具有不同于普通劳动的特点。学术职业的特殊性决定了不能用经济规律代替教育规律，必须充分体现高校教师职业的特性。[①] 学术职业的相对稳定性不仅是教师创造性开展学术研究工作的重要前提，而且是提高学术职业吸引力的重要条件，有利于增强高校教师的职业魅力，从而吸引大批社会精英进入高校教师队伍，从而确保高校的师资质量。因此，高校教师岗位聘任制度改革必须考虑不同类型院校的功能定位以及不同教师的实际情况，采用多元化的教师任用制度，对部分成绩突出，有发展潜力的教师，在职务晋升的同时可成为终身聘用教师，提供长期稳定的教学、科研岗位，促使教师潜心基础性和长期性的教学研究工作，为学术创新创造宽松的环境。同时，对部分教师实行固定期限的合同制聘任，明确规定教师的岗位职责和任职期限，学校根据需要和工作绩效决定是否续聘，同时与晋升相结合，以提高教师积极性。一方面，通过教授职位分级，或设立终身教授职位，吸引高水平的优秀教师；另一方面，通过聘任合同、聘期考核等方式，促使高校教师岗位上不称职、不合格的教师主动选择适合自己能力水平的职业和岗位。

---

① 刘献君：《我国高校教师聘任制的特点及实施策略选择》，《高等教育研究》2003 年第 5 期，第 41 页。

(二) 完善高校教师岗位聘任的考核评价体系

高校教师岗位聘任离不开科学的教师考核评价体系。只有建立科学合理的高校教师考核评价体系，正确评价教师的教学、科研以及社会服务水平，才能鉴别出具有优秀业绩和发展潜力的教师，从而为高校教师的岗位聘任提供依据。然而，我国高校教师考核评价体系存在重科研业绩、轻教学成果的现象。由于教师的教学质量或社会服务质量的评价相对比较困难，高校教师考核指标体系除了规定教师必须完成规定的课时工作量等指标外，对教师履行教学或社会服务职能的评价往往流于形式。而对教师科研方面的评价则通过发表论文的级别及数量、获得科研项目的级别及经费以及科研获奖等级等方面的指标来衡量教师的能力和业绩，因此考核结果不能全面公正地反映教师的全部工作。一方面高校要求大学教师全面履行教学、科研、社会服务的职能。另一方面却又把研究和发表论文、专著作为教师晋升职务或业绩考核的主要标准，这种做法遭到高校教师的抵触也就不可避免了。[①]博耶认为，高校教师的学术工作可分为四种不同类型：发现的学术、综合的学术、运用的学术和教学的学术。[②] 这四种学术活动对于大学整体功能的发挥具有不可替代的作用，应在评价任用和晋升等方面，对这些不同方面的工作给予相应的肯定。教师专业水平包括了教学水平和学术水平两方面，学术研究是培养创造性的高级人才和提高教学质量不可或缺的手段，但教师的根本任务

---

① Larry A. Braskmp & John C. Ory, *Assessing Faculty Work*: *Enhancing Individual and Institutional Performance*, San Francisco: Jossey-Bass Publishers, 1994, pp. 22 – 23.

② ［美］博耶：《关于美国教育改革的演讲》，涂艳国译，教育科学出版社2002 年版，第 78 页。

是培养人，仅以教师的学术水平衡量专业水平，易造成教学与学术研究失衡，违背学校的办学宗旨，影响高等教育质量。因此，高校在制定教师考核评价指标体系时，必须树立"以学生为本"的思想，确保教学的中心地位，赋予教学评价指标与科研评价指标同等地位，提高课堂教学、教研课题和教学奖励等指标在评价中的权重，扭转"重科研、轻教学"的局面。在教师考核方面，高校要充分考虑教师的个体差异及学术兴趣，对教师实行分类管理，对不同类型、处于不同成长阶段的教师，采取不同的评价标准。

（三）建立与教师岗位聘任相配套的社会保障体系

高校教师岗位聘任制改革的前提条件是具有成熟的学术劳动力市场和完善的社会保障机制，妥善解决好教师的失业、养老、医疗等社会问题。只有建立了完善的社会保障体系，高校实行教师岗位聘任制改革才能消除后顾之忧。但迄今为止，我国尚未形成一个完善的劳动力市场和多层次的社会保障制度体系，人才流通渠道难以畅通。高校作为国家的事业单位，仍然担负着保障教职工各种福利待遇的责任，只要是学校的正式在编教师，其一切福利待遇都由学校负责。学校一旦解聘教师，教师即面临失业的威胁，进而失去了生活的基本保证，因此使得学校不能轻易将不符合条件的教师推向社会，未聘人员仍然要依靠学校内部消化，从而直接影响到教师由"单位人"向"社会人"的身份转变。因此，我国必须加快推进建立与社会主义市场经济相适应的事业单位社会保障制度，积极推进教师的社会保障制度改革，建立符合教师职业特点的医疗、养老、失业等社会保障制度，真正解除教师的后顾之忧，为高校教师岗位聘任制度改革提供有力支持。其次，建立健全高校教师岗位聘任管理的相关法律、法规，依法处理高校教师岗位聘任管理问题上的各种矛盾。此外，高校自身也要主动适应我国社会保障制度改革和发展的步伐，积极拓宽疏通教师分流的渠道，为落聘教师提供就业信息，开展各种形式的再就业培训等。

我国高考加分政策演变的制度分析[*]

2010年两会期间，人大代表关于"将高考加分置于阳光下"[①]的提案再次使高考加分政策成为全国瞩目的焦点。学者和媒体从各自不同的视角对高考加分政策进行了分析和评论。绝大多数研究者都是从教育公平视角对高考加分政策进行评价和建议。本文拟从历史制度主义角度对高考加分政策的产生、发展和现状进行解读，分析高考加分政策演变背后的制度原因。本文所指的"高考加分政策"是指中央与地方教育主管部门、高校在高招录取中根据种族、身份、德智体表现、竞赛获奖、社会贡献等情形给考生一定的高考分数优惠与照顾的行为规则。[②]

一　历史制度主义的理论分析框架

历史制度主义是20世纪80年代以来在西方形成的一个重要

---

[*]　本文发表于《清华大学教育研究》2011年第1期。

[①]　赵亚辉：《将高考加分置于阳光下》，《人民日报》2010年3月6日第11版。

[②]　罗立祝：《高校招生考试政策研究》，华中师范大学出版社2007年版，第212页。

的政治学派，主要用历史的研究方法来对制度进行研究。西达·斯科克波尔（Theda Skocpol）等历史制度主义者认为历史制度主义代表了这样一种企图，即阐明政治斗争是如何受到它所得以在其中展开的制度背景的调节和塑造的。①

（一）历史制度主义的基本内容

作为新制度主义政治学的三大主流学派之一，历史制度主义很自然地把制度作为自己的核心研究内容，具体地说就是把制度作为变量引入理论分析之中。变量有因变量和自变量之分，而历史制度主义最大的特色就是既把制度作为自变量来分析，又把制度作为因变量来分析。所谓把制度作为自变量，就是研究既有制度或者传统结构下的制度如何影响着制度结构内的政治行为、组织关系、政策方式和内容以及社会现实。② 由此而形成了历史制度主义的制度作用理论；而把制度作为因变量，分析制度在什么客观条件和情境下将会发生再生、转型、替换和终止的过程的就是制度变迁理论。本文拟利用历史制度主义的这两大核心理论来对高考加分政策进行分析，以期获得对高考加分政策的深入理解。

（二）历史制度主义的研究方法

研究方法是由研究内容决定的，如上所述，历史制度主义的

---

① Kathleen Thelen, and Frank Longstreth, eds., *Structuring Politics: Historical Institutionalism in Comparative Analysis*, Cambridge: Cambridge University Press, 1992, p. 2.

② 刘圣中：《历史制度主义：制度变迁的比较历史研究》，上海人民出版社2010年版，第123、134页。

研究内容是制度,即制度的作用和制度的变迁。无论是研究既定的制度对于公共政策的确切影响,还是研究特定的制度是如何形成和变化的,都需要将其置于广阔的历史背景和较长的历史时期内。因为短期内这些内容无法体现。历史制度主义要在这两个层面上展开自己的分析,就必然导致它们将历史分析作为它们的基本方法。

(三) 历史制度主义的特点

著名历史制度主义学家彼得·豪尔 (Peter Hall) 认为历史制度主义有相对明显的四个特征:第一,历史制度主义在相对广泛的意义上来界定制度与个人行为之间的相互关系;第二,它们强调在制度运作和产生过程中权力的非对称性;第三,它们在分析制度的建立和发展过程中强调路径依赖和意外后果;第四,它们尤其关注制度分析和能够产生某种政治后果的其他因素整合起来进行研究。[1] 这些特点决定了历史制度主义在政策分析领域的特色。因为政策的产生和演变过程符合以上特征所针对的情境。事实也证明,历史制度主义在政策分析领域确实取得了令人称赞的成就。不但在国外硕果累累,近年来国内学者也用此范式对我国的公共政策进行分析,并取得了较好的成果。如吕普生对我国行政审批制度的研究。[2]

本文拟通过史论结合的方式,对中国高考加分政策进行系统梳理,先简述高考加分政策的发展历程,再运用历史制度主义的

---

[1] 彼得·豪尔罗斯玛丽·泰勒:《政治科学与三个新制度主义》,何俊志译;薛晓源、陈家刚:《全球化与新制度主义》,社会科学文献出版社 2004 年版,第 196 页。

[2] 吕普生:《中国行政审批制度的结构与历史变迁——基于历史制度主义的分析范式》,《公共管理学报》 2007 年第 1 期。

相关理论进行解释，以期达到研究目的。

二 我国高考加分政策的历史沿革

高考加分政策实质上是政府出于某种政治目的而对高等教育入学机会进行调整的手段。纵观高考加分政策六十多年的发展历程，我们可以根据政府在不同时期的主要政治目的而将其分为三个时期：工农优先时期（1950—1977 年）、效率优先兼顾公平时期（1978—2003 年）和效率公平并重时期（2004 年以后）。

（一）工农优先时期（1950—1977 年）

这一时期的高考加分政策具有明显的工农优先性。1950 年教育部制定的《1950 年度暑期招考新生的规定》中首次制定了加分政策：凡具备下列条件之一者，可以加分录取：（1）有三年以上工龄的产业工人；（2）参加工作三年以上的革命干部及革命军人；（3）兄弟民族学生；（4）华侨学生。[①] 这一文件的颁布标志着高考加分政策的正式创立。1951 年和 1952 年的加分政策坚持 1950 年的规定，1953 年的高考加分政策则稍有变化：工农速成中学本届毕业生及适合于以下条件之产业工人、革命干部，当其考试成绩达到所报考系科的录取标准时，应优先录取。也就是说自 1953 年起，工农速成中学的毕业生成为享受加分照顾政策的主体，其向工农倾斜的特征非常明显。1956 年又把"烈士子女"和"香港澳门学生"增加为照顾对象。随后的演变也是在 1956 年的基础上进行。

---

① 杨学为主编：《中国考试史文献集成·第八卷（中华人民共和国）》，高等教育出版社 2003 年版，第 46、50、56、56、57、58 页。

1958 年的加分政策值得注意，它的照顾对象中增加了"参加工农劳动满二年的青年知识分子"[1]，体现了重视往届高中毕业生而轻视应届毕业生的倾向，但当时并未被广泛接受，所以1959 年就取消了对劳动满二年的青年知识分子的加分，退回到1956 年的加分模式中去。1961—1963 年教育部关于高等学校招生的规定中没有高考加分的规定，这是一次取消高考加分政策的试验。然而，事实证明在当时的体制下根本无法取消高考加分制度。1964 年不但恢复了高考加分政策，还着重强调了对"参加两年以上工农业生产和其他体力劳动的政治思想好、劳动表现好的往届高中毕业生的照顾"。1965 年延续了 1964 年的高考加分政策。1966 年大学停止招生，直到 1970 年采取推荐保送入学制度。在这一制度下，1965 年加分照顾的人群成为具有推荐资格的人群，由受照顾的对象变成了唯一的入学招生对象。虽然1977 年恢复了高考，但当年的高考政策仍然延续了"文化大革命"时期对考生身份的特殊限定，也就是说 1977 年的加分政策仍然是工农优先性质。

（二）效率优先兼顾公平时期（1978—2003 年）

所谓效率原则就是提高高考的效率，使优秀的人才进入大学；所谓公平原则就是保证高考公平，重视对弱势群体和突出贡献群体的照顾。总体看来，这一时期坚持的是效率优先、兼顾公平的原则。1978 年的高考加分照顾对象取消了工农、军人和革命干部子弟等家庭成分或身份的限制，增加了"面向本省、市、自治区的院校对教育基础比较薄弱地区的考生和农村的考生，其

---

[1] 杨学为编：《高考文献》（上），高等教育出版社 2003 年版，第 327、475、394、399、506 页。

考试成绩可以略低于最低分数线，予以适当照顾"和"打破常规选人才"①的规定。这表明我国的高考加分政策实现了由工农优先向效率公平优先的转换。1979年规定："全国举办的高中毕业生和在校生的学科竞赛中，成绩特别优秀的青年，由全国学科竞赛委员会推荐，参考在校其他学科的学习成绩，政审、体检合格，今年可不参加全国统一考试，由教育部分配到有关高等院校相应系科学习。"标志着效率原则落到了学科竞赛中。1980年加分照顾对象增加了"应届高中毕业生中连续被评为'三好'的学生以及工作积极、表现突出的学生干部"。这表明优秀人才的范围由智育方面扩展到德育方面。1981年规定对"对散居在汉族地区的少数民族考生，在与汉族考生同等条件下，优先录取"。这是弱势群体范围扩大的体现。1982年增加对高中阶段参加地区级以上体育竞赛获单项前五名或集团前三名的主力队员的照顾，这表明优秀人才已经扩展到体育方面。1983年又做出如下规定："对具有三年以上经验的省、市、自治区级以上的劳动模范、先进工作者、新长征突击手等优秀青年，必要时可适当降低分数要求，择优录取。"这是补偿原则由弱势群体扩展到突出贡献群体的标志。1984年照顾人群增加"省、市、自治区级以上科技发明创造奖获得者"。把创新能力作为优秀人才的标志。1985年恢复了对退役义务兵的照顾，也是一种对突出贡献群体的补偿。1986年甚至做出了如下规定："对应届高中毕业生，在高中阶段参加地区级以上体育竞赛获单项前五名的队员或集体前三名的主力队员和考生中获国家二级运动员称号的考生，低于第一批或最低控制分数线20分以内，可提供档案。参加1985年、

---

① 杨学为编：《高考文献》（下），高等教育出版社2003年版，第106、199、245页。

1986 年重大国际比赛以及由国家举办的全国性比赛获前六名；1985、1986 年获运动健将、一级运动员称号的考生，总分低于省自治区直辖市最低控制分数线 50 分以内，亦可提供档案，由学校审查录取。"这样大幅度的降分照顾，是高考加分政策史中极为稀少的，足见当时坚持效率优先兼顾公平原则。从 1977 年至 1986 年，高考加分政策几乎每年都发生变化，直至 1987 年原国家教委颁布《普通高等学校招生暂行条例》，我国的高考加分照顾对象确定为十大类：（1）高中阶段受地区级以上表彰的三好学生、优秀学生干部。（2）政治思想品德方面有突出事迹；相关科目或平时成绩特别优秀；省、自治区、直辖市级以上科技发明创造奖获得者或单科竞赛优胜者。（3）应届高中毕业生中，在高中阶段参加地区级以上体育竞赛获单项前五名的队员或集体前三名的主力队员，获国家二级运动员称号的考生，总分低于同批录取学校控制分数线 20 分以内，可提供档案，由学校审查择优录取。（4）近两年参加重大国际比赛（由世界及国际体育组织主办的各种体育单项比赛、锦标赛、综合性比赛和运动会）以及由国家举办的全国性比赛（全国运动会、全国青少年运动会、全国中学生运动会、参加世界中学生体育比赛选拔赛以及全国竞赛计划中安排的各种全国性体育比赛）获前六名。（5）近两年获运动健将、一级运动员称号的考生。（6）边疆、山区、牧区、少数民族聚居地区的少数民族考生。（7）散居于汉族地区的少数民族考生。（8）归侨、华侨子女、归侨子女和台湾省籍考生。（9）退出现役的义务兵，荣立二等功以上的退役军人。（10）烈士子女。

（三）效率公平并重时期（2004 年以后）

这一时期最突出的特征就是更加注重公平。2004 年教育部颁布的《普通高等学校招生工作规定》中新增加对自谋职业的退役士兵的照顾。虽然《普通高等学校招生暂行条例》于2004年9月20日废止，但我国的高考加分制度已经成型，其基本原则没有发生什么重大变化，只是增加了对公平的关注。教育部颁布的《2006年普通高等学校招生工作规定》中新增加了三项照顾人群，即（1）对国际科学与工程大奖赛、国际环境科研项目奥林匹克竞赛中获奖者。（2）伤残军人、艰苦地区军人子女。（3）伤残警察子女等。这三项中有两项体现了公平原则，可见公平原则日益受到重视。而2007—2010年的高考加分政策则基本没有变化。

三　高考加分政策的理论思考

（一）高考加分政策产生的制度作用机制

我们通常把高考加分政策作为高考的附属物，然而上述史实说明高考加分政策早于高考制度：高考加分政策始于1950年，而全国统一高考始于1952年。可见，高考加分政策创立时并不是高考的附属物，也不是为了弥补高考的弊端而产生的补救制度。那么这项政策为什么会出台呢？历史制度主义在分析制度对政策的影响过程中形成了制度作用理论。斯坦莫认为制度的作用主要体现在三个方面：制度决定着谁能够参与某种政治活动的政治场所；制度塑造着各个政治行动者的政治策略；制度影响着行动者目标确立和偏好形成。[①]下面从这三个角度来分析制度对高考加分政策的影响：

---

① 刘圣中：《历史制度主义：制度变迁的比较历史研究》，上海人民出版社2010年版，第139页。

1. 制度决定着谁能够参与某种政治活动的政治场所

新中国建立后，随着高度集中的政治经济体制的逐步建立，人民政府接管了各类高校，也就决定了政府拥有了高等教育入学机会的分配权。各高校则无权决定入学资格和入学照顾条件。这是高考加分政策出台的基本制度背景，如果没有这个背景，高考加分政策是无法出台的。例如民国时期，高等教育入学机会的分配权在各高校手中，而政府则受到一定限制。这样的制度背景下当时的清华学校才能于1919年制定《项城袁氏亲友子孙游美暨入清华学校简章》，该章程规定："清华学校于每年应送留美学额之外，专为前大总统袁公亲支子孙有志愿留学美国者，添设学额以三名为限。"① 而这样的政策在新中国建立后则不可能确立，因为制度变了，只有政府才有资格制定类似的政策，各高校无权制定。

2. 制度塑造着各个政治行动者的政治策略，既有政策选项决定了可选政策的范围

我国新中国成立之初的高考制度汲取和借鉴了苏联和国民党政府的一些做法。苏联在高等教育入学机会的分配方面，为了使高等学校向工农开门，颁布了《关于俄罗斯联邦高等学校招生问题》的决议，采取了一系列便利工农子弟入学的措施。② 对于少数民族学生的照顾，早在国民党政府1942年制定的《公私立专科以上学校招生办法》的第二十款就规定："本年各省市高中毕业会考成绩优良学生及边远各省保送之蒙藏籍学生……仍由教育部依照规定免试分发公立各校、院肄业，但必要时，亦得分发

---

① 清华大学校史研究室：《清华大学史料选编·第一卷：清华学校时期》，清华大学出版社1991年版，第178页。

② 吴式颖：《俄国教育史——从教育现代化视角所作的考察》，人民教育出版社2006年版，第369页。

私立校、院肄业。"① 至于对华侨的照顾性政策在民国时期各大学之中也已成为惯例，如北京大学于民国十二年修订的《国立北京大学华侨学生入学特别办法》，第一款即规定："华侨子弟已在国外中学得有毕业文凭者，投考本校本科入学考试试验时，得受特别试验。"② 这些已有政策的选项基本确定了高考加分政策的形态。

3. 制度影响着行动者目标确立和偏好形成

现代政治最鲜明的特征就是政党政治。政党组织特定的意识形态提供了身份认同，将组织现在的活动和过去的理想联系在一起，将领导者和追随者联系在一起。③ 中国共产党自成立时便宣布自己是无产阶级的政党，目标是实现共产主义，维护无产阶级的利益。当中国共产党成为执政党后，在高等教育入学机会上确保无产阶级拥有高等教育受教育权就成为必然的选择。

（二）我国高考加分政策延续的制度变迁机制

在历史制度主义者看来，制度变迁过程总体上分为制度存续的"正常时期"（Normal Periods）和制度断裂的"关键节点时期"（Critical Junctures）。④

1. 正常时期

历史制度主义用路径依赖理论来解释一项政策的延续。之所

---

① 刘昕主编：《中国考试史文献集成·第七卷（民国）》，高等教育出版社2003年版，第176页。

② 王学珍、郭建英主编：《北京大学史料·第二卷·1912—1937（中册）》，北京大学出版社2000年版，第889页。

③ 王海静：《历史制度主义的理论要素分析》，学位论文，中国人民大学，2007年，第23、42页。

④ 何俊志：《结构、历史和行为——历史制度主义分析范式》，《国外社会科学》2002年第5期，第25—33页。

以造成路径依赖，在历史制度主义者看来是由于回报递增的存在。政治世界存在四个鲜明且密切相关联的特征，这使该领域社会生活易于形成回报递增的过程：集体行动的主导作用、制度的高密度集、政治权威提高权力的非对称性和内在的复杂性与不透明性。[①] 在高考加分政策的演进过程中，这四个特征表现得非常明显。首先是集体行动的主导作用，高考加分政策的制定不是某个人的意志，而是教育部制定，报请国务院批准，然后再由教育部组织实施。这种集体行动的主导作用导致了回报递增，也就是说改变现行政策的成本递增。因为改变现行政策不但要得到教育部的支持，更应得到国务院的批准。其次，制度的高密度。纵观高考加分政策的发展历程，我们发现高考加分政策日益成为高考制度不可分割的一部分，尤其是 1978 年后，高考加分政策承担着提高高考效率和保证高考公平的重担。这又使整个国家的教育制度、政治制度，甚至是经济制度紧密地结合在一起，因为效率和公平是教育制度、政治制度和经济制度的核心追求。也就是说要想改变现行高考加分政策就必须解决现行的高考制度的效率和公平问题，而高考制度的变革又必然涉及教育制度、政治制度和经济制度的变革，其成本相当大。再次，政治权威提高权力的非对称性。这方面最明显的例子就是毛泽东对高考加分政策的影响。1961 年刘少奇、邓小平等人主持中央工作时，一度废除了高考加分政策，可 1964 年高考加分政策不但得到彻底恢复，还在"文化大革命"期间成为进入大学的基本前提。这一切的出现与毛泽东的政治权威是密不可分的。可见，在高考加分政策演

---

① ［美］保罗·皮尔逊：《回报递增、路径依赖和政治学研究》，何俊志、任军锋、朱德米编译：《新制度主义政治学译文精选》，天津人民出版社 2007 年 4 月版，第 203 页。

进过程中，高层权威的支持确实保证了其延续性。最后，政治生活的复杂性和不透明。这一点在高考加分政策的制定过程中也表现得非常明显。公开的资料能告诉我们高考加分政策是由教育部制定、国务院批准的，但具体政策是谁制定的、谁批准的则无法明确。正是因为高考加分政策制定过程的复杂和不透明，使改变这项政策的成本加大。

总之，这四个原因导致改变高考加分政策的成本加大，也就是使回报递增，回报递增也就导致了路径依赖。路径依赖的存在是高考加分政策延续的原因。最能说明路径依赖存在的时期不是正常时期，而是关键节点时期。在高考加分政策的演进历程中，1961—1964年和1978—1987年两个时期可以称为"关键节点"。在这一制度断裂的"关键节点"上，新的制度就建立于各种政治力量的冲突结果的基础上，这种冲突结果的凝固就逐步构成了新的制度。在历史制度主义框架内，"关键节点"的出现是由于发生了重大的经济领域或政治领域内的变化，过程是权利主体之间的博弈，结果是形成新的制度。新制度与原有制度的相似性最能证明路径依赖的强度。第一个关键节点的出现是由于大跃进和三年自然灾害，中央政府为了贯彻"巩固、调整、充实、提高"的方针，暂停了高考加分政策。然而1964年不但完全恢复了高考加分政策，还又重新恢复了对有工作经历的往届毕业生的照顾。第二个关键节点的出现是由于党的工作重心由阶级斗争转到经济建设上来，结果是形成了效率优先兼顾公平的高考加分政策。这样大的政治原因，虽然造成了高考加分政策性质的改变，但高考加分的形式得以保留，对少数民族、华侨及军人的加分也得以维持。两次关键节点足以证明高考加分政策路径依赖的强度。

总之，高考加分政策已经产生了强烈的路径依赖，所以有些学者所建言的"立即废除高考加分政策"就不具有可行性。

2.关键节点时期

认识到高考加分政策的路径依赖对理解此项政策非常关键，因为它说明了高考加分政策得以维持的原因。认识高考加分政策的关键节点也非常关键，因为它们能清楚的描述高考加分政策改进的具体细节。这些细节对我们改善高考加分政策具有十分重要的借鉴意义。下面我们来具体分析高考加分政策的两次关键节点。

第一个关键节点的起因是"大跃进"和三年自然灾害造成的严重的经济困难，政府采取了废除高考加分政策的措施；第二个关键节点的起因是1978年开始的改革开放导致的重大政治变革，政府废除了原先工农优先的高考加分政策。而这两个关键节点的过程，都是通过权力主体的博弈完成。在政策制定过程中，虽然政府几乎所有的政策相关行为都对政策的出台和制定有影响力，但是不同的权力地位和资源多少决定了政策进入议程的可能性、被采纳乃至实施的程度。这一点在第一次关键节点有明确的反映。1961年4月30日教育部关于召开1961年高等学校招生工作座谈会情况简报中明确做出规定："为了提高新生质量，今年对华侨学生不采取优先录取的办法。"然而，同年的8月5日教育部关于高等学校招生情况的简报又宣称："根据国务院批转中侨委'关于当前侨务工作中的几个问题的报告'的精神，高等学校对基本符合升学条件的华侨学生，仍采取内部掌握'同等成绩，优先录取'的办法。"可见，教育部在取消高考加分政策上受到压力不得不做出妥协。在第二个关键节点时，各部委的博弈更加激烈，导致了1978—1987年的十年中高考加分政策的增减无常，反映出高考加分政策受其他各部委的影响。1986年，中央政府为了加强对教育工作的支持，把教育部升格为教育委员会，从而使原国家教委的地位得到极大提高，也就保证了高考加分政策进入常态化，第二年国家教委颁布了《普通高等学校招生暂行条例》。可见政策相关行为体的地位和资源确实决定了博弈的结果；最后看这两个关键节点的结果，都影响深远。第一次关键节点的结果不但恢复了原先的高考加分政策，还开启了"文化大革命"时期轻视应届高中毕业生，而重视从往届高中毕业生中招生的倾向。第二次关键节点的结果不但结束了工农优先的高考加分政策，还使高考加分政策拥有了提高高考效率和保证高考公平的新定位。可见关键节点的某一意外结果往往决定以后制度的长期演变。

四　我国高考加分政策改革的趋势

2004 年教育部颁布的《普通高等学校招生工作规定》中明确规定：经省级招生委员会讨论决定，确需增加的政策性照顾项目……须报教育部备案，经核准备案后方能且须及时向社会和所有招生学校公布。也就是说省级招生委员会拥有了对高考加分政策的制定权。目前我国高考加分政策的照顾人群不只是上述的由教育部公布的 14 类人群，还包括各地确定的其他人群。我们对2010 年各地（不含港澳台地区）的特殊高考加分政策进行了统计，统计中把这些加分小项根据其性质，划分为 16 大项：三好优干（省级三好生、优秀学生干部、优秀团员等）、省级运动员、飞行员未录取、高级人才子女（留学归来人员子女、博士子女、省级以上优秀专家子女等）、农村独生子女、省级单科竞赛、会考及平时成绩、港澳及侨眷、技能优秀者考大专、省级发明创造奖、特殊专业或学校、艺术比赛或特长生、老少边穷地区的汉族、劳模等优秀青年或有突出贡献者、教师干部及特殊职业子女和其他（三峡库区、南水北调工程移民等只有某一个省出现过的加分项）。统计发现这些加分项大多是国家在某一时期曾经设定的加分项。本次统计中把"见义勇为"归为教育部要求加分项"政治思想品德方面有突出事迹"，因此不计算在内。结果如下图所示。

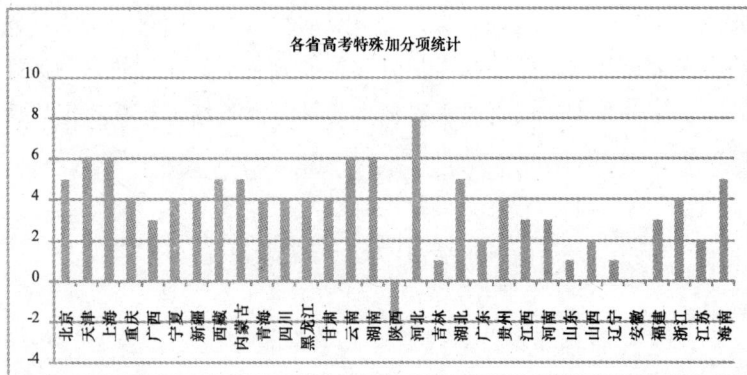

各省高考特殊加分项统计

由上图可知，各地特殊加分项目统计中，以河北省特殊加分项目最多，达8项；而以陕西省最少为−2项，陕西省不但没有制定自己的特殊加分项，还削减了两项国家加分项，所以得−2值。其中9省加分项为4项，4为众数，平均数为3.61。除此之外，统计还表明，四种加分政策最受欢迎：15省区把三好优干设为加分项；12省区把老少边穷地区的汉族列为加分照顾人群；10省区把农村独生子女设为加分项；10省区把特殊专业或学校列为加分项。

除了以上各地制定的高考加分政策外，有些高校也获得了高考加分政策制定权，如2009年北京大学宣布实行实名推荐制，对由高中推荐的学生给予大幅加分。这表明高校也开始拥有了高考加分制定权。

然而，由于高考加分引发的负面事件日益增多，高考加分政策面临着广泛的质疑。有学者对高考加分政策持"维持论"，即认为应该维持现行的高考加分政策，因为这项政策能弥补高考的不足；也有学者持"废除论"，认为高考加分政策滋生了腐败；还有学者则持"规范论"，即认为应该规范现行加分制度。^① 面对争议，教育部提出："第一，进一步调整与完善升学加分政策，使其在评定时有章可循；第二，进一步明确界定加分对象，使其在评定时有刚性指标可依；第三，进一步增加招生考试的透明度，增加公众监督力。"^② 这表明了官方对高考加分政策的态度，也预示着高考加分政策的改革方向。

高考加分政策的制度分析启示我们，要想改革高考加分政策，必须打破路径依赖，创造关键节点。具体地说，我们需要在以下方面着力：首先把高考加分政策的改革放到高考改革的大背景中，解决了高考的效率和公平问题，也就降低了制度的密集度，从而降低改革高考加分政策的成本；其次，明晰和规范高考加分政策的制定过程，增强公众参与度；再次，高层政治权威必须明确支持高考加分政策的改进，减小改革阻力；最后，关键节点出现后，必须提高教育部的政治地位，防止其他部委对高考加分政策改革的不合理干涉。总之，只有立足于制度层次的改革，才能真正改善高考加分政策，使其良性发展。

① 罗立祝：《高考加分政策的历史演变与反思》，《考试研究》2008 年第 3 期，第 36—47 页。

② 教育部新闻办公厅、中央教育科学研究所：《对话教育热点 2009》，教育科学出版社 2010 年版，第 31—32 页。

第 四 编

关于教师教育的探讨

我国教师资格制度建设：
问题与对策[*]

  教师资格制度也称"教师证书制度"，是国家对教师实行的法定的职业许可制度，是国家对专门从事教育教学工作人员的最基本要求。20 世纪 60 年代以来西方发达国家掀起了一场声势浩大的教师专业化浪潮，建立教师资格制度成为世界教师教育发展的趋势。20 世纪 80 年代后期我国开始酝酿建立教师资格制度。据《中国教育报》2008 年 4 月 17 日载，自 2001 年开始我国全面实施教师资格制度，到 2007 年底共有 1963.63 万人取得教师资格。① 改革教师教育体制，实施教师资格证书制度，促进了教师来源多元化和高质量的教师队伍储备，为建立起多元化的教师教育体系提供了制度保障，成为我国提高教师质量的重要途径。但与国外成熟的教师资格制度相比，我国教师资格制度还存在着一些问题，探讨如何完善教师资格制度对于我国教师队伍建设具有现实意义。

---

 * 本文发表于《教育研究》2008 年第 10 期。
 ① 《中国教育报》2008 年 4 月 17 日第 1 版。

一　我国教师资格制度存在的问题

（一）教师资格标准过于笼统宽泛，不能科学评估教师所应具备的教育教学能力

教师资格制度是教师质量保证的核心内容，教师资格标准是教师资格认证的依据，是教师申请进入教师职业必须达到的条件。《教师资格条例》规定：中国公民凡遵守宪法和法律，热爱教育事业，具有良好的思想道德，有教育教学能力，具有法定的学历或经国家教师资格考试合格，经认定合格，可以取得教师资格。教师资格标准中对教师的师德、学历、普通话水平、身体条件做出了具体规定，但是对教师职业必备的其他资格条件，如必修的学科和教育专业课程以及教学能力等未做出具体的规定，对于认定标准中最为重要的教师承担教育教学工作所必需的基本素质和能力标准规定不够具体。另外，在教师资格的认定方面规定各级各类学校师范教育专业毕业生可以持毕业证书，向任教学校所在地或户籍所在地教师资格认定机构申请，经教育行政部门审查后就可获得相应教师资格证书，但是在教师资格认定过程中比较注重学历文凭，对申请人从教必备的专业知识、教学水平、教育能力、道德水平等综合素质缺乏由行业专家进行的具体而严格的考核与认定。对于持有非师范院校专业学历的教师资格申请者仅仅提出了要符合所申请教师资格类别的学历要求，并通过教育学、心理学、普通话这几门课程的考试和认定考核，即可获得教师任职的资格。由于我国教师资格标准和认定标准比较笼统宽泛，缺乏可操作性，导致我国的教师资格制度实际上成了学历资格制度，很难体现出对教师专业素质的考查，降低了教师资格条

件的认定标准；加之教师资格鉴定手段缺乏严格性和科学性，认定标准主要以毕业证书为准，对非师范院校毕业生的考试，也只是简单地测试教育理论知识，对学科专业知识和教学能力缺乏有效的评估手段，难以保证教师所获得的教师资格证书的含金量，难以保证学校录用教师时能选择到真正符合教师资格条件者。在社会上存在"师范院校的毕业证书等同于教师资格证书，教师资格考试等同于教育学、心理学、普通话考试"的误解。

（二）教师资格类别、等级单一，难以适应学校对不同水平层次教师的需求

我国教师资格分为幼儿园教师资格、小学教师资格、初级中学教师资格、高级中学教师资格、中等职业学校教师资格、中等职业学校实习教师资格、高等学校教师资格七种。教师资格类别划分简单，没有按学校或学科类型进行细分，也没有根据教师任教年限或年级进行分级设置。教师资格适用范围规定模糊，对于不同种类、不同学科的教师资格之间是否可以融通、如何融通等问题都没有明确规定，导致教师漠视资格证书使用范围，教师资格滥用，随意跨学科授课现象屡见不鲜。教师资格认证中，采用的是较为单一的合格制，教师资格认证的重点放在了初任教师的资格认证上，只为教师从业确定了最基础的准入要求，主要解决教师队伍的录用"入口"问题，缺乏从专业发展和知识更新的角度考虑，教师资格的认定没有与继续教育以及从业人员专业水平的不断提高结合起来，缺乏对教师职业的发展有效的激励，不能适应学校对不同水平层次教师的需求，难以保证行业质量。

（三）教师资格证书缺乏评估与更新机制，不能发挥对教师的持续激励作用

教师资格制度的核心要素是教师资格的有效性，主要包括教师资格的时效性，规定教师资格的有效期限；教师资格的融通性，规定教师资格在种类方面的相互融通；教师资格的有效使用范围，规定教师资格在什么范围内得到承认、具有效力。[①] 我国现行教师资格没有明确规定有效期限，终身性、不分等级是我国教师资格证书制度的特点之一，教师资格证书一经获得终身有效，在全国范围内不受地域时间限制，只要获得资格证书，就等于取得永久的教师资格。教师资格的终身制意味着教师一旦获得教师资格后，教师资格制度对教师便没有了任何约束力。在今后的教师专业发展中也就失去了现实意义。[②] 在实践上，由于受到教师资格终身性的约束，现行教师资格制度缺失与教师继续教育、教师职称评定等制度的联系，缺乏对教师有效的激励机制和监督机制。终身性的资格证书不能适应信息时代知识迅速更替的特点，对教师的专业化发展和继续教育缺乏激励作用。

二 完善我国教师资格制度的建议

（一）修订教师职业资格相关法律法规，不断完善教师资格标准

西方发达国家教师资格制度的发展大致经历了三个阶段，即由单纯的学历要求，体现定向性培养和课程认可的初级阶段，发

---

① 沈惠君：《我国教师资格有效性的推进策略》，《教育发展研究》2004 年第 9 期。

② 王森：《关于教师资格制度的思考》，《教育与职业》2007 年第 3 期。

展到资格考试，体现开放型培养和知识本位的中级阶段，最后走
向重视教学实践能力、体现专业化发展和能力本位思想的高级阶
段。[①] 目前，中小学教师的培养大学化已成为世界趋势，中小学
教师的专业标准要求以学士学位为基础，并开始延伸到硕士研究
生教育阶段。很多国家在学历确认的基础上还要进行资格考试，
以充分保证吸收合格的人员进入教师行业，确保教师的标准，同
时，考虑到学历要求和知识考试等方面的局限性，一些发达国家
重视对教学专业能力的要求，因而强调教师的试用制度。

我国对教师任用资格标准的规定相对较低，如小学教师具有
中师学历，初中教师具有大专学历，高中教师具有本科学历，是
在教师社会地位和经济地位不高，教师供不应求的情况下制定
的。随着教师教育的改革发展，我国对教师由量的需求向质的需
求转变，人们对教师重要性和教师素质的高要求都与日俱增，然
而我国《教师法》和《教师资格条例》中对于教师资格的学历
标准和课程标准特别是教育专业课程标准的规定偏低，提高教师
的学历标准和专业标准成为客观需求。因此，首先，我国必须积
极推进《教师法》、《教师资格条例》、《〈教师资格条例〉实施
办法》的修订和完善工作，针对教师资格认定过程中出现的新
情况和新问题，提高教师资格标准，强化教师教育教学能力要
求；其次，实行国家统一的教师资格考试，考核内容除了职业道
德、学科水平、专业知识、现代教育技术能力，还包括对教育教
学活动和学生的认知水平、制定教学方案、组织课堂教学、教学
效果自我评估及与其他教师协作能力等方面。另外，建立完善的
教师资格认定制度，严格规定教师任职资质。对不同层次师资持

---

① 李广平：《从国际教师资格制度的发展趋势看我国教师资格证书制度的完
善》，《外国教育研究》2004 年第 3 期，第 42 页。

有哪一类、哪一级证书，需要何种程度学历，必修哪些课程，各类课程应达到的学分与水平，以及教学实践能力，资格证书有效期限等方面做出严格规定。同时对师资培养培训机构的资质进行定期认证，鉴定其是否具有从事基础学科、专业学科和教育学科的教学水平和能力。只有经国家有关部门认定合格的学校或机构才能从事师资培养或培训工作，国家才承认其毕业生具有教师资格证书认可的学历，毕业生才有资格取得相应的教师资格证书。同时考虑到教师水平的差异与教师市场的开放化，对同一层次内不同期限与不同档次的资格证书，任教与不任教资格证书的时限划分做出明确规定。此外，利用多种检测手段确保教师的质量。在定向式教师培养模式下，我国教师资格的认定标准主要以毕业证书为准，即使对非师范院校毕业生的考试，也只是简单地测试教育理论知识，对学科专业知识和教学能力缺乏有效的评估手段，既不能保证教师的质量，也不利于教师教育的综合化和专业化的发展。在我国教师教育由定向式向综合化、开放化培养模式转变的今天，更有必要从多种角度来检测教师的品质，要对申请者采取学分认定、知识技能考试与教学能力考核等手段，以确保吸收合格的教师任教。

（二）借鉴国外教师资格制度的经验，合理划分教师资格证书的类别和等级

教师资格的分类细化是教师教育发展的国际趋势。学科课程多样性决定了教师资格证书的多样性。从国外教师资格证书种类看，大致分以下几种类型：按教师所教学科和所负担职责划分为一般科目教育证书、特殊教育证书、学校服务证书及学校管理证书；按年级或受教育者年龄段划分为学前教育教师资格、初等教育教师资格、中等教育教师资格；按等级划分为教员证书（第

一级)、职业教师证书（第二级）和终身职业教师证书（第三级）。[①] 例如：美国教师资格证书按教学职责范围划分为七类：①幼儿园教师证书；②小学教师证书；③中学教师证书；④各科教师证书；⑤职业技术教师证书；⑥特殊教师证书；⑦指导教师证书。此外，还按有效期的不同，大致分为5个级别：①短期教师证书：凡符合上述各类教师所规定的条件者，一般先发给短期证书，其有效期一般为4年，到期的条件具备可再延长4年。②专业教师证书：凡取得短期教育证书、工作满3年且工作成绩良好、完成规定必修的课程18个学分者，发给专业教师证书。③长期教师证书：凡持有专业教师证书、工作满5年且做出良好成绩、完成必修课程30个学分者，发给长期教师证书。④终身教师证书：这是对长期从事教育工作者所作的具有荣誉性质的特殊规定。⑤临时教师证书：对未取得各类教师资格证书者，因工作需要，由学校提出申请，可发给该证书，有效期1年，必要时再延长1年。[②] 另外，美国教师资格认证采用等级制度，教师资格有两种不同级别的证书：教师资格证书，主要是发给达到教师基本标准者；高级教师资格证书授予教学水平突出者。在日本，目前实行三级教师许可证：专修许可证、一级许可证和二级许可证。韩国的教师资格等级划分更细一些，形成了准教师、二级教师、一级教师、特级教师等资格等级制度，目的是为了克服教师等级上的平均主义，调动教师工作的积极性。教师资格证书等级制的建立严格了教师资格的认证标准，加强了教师的在职进修，有力地推动了教师从传统的"一次性教育"观念向"终身教育"

---

① 祝怀新：《封闭与开放：教师教育政策研究》，浙江教育出版社2007年版，第235页。

② 尹志梅：《20世纪80年代以来美国中小学教师资格制度的改革及对我国的启示》，硕士论文，东北师范大学，2006年，第11页。

思想的转变。

教师职业本身的复杂多变性要求教师不断地学习以提高其专业水准。目前，我国没有关于教师资格级别的规定，教师资格证书仅仅是教师职业准入的最低标准，考察的是新教师是否具备任教资格，而入职后教师的职业阶梯主要是由职称级别来确定。教师资格分级别认定则是根据教师专业发展阶段的不同，在教师入职认定的基础上，加强了对在职教师专业发展状况进行考察，规定了不同级别教师的要求，为教师明确了自身专业发展方向，促进教师自我反思，自我评价，自我激励，不断提升个体内在专业特性。另外，建立教师资格分级别认定制度可以改变过去教师资格"一朝获得，终身享用"的局面，严格了教师专业资格，有利于教师群体外在专业性的提升，这对提高教师专业的社会认可度以及教师社会地位也大有益处。[①] 因此，建议以教师资格证书制度为基础，将资格证书的级别和有效期相结合建立教师职业发展阶梯，进一步完善我国教师资格证书体系，使我国教师资格认证等级多层次化，同时为鼓励教师在职继续学习，教师资格证书分成若干等级，以此激发教师专业发展的动力。具体而言，可根据教师职业发展阶段和水平，按有效期长短，可颁发由低到高的多级资格证书。试用期证书或初任教师证书，有效期1—2年，期满不能胜任，学校终止试用和录用，合格者任命为正式教师，颁发教师证书；教师资格证书，有效期为5年，期满合格者颁发专业教师资格证书；专业教师资格证书，有效期为8—10年，期满合格者可颁发终身专业教师资格证书；另外，在特殊情况下，如短缺科目或临时代课教师，可颁发临时教师资格证书，对每一

---

① 李国庆、李雯：《构建我国教师资格分级别认定制度的探析》，《教师教育研究》2006年第4期。

级教师的资质条件要明文规定，实行多级制资格证书，会使教师地位和素质形成良性循环，为教师专业发展创造机会并将激励建设性的专业发展活动。

（三）明确教师资格有效分期，严格执行教师资格更新制度

教师资格分期的理论依据是教师专业发展理论，教师专业发展主要分为三个阶段：即1—3年的专业适应和发展期、4—6年的专业稳定期、7—18年的专业实验期或成熟期。[①] 在教师资格更新的问题上，国际上一般把教师资格证书更新与教师继续教育挂钩。如果一定期限后教师资格证书得不到更新，便会自动失效。我国应该建立证书定期考查更新制度，把教师继续教育与教师资格制度挂钩，明确规定教师需修满教育教学能力等方面的学分或达到更高层次的学历要求，要求教师必须进修一定学分的必修课程，取得更高一级学位，教学业绩突出，证书有效期满时才可重新申请资格证书，并参加全国教师资格考试，考试合格者可延长其证书期限或颁发更高一级资格证书，以激励教师工作积极性。考试考查不合格者，给予一定试用期，再考核仍不合格，停发教师资格证书，不予录用，以打破教师资格终身制。此外，可以学习国内其他行业，如会计、律师资格证书考试制度的成熟做法，推行教师资格证书注册、年检以及档案管理制度，规定持证教师定期到有关部门注册登记，并且建立教师资格信息档案和年检制度，以此规范教师资格证书管理，督促持证者定期接受继续教育，及时更新教师资格。总之，在教师资格有效期问题上，要

---

① 鲁素凤等：《我国教师资格有效性存在的问题及其对策》，《教师教育研究》2005年第1期。

在现行教师资格相关法律法规中补充教师资格有效分期条款，明确不同教师资格的有效期限，并且制定教师资格注册登记、档案管理和年检条款，规定相应的教师继续教育和进修学分要求，使教师资格制度与教师继续教育以及教师职称评定、教师待遇等形成内在联动机制，以确保教师资格分期制得到真正落实，从制度上确保我国教师队伍的整体素质。[①]

（四）建立教师资格制度配套措施，做好教师资格制度与教师培养、任用、聘任制度的衔接

教师资格制度只有与教育教师教育制度相配套，与人事制度的改革、教师队伍建设的其他措施相配套，与理顺教师管理体制、深化人事制度改革等结合起来统筹考虑，才能保证教师资格制度实施得更有效。教师资格作为从事教师职业的准入条件和标准决定着教师教育的内容、过程、方式、模式、考核等，对教师教育具有导向和制约作用。同时教师教育制度的发展也促进教师资格证书制度的发展。随着教师教育的发展，教师专业化水准的不断提高，教师资格的要求也会随之提高或变化。教师队伍建设是一项系统工程，它包括教师资格的认定、教师聘用、职务聘任、培养培训、考核奖惩、工资待遇、申诉与仲裁等管理环节，要做好教师资格制度、教师任用制度和职务聘任制度的衔接工作，统筹制定教师职前培养和在职培训计划，逐步形成并不断完善具有中国特色的教师资格制度。一方面，要制定职前教师培养目标，确立教师资格证书课程和课程标准，以及教学实践的内容和形式，使欲从教者攻读学位的同时能为申请相应教师资格做好

---

① 鲁素凤等：《我国教师资格有效性存在的问题及其对策》，《教师教育研究》2005 年第 1 期。

知识技能准备，使学历文凭和职业资格并重，学科性教育和职业性教育两种教育并举。另一方面，制定职后教师培训计划，确立资格提升培训内容和方式，要改变培训中学历补偿倾向，使在职培训既是学历提高过程，更是教师资格认证更新过程，能及时为教师资格晋升提供有效服务。此外，要真正保证教师资格制度的严格落实，提高教师素质，全面优化教师队伍，还要依靠教师队伍建设的一系列法律法规和规章制度的健全和完善，如有关教师聘任制、教师考核、教师职务、教师职前培养与继续教育等各方面都需要进行改革，必须尽快制定与完善有关配套法律法规，以确保教师资格制度的有效实施。

我国教师教育体制改革的历史回顾[*]

    教师教育是教育事业的"工作母机",是造就培养人才的基地。百年大计,教育为本;教育大计,教师为本。没有高质量的教师教育,就没有高质量的教师,就没有高质量的人才。改革开放以来,我国不断探索教师教育体制改革,教师教育事业在许多方面已经取得了较大的发展。为了普及义务教育和满足各级各类教育发展的需求,进行了教师教育体制改革,提供了一支数量充足、结构合理、素质较高的教师队伍;为了提高教师的专业化水平和教师队伍整体素质,进行了教师教育布局结构调整和培养模式的探索,逐步形成了师范院校与综合大学共同培养教师的多元开放的新格局;为了形成依法治教的局面,相继颁布实施了《教师法》、《教育法》、《教师资格条例》,教师队伍建设开始步入规范化、法制化轨道。回顾30年来我国教师教育所走过的历程,总结教师教育的成绩和经验,对于推动我国教师教育的改革与发展具有重要的意义。

---

[*] 本文发表于顾明远主编:《改革开放30年中国教育纪实》,人民出版社2009年版。

一 恢复与重建教师教育体系

"文化大革命"期间我国的师范教育遭到毁灭性破坏，整个师范教育基本上处于瘫痪状态。由于师范院校长期停止招生以及中小学教师大量流失，导致中小学教师数量不足，进而出现大量的民办教师，师资队伍的质量严重下降。据统计，1977 年普通中学教师中，民办教师占 39.94%；小学教师中，民办教师占 65.8%；全国小学教师中具有中等师范及以上学历的只占 28%，初中教师具有高等专科学校毕业和肄业学历以上的只占 14.3%，高中教师中具有高等学校本科以上学历的占 33.2%。[①] 小学毕业教小学、中学毕业教中学的现象相当普遍，教师队伍"青黄不接"的现象十分突出。"文化大革命"结束以后，党中央肯定了知识分子是工人阶级的一部分，摘掉了所谓的"臭老九"的帽子，重新肯定了教师在学校教育中的主导地位，从而为提高教师和师范教育的地位，恢复发展师范教育创造了有利条件。

（一）正确认识师范教育的性质，确立师范教育的重要地位

为了全面恢复师范教育，提高教育质量，1978 年 4 月 20 日至 5 月 16 日，教育部召开了全国教育工作会议，邓小平同志在会议上发表了重要讲话，提出教育事业必须同国民经济发展的要求相适应，同时还特别谈到要尊重教师劳动，提高教师质量，从而为教育事业的恢复和发展确定了指导方针。

为了确立师范教育的地位，必须解决长期困扰师范教育发展

---

① 金长泽主编：《师范教育史》，海南出版社 2002 年版，第 152、156 页。

的路线之争。新中国成立以来关于师范教育的性质与发展模式一直存在不同的争论，争论的核心问题主要围绕高等师范教育中的师范性和学术性的关系，其实质在于师范教育是独立设置还是混合发展？新中国建立后，我国借鉴苏联的经验建立了独立设置的师范教育体系。我国针对当时师范教育存在的理论脱离实际的问题，提出了师范院校"面向中学"的口号，强调从中小学实际出发，大力加强教育理论课程的教学和教育见习、实习等实践环节。但是由于没能全面完整地理解师范教育的师范性，导致在实际工作中片面强调从中小学实际出发，强调中小学需要什么就学什么，降低了师范院校的学术水平。因此，1960 年 4 月教育部在河南新乡召开了师范教育座谈会，会上有人提出师范院校应向"综合大学看齐"，主张由综合大学取代高师院校，取消师范院校的教育理论课程，加强高深的科学文化知识和专业知识的教学。1961 年教育部在北京召开全国师范教育工作会议，会上再次开展了要不要独立设置师范院校的讨论，经过热烈讨论，大家对师范教育的重要性有了较为深刻的理解，会议提出高等师范教育不是办不办的问题而是如何办好的问题。有关高师体制问题的争论暂时平息下来①。1980 年 6 月，教育部在北京召开了第四次全国师范教育工作会议，会议认真总结了师范教育的历史经验，分析了当前师范教育面临的问题和形势，提出师范教育是教育事业中的"工作母机"，是造就人才的基地。会议明确了师范教育的地位、性质、任务，重申各级师范院校的培养目标。全国师范教育工作会议之后，教育部先后采取了一系列促进各级师范教育发展的措施，有力地推动了我国师范教育的发展。

---

① 刘捷、谢维和：《栅栏内外：中国高等教育百年省思》，北京师范大学出版社 2002 年版，第 186 页。

（二）重建三级师范教育体系，大力发展各级各类师范教育

新中国成立之初我国就确立了相对独立的师范教育体系，形成了从中等师范、师范专科学校到高等师范学校的三级师范教育体系，从事教师教育的机构自成体系，从修业年限到教学内容，从招生、升学、就业，到课程专业设置，教学方式、实习制度的建立等，都有不同于其他非师范院校的特色和模式。与基础教育相对应，中等师范学校培养小学教师，高等师范专科学校培养初中教师，师范学院或师范大学培养高中教师。中等师范学校一般招收初中或初级师范毕业生，修业年限三年。师范专科学校招收初中和高中毕业生，招收初中毕业生的师范专科修业年限为3年，招收高中毕业生的师范专科学校修业年限为2年；师范学院、大学招收高中或中等师范学校的毕业生，修业年限4年。在"文化大革命"期间我国的师范教育体系遭到严重破坏。为了克服"文化大革命"造成的师范教育的混乱局面，促进各级师范教育走上正规，"文化大革命"结束后，国家颁布了一系列政策文件，恢复和重建三级师范教育体系。1977年国务院批转了教育部《关于1977年高等学校招生工作的意见》，明确指出废除推荐入学制度，实行统一考试、择优录取的招生制度。1977年全国570万青年报考，高等学校共招收新生273000人，其中师范院校招收94586名，占新生总数的34.6%。[1] 恢复高考和师范院校招生工作步入正规为师范教育的恢复和发展奠定了基础。此后，各师范院校对教学工作进行了全面整顿，恢复正常的教学秩

---

[1] 刘英杰主编：《中国教育大事典》（上），浙江教育出版社1993年版，第970页。

序，制定规章制度，抓好教材和教师队伍建设，努力提高教育、教学质量；同时国家恢复和增设了一批师范院校，1978 年恢复和增设 169 所普通高等学校，其中师范院校 77 所，占恢复和增设学校总数的 45.56%，到 1980 年又增加了 15 所，师范院校总数达到 172 所，相当于 1977 年 59 所的 3 倍。[①]

为了培养初等教育的合格教师，大力发展中等师范教育，实施办学条件标准化，不断提高中等师范教育的质量。1980 年教育部颁布了《关于办好中等师范学校的意见》，在肯定中等师范学校的重要作用的同时，提出必须从中等师范教育的实际出发，继续贯彻"调整、改革、整顿、提高"的方针，明确办学方向，解决学制、教学计划、办学条件等基本问题，建立和恢复正常的教学秩序。此外，教育部还颁布了《中等师范学校规程》、《中等师范学校教学计划试行草案》，对中等师范教育的方针政策和规章制度以及中等师范教育的培养目标、修业年限、课程设置、教育实习等一系列问题作了明确的规定，对提高中等师范教育质量和管理水平起了重要作用。中等师范学校主要是面向农村小学培养师资，能否面向农村培养合格的小学师资，是关系到农村能否普及初等教育的关键。1987 年 5 月，国家教委师范教育司召开了中等师范学校办学座谈会，会议围绕中等师范学校今后如何更好地面向农村培养合格师资的问题进行了研讨，重申了中等师范教育面向农村培养合格小学教师的办学方针。不久，国家教委师范教育司又连续召开中等师范学校改革研讨会，进一步落实中等师范学校面向农村培养合格小学教师的办学方针。在这些会议精神的指导下，全国各中等师范学校开始了面向农村小学的改革实践，不断探索优化农村师范教育的路子，形成了面向农村培养

---

① 金长泽主编：《师范教育史》，海南出版社 2002 年版，第 153 页。

合格师资的特色。为了改善中等师范学校的办学条件，不断提高中等师范学校的办学质量，国家增加了对师范学校的投资，大力推进中等师范学校办学条件标准化建设。国家教委于1987年在福建召开了加速中等师范学校办学条件标准化建设座谈会，会议要求各地必须采取有效措施加强中等师范学校的建设，尽快实现中师办学条件标准化。据统计，1986—1992年，全国中师基本建设投入达到22亿元，全国中师基建面积接近1419万平方米，设备总价值约5.39亿元，图书总数2920万册。① 中等师范学校的办学条件得到了改善，中等师范学校的面貌发生根本性的变化，提高了师范学校的社会地位和作用，为全面提高教育教学质量奠定了基础，为基础教育培养了大批合格小学教师。

十一届三中全会以后，我国加快了高等师范学校发展的进程。1986年据统计，1985年我国独立设置的高等师范院校已经发展到253所，在校生42.56万人。② 1987年，全国高等师范学校达到了260所，招生人数为18.95万人，在校生人数为50.80万人，创历史新高。③ 整个20世纪80年代，我国的高等师范院校共为基础教育事业培养了120多万高师毕业生，促进了我国社会主义现代化事业的发展。为了适应基础教育迅速发展的形势，深化高师改革，1986年3月，国家教委在《关于加强和发展师范教育的意见》中提出了一系列有关高师教育改革的方针和措施，要求对高师的教育思想、教学内容和方法以及教学制度进行系统的改革。1987年3月，国家教委师范司在北京召开了高师工作座谈会，会议明确提出：为基础教育服务是高师改革的方

---

① 金长泽主编：《师范教育史》，海南出版社2002年版，第214页。

② 同上书，第189—190页。

③ 刘捷、谢维和：《栅栏内外：中国高等教育百年省思》，北京师范大学出版社2002年版，第143页。

向，能否更好地为普及九年制义务教育服务是检验师范教育改革效果的根本标准，高师的教学改革必须紧紧围绕培养合格的中学教师这一根本任务进行。1989年12月，国家教委师范司在河北石家庄召开了全国师范专科学校工作会议，确定了师范专科学校的办学重点和发展方向，把培养合格的初中教师作为我国师范专科学校的主要任务，加速了师范专科学校的改革步伐，极大地促进了我国高等师范专科学校的发展。

（三）建立在职教师培训体系，不断提高教师学历水平

在师范教育不断恢复和发展的同时，中小学在职教师的培训工作也在有步骤地进行。"文化大革命"前，在我国独立的师范教育体系下，各级师范院校只是承担教师培养的任务，教师的在职教育（继续教育）通常由独立的教师继续教育机构承担，即由省级教育学院、地区级教育学院和县级的教师进修学校承担中小学教师继续教育的任务。省级教育学院更多地关注中学教师的继续教育，而地区教育学院和县级教师进修学校承担小学教师的继续教育任务。"文化大革命"期间，教师的继续教育工作处于停顿状态。为了使师资培训工作适应普及初等教育的需要，1977年教育部召开了师资培训工作座谈会，讨论和研究加强师资培训工作的问题，对教师进修学校、教育学院的性质、地位、任务、教师队伍、经费等问题作出了明确规定。会后，各地恢复或建立了教师进修学校或教育学院，作为本地区培训在职教师的基地。1982年国务院下发了130号文件，提出师资队伍调整的要求和措施，明确了教育学院、教师进修学校是培训中小学在职教师的重要基地。这些政策的出台促进了教育学院和教师进修学校的发展，为基础教育师资培训提供了前提条件。1983年教育部下发

了《关于中小学教师队伍调整整顿和加强管理的意见》，提出了
合格教师质量标准的原则规定，并在学历上规定高中教师应具备
高等师范学校本科毕业的学历或同等学历，初中教师应具备高等
师范学校专科毕业学历或同等学历，小学教师应具备中等师范学
校毕业学历或同等学历。根据《意见》精神，各级教育行政部
门在抓教材教法过关培训工作的同时，实施中小学教师"专业
合格证书"考试制度，提高中小学在职教师的整体素质。中小
学教师"专业合格证书"考试在社会上产生了良好的影响。到
1991年，我国小学教师中取得"专业合格证书"的教师总数为
475862人，中学教师中取得"专业合格证书"的有211292人①，
大大提高了中小学教师的教学能力和教学水平。此外，国家还建
立了函授、广播电视教育、自学考试等教师培训模式，充分发挥
多种培训形式的优势，最大限度地组织不具备合格学历的教师参
加学习，提高他们的教育教学水平。

经过多年的努力，我国基本形成了以各级师范学院和其他各
种教育机构为主体的职前培养与由各级教师进修院校和其他形式
的职后培训组成的比较完备的师范教育体系。1999年全国共有
独立设置的高等师范院校209所，中等师范学校683所，教育学
院139所，教师进修学校2087所。从1980年到1999年，高等、
中等师范学校共培养了740万毕业生，教师进修学校培训了近
600万中小学教师。我国小学、初中、高中教师学历合格率到
1999年分别达到95.90%、85.63%、65.85%②，适应了我国基
础教育的发展提出的教师合格学历的要求，各级师范院校的发展
为我国的基础教育事业做出了历史性贡献。

---

① 金长泽主编：《师范教育史》，海南出版社2002年版，第251页。
② 同上书，第265页。

二 调整和改革教师教育体制与结构

党的十一届三中全会以后，我国的教育事业得到了一定程度的恢复和发展，但是与我国现代化建设的需要还存在较大的差距。1985年《中共中央关于教育体制改革的决定》的颁布拉开了教师教育改革的序幕。1993年颁布的《中国教育改革和发展纲要》指出：师范教育是培养中小学师资的"工作母机"，各级政府要努力增加投入，大力办好师范教育，同时也对教师教育的发展提出了紧迫的培养合格师资的要求。20世纪90年代，随着我国普及义务教育任务的基本完成，素质教育的全面展开和高等教育发展的大众化，师范教育改革与发展的背景发生了很大变化，进而导致对教师素质提出更高的要求，教育关注的重点进入了从追求教师数量向提高教师质量的转变。提高教师学历水平和整体素质，成为教师队伍建设、教师教育的主要任务。

（一）建立开放的教师教育体系，提升教师教育的办学层次

1999年6月，中共中央、国务院颁布了《关于深化教育改革全面推进素质教育的决定》，该《决定》明确指出："鼓励综合性高等学校和非师范类高等学校参与培养、培训中小学教师的工作，探索在有条件的综合性高等学校中试办师范学院。"目的在于通过鼓励综合性大学和非师范类高等学校参与教师教育来提高师资队伍建设的质量。到2001年，教育部宣布全国基本实现"双基"战略目标。我国教育发展的主要矛盾正式从总量不足转变为质量的提高上来。2001年5月国务院颁布的《关于基础教育改革与发展的决定》指出要"完善教师教育体系，深化人事

制度改革，大力加强中小学教师队伍建设"，这是首次在正式的国家教育政策文本中使用了"教师教育"概念。2002年，教育部发布的《关于"十五"期间教师教育改革与发展的意见》中第一次对教师教育作出了一个相对完整的解释，"教师教育是在终身教育思想指导下，按照教师专业发展的不同阶段，对教师职前培养、入职教育和在职培训的统称"。2002年9月江泽民在北京师范大学建校100周年庆祝大会上讲话时提出："要进一步建立和完善适应我国教育发展需要的开放灵活的教师教育体系，努力造就一支献身教育事业的高水平的教师队伍。全国各级各类师范院校，都要适应新形势新任务的要求，深化改革，锐意进取，为建设有中国特色教师教育体系作出新的贡献。"[①] 教育部也提出要建立"在终身教育思想指导下，按照教师专业发展的不同阶段，对教师的职前培养和在职培训一体化"和"以现有师范院校为主体，其他高等学校共同参与，培养与培训相衔接，体现终身教育思想的、开放的教师教育体系"。[②]

此后，我国长期以来独立设置的师范教育教育体系被打破，高等师范院校开始出现综合化趋势，一是师范大学大量举办非师范专业，二是以师范专科学校和教育学院等一批专科层次的院校与本科院校合并、升格为本科院校。师范教育综合化趋势是与师范教育独立与否的争论联系在一起的，关于教师培养制度应该独立还是非独立的争论，自中国师范教育制度建立以来就一直是争论不休的问题。新中国成立以来的不同历史时期我国曾经出现师范院校是否需要独立设置的争论。20世纪90年代以来随着我国

---

① 江泽民：《2002年9月8日在北京师范大学建校100周年大会上的讲话》，《中国青年报》2002年9月9日。

② 教育部关于"十五"期间教师教育改革与发展的意见（教育部［2002］1号）。

经济文化和教育事业的蓬勃发展对高质量师资的需求，全国又一次出现了师范院校发展方向的争论。1996年9月9日全国师范教育工作会议召开，会议虽然强调师范院校在教师培养中的主渠道作用，但也为非师范院校参与教师教育打开了缺口。此次会议提出："形成符合中国国情的中小学教师培养培训体系。发挥各级各类师范院校培训教师的主渠道作用及非师范院校培养培训教师的积极作用；通过实施教师资格制度，规范教师职业标准，认定师范毕业生教师资格，吸收师范专业毕业生及社会优秀人才从教。"① 教师资格制度首次作为吸引非师范毕业生从教，以及确保各类院校的教师教育质量的检测性措施得以实施，为打破独立封闭的师范教育体系做了制度上的准备。20世纪90年代中后期，特别是进入21世纪以后，随着发达国家教师教育体系研究的深入，全国出现了师范院校与非师范院校合并、升格成为综合大学，参与教师教育的局面。这一时期全国多数师范专科学校卷入这一浪潮。这个时期大约有143所师范院校（以师专为主，包括教育学院和极少的师范学校、师范学院）与非师范院校合并升格为综合学院或大学；有82所专科层次的师范学校（包括教育学院）与师范院校合并或升格为师范学院或师范大学。有5所师范专科学校与他校合并升格为职业技术学院，有25所师范学校（包括极少的中师层次的教育学院）升格为师范专科学校，有8所师范学校（以中等师范学校为主，包括个别师专和个别中师层次的教育学院）与非师范学校合并升格为综合性专科学校。传统的师范院校在数量上发生了根本性的变化——我国师范院校最多时是1987年，当年师范专科学校达到187所，师范学

---

① 何东昌主编：《中华人民共和国重要教育文献》（1991—1997），海南出版社2003年版，第4041—4044页。

院达到 73 所。而今天，全国独立的本科师范 129 所，独立的师范专科学校 55 所。① 从这个角度上说，通过合并升格，我国师范院校（包括教育学院）办学层次已经获得了很大的提高。

目前参与教师教育的各院校培养的教师包括了我国初中等教育的各个领域，打破了原来我国的高等师范院校只培养普通中学教师的局面。不少省属师范大学和地方师范院校，以及综合性院校涉足小学教师和职业学校教师的培养。由于传统上我国的本科院校是承担中学特别是高中教师的培养任务，随着中师和专科层次的升格，各承担教师教育的院校依然延续过去培养中学教师的任务。由于不少院校（包括师范院校和综合性学院）合并了原先的中师、师专，但小学教师的培养并未由此取消，而是以成立初等教育学院的形式，或以本科、专科小学教育专业的形式培养小学教师，形成了教育学院或教育科学学院培养教育研究人才、教育行政人才和中学教师，初等教育学院培养小学和幼儿园教师的格局。例如：首都师范大学，合并了北京的第三中等师范学校，在原来三师的基础上成立初等教育学院，专门培养本科层次的小学教师。目前该学院是国内小学教育本科办学规模最大的初等教育学院之一。华南师范大学在教科院设立教育学专业（小学教育专业），培养小学教师。南京师范大学教育科学学院设立小学教育、学前教育等专业，培养小学和幼儿园教师。

经过世纪之交我国师范教育的转型，我国当前的教师教育出现了多渠道办学的局面，中小学教师培养逐步打破了从师范院校选拔的单一做法，初步形成了师范院校与综合大学共同培养教师的格局，使教师职前培养层次结构重心逐步上移，提高了中小学

---

① 张斌贤：《当前我国教师教育转型现状暨教师培养模式改革研究报告》，教育部师范司委托课题，2006 年。

教师的学历层次。

教师教育从封闭定向走向开放多元是历史发展的必然，是教育发展规律和世界教师教育的大势所趋。但是我国教师教育的改革也存在一些需要引起重视的问题：首先，教师教育的专业性（师范性）削弱。在我国师范院校从旧的三级向新的三级发展与转轨过程中，将工作重心转向了追求专业的综合性和学术性，各级师范类学校都在极力向综合性大学靠拢，削弱了师范专业的师范性。从目前大多数高等师范学校的发展看，无论是在人才培养目标，还是专业学科设置方面，存在着向综合性大学靠拢的趋势，师范类人才培养目标不明确，特色不突出的现象。在专业设置中，师范类院校近年来都在不断地加大非师范类专业的申报和招生，甚至非师范类专业已经超过了师范类专业；由于非师范类专业的增设，导致学校在招生过程中，加大了非师范类学生的招生。师范院校的发展定位不明确，直接导致了高等师范院校发展思路和具体措施的偏差，师范生的培养质量下降，对师范类人才的培养和学科教育研究产生了消极影响。其次，多数转型的院校仍未脱离传统的教师培养模式。多数院校教育专业课程依然是以教育学、心理学、教学法为代表的"老三门"，课程设置中缺乏结合当前基础教育改革的内容，教育实习流于形式，实习质量难以保障，导致师范专业的毕业生不能完全适应新一轮基础教育课程改革的需要。此外，高校的师范专业对优秀中学生没有多大吸引力，师范院校生源质量明显下降。师范院校如何在转型中建立起既符合学校自身的特点，又适应社会对教师教育要求的新的教师教育体系，这是需要进一步思考的问题。

由于我国地域辽阔，地区经济、文化、教育发展水平极不平衡，经济发达地区的教师教育质量和规模都已达到相当高的程度和水平，而广大中西部地区的教师教育在质量和规模上仍然存在极大的提升空间，基础教育教师队伍数量的满足和质量的提高仍有赖于师范院校发挥主导作用，独立设置的师范院校在相当长的时间内仍然占据着一定的地位。首先，我国的教师教育体制转型不能盲目遵循，生搬硬套，必须考虑地区差异，分层次、分步骤地推进我国的教师教育改革。① 其次，新中国师范教育的巨大成就是人类教育史上宝贵的经验财富，多年来师范院校形成的教育学科的专业优势，已成为师范院校的品牌学科。在不断推进现有师范院校的改革过程中，必须保持教师教育的特色和传统。由于教育实习工作在教师教育培养模式中有着重要的作用，教师教育教学能力的培养与提高不仅只能通过教学实践活动才能实现，而且只有使未来的教师在亲身经历的教育情境中去体会教育事业的崇高与艰辛、去感受教学活动的苦与乐，才能真正培养教师的职业道德与情感。因此，必须加强实习基地建设和制度建设。政府应颁布相应的法规，明确教育实习的地位和作用及各部门的责任，加强师范院校与中小学校的合作，推进建立较为稳定、运行有序、合作有保障的教学实习基地。也可以采取安排师范专业学生到农村中小学顶岗实习，原岗位教师"回炉"师范院校进修的方式，既解决学生实习问题，又解决基层教师进修深造的问题。此外，政府要建立和完善优秀毕业生到中小学，特别是农村边远地区任教的制度保障。

（二）探索多元化教师教育培养改革模式，培养高层次师资

在构建教师教育新体系的同时，我国也在探索教师教育培养

---

① 钟秉林：《教师教育的发展与师范院校的转型》，《教育研究》2003 年第 6 期，第 26 页。

模式的改革。为了适应我国经济、社会和文化教育事业的发展的形势，适应我国的教师教育体系日趋开放的现实，以北京师范大学为代表的传统师范大学率先进行新形势下教师培养模式的改革，提出了"大学＋师范"的教师教育模式。即把"学科专业人才培养与教师教育剥离，将教师教育的重心上移到研究生阶段，大力加强研究生层次的高素质的职前与在职研究型教师的培养"的改革思路。为此，北京师范大学提出了在本科阶段按综合性研究型大学专业培养计划对学生进行专业培养，提出实施"4＋x"人才培养模式，通过选择和分流培养，形成培养规格上移的多样化人才培养模式。具体模式如下：

●"4＋0"模式，指学生完成本科阶段学习后即进入社会就业。学生毕业时，通过与用人单位的"双向选择"到各行业就业。如果希望毕业后从事教师职业，就读各专业的学生均可通过选修教师教育模块课程、或修读教育学辅修—双学位课程等多种形式获得从事教师职业资格证书。

●"4＋2"模式，指本硕贯通培养的学士后教师教育模式。非教育专业的学生修完本科专业课程后进入教育学院，接受为期两年的专门的教师职业培养，毕业后到中小学任教。

●"4＋3"模式，指学生完成本科阶段学习后即进入硕士研究生阶段学习，实现本硕贯通培养。

"4＋x"模式的主旨是将学科专业人才培养与教师教育剥离，将教师教育的重心上移到研究生阶段，大力加强研究生层次的高素质研究型教师的培养。在本科阶段的第三学年末，对毕业后志愿从事教师职业的学生经过考核筛选，从中确定进入"4＋2"模式培养的人选。第四学年继续完成本科专业学习，取得学士学位；同时修读部分研究生课程，实现本硕衔接。第五学年开始进入教育学院进行2年教师专门化培养，并最终获得教育学硕士学位。

<h3 style="text-align:center">北京师范大学 4+2 模式教师教育课程模块</h3>

课程类别	课程名称及学分
公共必修与必修环节	马克思主义政治理论（4），外语（4），专业基础课（9），专业方向课（9），教育学原理（3），教育心理学（3），教育研究方法概论（2），课程与教学论（3），教师伦理专题（2），现代教育技术概论（1），中外教育史（4），教学见习，教学实习
公共选修课	研究型学习的设计与评价（1），综合课程的理论和实践（1），STS 课程及实践（1），数据统计与分析（1），个案研究（1），实验研究（1），计算机辅助教学（1），课件制作（1），网络教育（1），学习障碍及诊断（1），教学评价的理论与实践（2），教材研究与课程设计（2），中外教育史专题（2），基础教育改革和发展（3），当代心理学专题讲座（2），各种微型课程（如性别教育；多元文化与教育；农村教育等；）研究报告（1）
专业基础课	按各学科单位要求实施
专业方向课	按各学科单位要求实施
专业选修课	按各学科单位要求实施

除了北京师范大学外，其他师范大学也在进行了教师培养模式的改革。例如：华东师范大学探索实行"基本要求＋需求选择"的多元化教师教育培养模式。华东师范大学围绕"宽口径、厚基础、强能力、高素质"的核心理念，根据"基本要求＋需求选择"的多元化培养模式，按大类招生，不分具体专业。进校后，按大类进行通识培养，一至二年后按学生的专业志愿和自

身条件由学生自主选择。① 这些院校目前的改革还属于初期阶段，尚未形成成熟的有效的经验和模式，但他们改革的思路、模式将为今后我国教师教育质量的提高探索新路，并带动全国从事教师教育院校的改革。

在教师教育体系发生变化之前，我国的高等师范教育机构主要培养本科和专科层次的中小学教师。随着我国开放的教师教育体系的形成，多数师范院校开始培养研究生层次的中小学教师，为我国培养学士后中小学教师进行了有益的探索。

（三）建立教育硕士专业学位制度，不断提升教师的专业化水平

我国目前有 1000 多万中小学教师，拥有世界上规模最大的基础教育教师队伍。为进一步提高中小学教师和教育管理干部的综合素质，适应基础教育改革与发展对优质教师资源的迫切需求，1996 年 4 月 13 日，国务院学位委员会第 14 次会议审议并通过了《关于设置和试办教育硕士专业学位的报告》，批准设置教育硕士专业学位，并决定北京师范大学等 16 所高校为首批试点培养单位。教育硕士学位作为一种具有教师职业背景的专业性学位，主要培养具有较高的教育学科的理论素养及从事基础教育教学的能力，并掌握现代教育教学技术与方法，成为面向基础教育教学和管理工作需要的高层次人才。

1997 年 9 月，首批攻读教育硕士专业学位的学员入学，掀开了我国教育硕士专业学位教育事业发展的序幕。此后，为了适应我国基础教育和教师教育发展的客观需要，我国不断探索教育硕士专业学位教育，取得了丰富的经验。10 年来，教育硕士的

---

① 华东师范大学网站：本专科生招生网

招生对象不断扩大，从最初只招收普通高中在职教师或教育管理人员，扩大到初中专任教师、中等师范学校专任教师或教育管理人员，以及其他类型中等教育专任教师等。到 2003 年，教育硕士的招生对象涵盖了基础教育各级各类学校的专任教师以及各级教育行政部门的管理干部，形成了一个全方位、多层次的服务于基础教育战线的教育硕士的招生体系。与此同时，教育硕士招生和培养的专业领域逐步拓展。1997 年，教育硕士招生和培养的专业领域仅有教育管理和学科教育两个专业、六个专业方向。从 2002 年起，先后增设了四个专业和十一个专业方向。到目前为止，教育硕士招生和培养的专业领域包括：教育管理、学科教学、现代教育技术、小学教育、科学与技术教育、心理健康教育六个专业、17 个专业方向，基本形成了适应我国基础教育需要的教育硕士专业学位专业体系。另外，参加教育硕士培养的院校不断增加，截止到 2007 年，承担教育硕士培养的院校从最初的 16 所增至 57 所，全国教育硕士累计招生约 6.5 万人，目前在校生规模为 3.5 万人。截止到 2007 年 6 月，先后有近 3 万人获教育硕士专业学位，其中绝大多数教师成为学校的教学骨干，2000 多人走上教育局长、中小学校长、幼儿园园长岗位。教育硕士已成为我国培养规模最大的专业学位教育类型之一。① 目前，我国的教育硕士专业学位教育已经形成了具有中国特色的高层次、高素质的教育职业型人才的培养体系，成为我国专业学位教育体系的重要组成部分。10 年来，教育硕士专业学位教育事业取得了丰硕的成果，对基础教育和教师教育的改革发展发挥了重要作

---

① 全国教育硕士专业学位教育指导委员会：《继往开来，改革创新，大力推进教育硕士专业学位教育发展——庆祝教育硕士专业学位教育十周年》，《中国教育报》2007 年 12 月 15 日第 3 版。

用，产生了巨大的社会影响。教育硕士专业学位的设置，不仅完善了我国学位与研究生教育结构和学位制度，而且为基础教育战线教育工作者获取研究生学位开辟了一条有效渠道，提升了广大中小学教师的学历水平和学术涵养，促进了教育领域理论与实践的多元融合，为探索教师专业发展路径起到了相当大的促进作用。

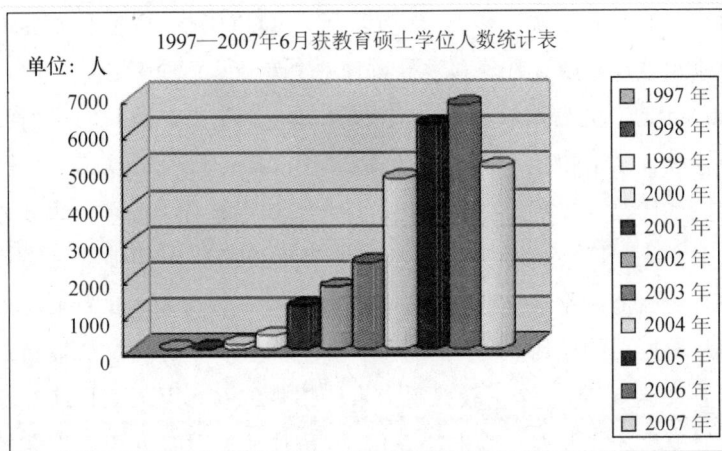

资料来源：全国教育硕士专业学位教育指导委员会：《继往开来，改革创新，大力推进教育硕士专业学位教育发展——庆祝教育硕士专业学位教育十周年》，《中国教育报》2007 年 12 月 15 日第 3 版

（四）完善教师职后培训制度，构建具有中国特色的教师继续教育体系

20 世纪 90 年代以前，由于我国相当一部分中小学教师未达到国家规定的学历合格标准，教师培训和进修制度实际上是对师范教育制度的补充，教师培训以"学历补偿教育"为重心，主要对不具备相应学历的教师进行学历培训。随着我国中小学教师

学历达标率的逐步提高，20世纪90年代以后，我国的中小学教师培训进入到继续教育与学历补偿教育并存，并逐步由学历补偿教育转移到继续教育的新阶段。1990年10月，国家教委召开了全国中小学教师继续教育工作座谈会，并于12月下发了《全国中小学教师继续教育工作座谈会会议纪要》，明确规定了中小学教师继续教育的原则、内容、形式、途径等，极大地促进了全国中小学教师继续教育的发展。1996年9月召开了第五次全国师范教育工作会议，提出在学历补偿教育基本完成之后，将中小学教师培训转移到继续教育上来。1998年，教育部在颁布实施的《面向21世纪教育振兴行动计划》中提出了"跨世纪园丁工程"。1999年，教育部颁发了《中小学教师继续教育规定》，提出实施"跨世纪园丁工程"和"中小学教师继续教育工程"，开展中小学教师和校长的全员培训。同时，旨在促进在职培训信息化发展的"现代远程教育资源工程——中小学教师继续教育网络资源建设项目"业已启动，开始探索用现代化手段开展在职培训的新途径和新模式。2000年12月6日，北京师范大学成立了全国第一所专门从事各级各类教师继续教育的机构——继续教育与教师培训学院，探索建立学位教育和非学位教育、职前教育与继续教育相结合的一体化的人才培养模式。同年12月21日，中国中小学教师网正式开通，利用计算机网络对中小学教师开展继续教育。中国中小学教师网为我国1000多万中小学教师的终身学习提供了一个广阔的平台，对于推进中小学教师继续教育工程，完善中小学教师继续教育制度，提高中小学教师队伍的整体素质具有十分重要的意义。

目前，随着我国中小学教师继续教育类别、形式和模式日趋多元化，开展继续教育的机构呈现出多元化格局，除教师进修院校外，师范院校、综合大学、研究机构和广大中小学校等都积极参与中小学教师继续教育，已基本形成了以现有师范院校为主体、其他高等院校和中小学学校共同参与、职前培养与职后培训相沟通的、多形式、多途径的教师继续教育体系。中小学教师通过各种渠道接受继续教育，学历水平显著提高，更新和扩展了专业知识，转变了教育思想和观念，增强了科研意识和能力。到2007年，我国小学专任教师学历合格率达到了99.1%，初中专任教师学历合格率为97.18%，高中专任教师学历合格率为89.30%。① 我国的中小学教师队伍的整体素质有了较大的提高，为我国的教育事业发展发挥了十分重要的作用。

三 修改与完善教师教育政策

教育是"民族振兴的基石"，振兴教育的希望在教师，教师素质的高低直接关系着亿万青少年学生的健康成长，直接关系着国家的发展和民族的未来。为了提高教师整体素质和业务水平，中国政府相继出台了一系列改革和完善教师教育的政策、制度，对优化教师队伍结构，提高教师社会地位和整体素质等方面都发挥了重要作用。

（一）实施教师资格制度：推动教师队伍建设法制化进程

新中国成立初期确立了与基础教育相对应的独立的师范教育体系，承担基础教育各个阶段的师资培养任务，中等师范学校培养小学教师、师范专科院校培养初中教师、师范本科院校培养高

---

① 《教育部发布2007年全国教育事业发展统计公报》，《中国教育报》2008年05月05日。

中教师。长期以来，我国以独立设置的师范院校为主体的师范教育体系，几乎承担了全部基础教育师资培养的任务，支撑了世界上最庞大的中小学教育，为各级各类学校特别是中小学输送了大批师资，为稳定教师队伍，支持基础教育以及促进我国教育事业的发展作出了巨大贡献。但是由于我国自新中国成立以来缺乏对教师任职资格条件的法制规范，缺乏衡量从业人员政治思想素质、知识结构和工作能力的尺度，致使我国在相当长的时间里，不按教师资格条件录用教师的现象较为普遍，以致大量的不具备教师资格条件者进入教师队伍，教师队伍素质参差不齐，整体素质得不到保证。20世纪90年代以来，教师教育的重点从满足教师数量的扩充向提高教师质量转变，提高教师学历水平和整体素质，成为教师队伍建设、教师教育的主要任务。高质量的教师需要严格的制度保障，教师资格制度因其在保证教师质量方面所表现出来的不可替代作用，必然成为教师质量保障体系的核心内容。因此，改革教师教育体制，实行教师资格证书制度，成了我国提高教师质量的重要途径。

20世纪80年代后期我国开始酝酿建立教师资格制度。1986年4月12日，第六届全国人民代表大会第四次会议通过的《中华人民共和国义务教育法》（以下简称《义务教育法》）第三十条规定："教师应当取得国家规定的教师资格"。1986年9月6日，国家教育委员会发布了《中小学教师考核合格证书试行办法》，规定对不具备国家规定学历的教师，经培训并通过相应考核后颁发《教材教法考试合格证书》或《专业合格证书》。这一制度实行后，大批学历不合格的中小学教师参加了"两证书"的考核，教师学历达标率有了明显的提高。仅1987年度，就有77万、37万、6万学历不合格的小学、初中、高中教师参加了《专业合格证书》的考试，分别占小学、初中、高中学历不合格教师的67%、31%、24%。专业合格证书制度带有明显的过渡性质，但却为实行严格的教师资格制度打下了基础。到 1991 年底，小学、初中、高中教师合格学历的比例已经分别达到 80.7%、51.8%、47.2%，另外，有 60 多万中小学教师取得了《专业合格证书》，中小学教师的素质有了明显的提高。①

　　1993 年 10 月 31 日，第八届全国人大常务委员会第四次会议审议通过了《中华人民共和国教师法》（以下简称《教师法》）。《教师法》第十条提出："国家实行教师资格制度。"《教师法》不仅规定了教师的权利、义务及保障权益、保障教师待遇的具体措施，而且分别对取得教师资格的对象及其条件等事宜作了规定。《教师法》第一次以国家法律形式确立了教师资格条件的国家标准，它的颁布是我国教师资格制度建设的新的历史起点，标志着教师资格制度开始迈入法制规范阶段。1995 年 3 月通过了《中华人民共和国教育法》，再次以国家法律形式明确规定国家实行教师资格制度。1995 年 12 月 12 日，教育部颁发了细化《教师法》有关教师资格条款的《教师资格条例》，提出了实施教师资格制度的具体规划，对教师资格的分类与使用、申报教师资格的条件、教师资格考试、教师资格认定等都做了详细的规定。1995 年 12 月 28 日，国家教委颁发了《教师资格认定过渡办法》的通知，依照《过渡办法》对符合条件的在职在岗的教师资格进行认定。

　　为积极稳妥地做好全面实施教师资格证书制度的准备工作，教育部从 1998 年 4 月至 1998 年底在上海、江苏、湖北、广西、四川、云南 6 个省（市、自治区）的部分地区进行了面向社会认定教师资格的试点工作。在总结教师资格过渡工作和面向社会认定教师资格的试点工作经验的基础上，又经过深入调查研究，

---

　　①　金长泽主编：《师范教育史》，海南出版社 2002 年版，第 252 页。

最终于 2000 年 9 月颁布了《〈教师资格条例〉实施办法》。2001年 4 月以来，教师资格认定工作全面铺开。

《〈教师资格条例〉实施办法》与此前颁布的《教师法》中确立的"国家实施教师资格制度"的原则规定、《教师资格条例》确立的教师资格制度实施的具体规划，共同构成了我国教师资格制度法制规范的完整体系。教师资格制度的全面实施对于我国教师队伍建设和教育事业的发展具有十分重要而深远的意义。自 2001 年全面实施教师资格制度以来，教师资格制度对我国教师队伍建设和教师教育产生了很大的推动作用，教师队伍素质已经获得明显提高。从 2001 年开始我国全面实施教师资格制度，到 2007 年底共有 1963 万多人取得教师资格。截至 2007 年底，全国共有中小学专任教师 1052 万，其中农村教师 491.7 万。在学历构成方面，中小学教师队伍中拥有大专学历的小学教师达66%，拥有本科学历的初中教师占 47%。[1] 教师资格制度的实施促进了教师来源多元化和高质量的教师储备队伍，为建立起多元化的教师教育体系提供了制度保障，促使我国教师队伍建设逐步走上科学化、法制化和规范化的轨道。但是，我国的教师资格制度还刚刚起步，与国外成熟的教师资格制度相比，还存在着很多问题。如教师资格制度建设仍停留在法规、政策方面，制度规定的内容宽泛、笼统，不易进行实际的操作，适宜现代社会需要的教师资格认证标准、教师资格认证体系等还没有建立起来。这些问题都是制约我国教师资格制度走向成熟和完善的障碍。因此，需要积极推进《教师法》、《教师资格条例》、《〈教师资格条例〉实施办法》的修订和完善工作，针对教师资格认定过程中出现的新情况和新问题，提高教师资格标准，强化教师教育教学能力

---

① 《中国教育报》2008 年 4 月 17 日第 1 版。

要求，研究制定教师资格制度实施工作的政策；加强对教师资格制度实行情况的监督管理，积极推进教师资格认定工作的信息化建设，严格操作程序，推进教师资格认定工作的科学化、规范化和标准化；大力支持学术界对教师资格制度开展深入研究，科学借鉴国外教师资格制度的经验，为教师资格制度的实践操作提供更多的理论支撑。同时建立教师资格制度的配套措施，做好教师资格制度与教师任用制度和职务聘任制度的衔接。

（二）重启免费师范教育之门：倡导尊师重教的社会风尚

长期以来，我国师范教育为基础教育输送了大批合格师资，为教育事业发展做出了巨大贡献。20世纪90年代以来，随着市场经济改革的深化，我国各地区间经济和社会发展不平衡状况加剧，教育发展不均衡、不公平的现象比较突出。解决这些问题的关键是提高教师地位和职业吸引力，建设德才兼备的教师队伍，促进教育均衡发展和教育公平，不断满足人民群众日益增长的接受高质量教育的需求。师范生免费教育政策的目标就是要培养大批优秀的教师，进一步形成尊师重教的浓厚氛围，让教育成为全社会最受尊重的事业。

新中国成立后，国家长期对师范教育实行免费政策，师范生不仅免收学费和其他费用，而且每个月还发生活费，家庭困难的学生还有助学金，吸引了许多家境贫寒而又优秀的学生，对促进师范教育发挥了极为重要的作用。由于国家财力不足，难以支撑庞大的高教开支，我国在20世纪90年代开始引入教育成本分摊机制，向学生收取学费，师范生也不例外。1993年，国家出台《中国教育改革和发展纲要》，规定非义务教育阶段收取一定比例的培养成本费用。此后，除农林、师范、体育等专业的其他专业开始收费。1997年之后，我国实行高等教育培养机制改革，确定了非义务阶段教育按照成本分担原则缴费入学，高等师范院校从2003年开始对师范生实行全额收费。不久，师范教育收费的负面影响开始显现。在师范生收费教育制度实施以前，由于免收学费，师范大学或学院还能招到许多优秀的学生，但自师范生收费教育制度实施以后，出于成本效益的考虑，许多优秀高中毕业生放弃了报考教师教育专业，报考师范院校的优秀生源明显减少，师范院校的生源质量迅速下滑。加之缺乏相关优惠政策支持，比较优秀的师范毕业生不愿意从事教育工作，更不愿意到农村以及边远贫困地区任教，导致教师资源分布不均衡。

与师范院校收费相伴而生的突出现象是，近几年来师范类院校不断撤并、升格，很多师范院校在合并过程中消失，有实力的师范大学纷纷向综合性大学转型脱掉"师范"帽子，淡化或削弱了原有的教师教育的特色与优势。1999—2005年，全国师范专科学校由140所减少到58所（其中新建17所），中等师范学校由815所减少到228所（含幼师62所），而高师本科院校却由87所增加到96所[①]。师范院校综合化、向综合性大学转型的目的是提高师范专业的学术水平，但事实是这些学校都热衷于扩大非师范专业，忙于升格，想挤入高校名牌，因而有不少学校不是借用综合学科的优势来加强师范专业，而是抽调师范专业的教师去充实其他新建立的学科，反而削弱了师范专业，其后果是师范院校数量急剧下降，教师教育被边缘化，师范生生源质量明显下降，教师专业吸引力下降，农村教师队伍出现结构性短缺。[②]

[①]　《吸引最优秀的学生师范教育为何重归免费时代》，《光明日报》2007年4月11日。

[②]　顾明远：《我国教师教育改革的反思》，《教师教育研究》2006年第6期，第4页。

　　为了改变这个局面，中央政府决定在教育部直属六所师范大学实行师范生免费教育，其目的就是要进一步形成尊师重教的浓厚氛围，让教育成为全社会最受尊重的事业；就是要培养大批优秀的教师；就是要提倡教育家办学，鼓励更多的优秀青年终身做教育工作者。"三个要"成为理解中央政府推出师范生免费教育的一个根本出发点。

　　2006 年 5 月 4 日，温家宝总理视察北京师范大学，与师范大学的师生进行了座谈。2006 年 7 月至 11 月，温家宝总理在中南海先后主持召开四次教育工作座谈会，邀请了教育界专家，分别就教育形势、基础教育、职业教育、高等教育展开座谈。在 2006 年 8 月 22 日的基础教育座谈会上，中国教育学会会长、北京师范大学教授顾明远先生建议恢复免费师范教育，得到温家宝总理的回应，温总理提出要大力支持师范教育，在 6 所部属师范大学率先实行免费师范教育。温总理的提议得到了教育部和部属师范大学的高度重视。从 2006 年 11 月到 12 月，教育部和相关学校开始讨论制定部属师范大学师范生免费方案和招生、培养、就业等有关政策。2007 年 2 月 4 日，温总理到东北师范大学调研实施免费师范生政策。据东北师范大学党委书记盛连喜委员回忆说，当时总理说："现在报纸、杂志宣传讲科学家的多，讲文学家、艺术家的也不少，但讲教育家的不多，要大张旗鼓地讲教育家，宣传教育家，中国得有成千上万的杰出的教育家来办学。""国家的兴亡和发展，最终在于国民的素质，在于教育，在于人才。""我们让最好的学生，包括家里最困难的学生，都积极地投考师范院校，让最好的学生去当老师。因为这个社会，只有最好的学生，最有才华的人，也就是说，德智体美全面发展的人去当老师，才能把年轻一代带好、教好、培养好。这恐怕是关系子孙后代、关系国家发展的大局的事情。"① 从温总理的言谈中我们可以感受他对师范教育和教师地位的关切和重视。

2007年3月2日，国务委员陈至立主持召开会议，听取教育部、财政部关于师范生免费教育工作汇报，免费师范教育实施方案的总体思路和基本原则得到确定。2007年3月5日，国务院总理温家宝在十届全国人大五次会议《政府工作报告》中宣布，为了促进教育发展和教育公平，将在教育部直属师范大学实行师范生免费教育，进一步形成尊师重教的浓厚氛围，让教育成为全社会最受尊重的事业，鼓励更多的优秀青年终身做教育工作者。5月9日温家宝总理主持召开国务院第176次常务会议，讨论并原则通过《教育部直属师范大学师范生免费教育实施办法（试行）》。会后国务院办公厅转发了《教育部等部门关于教育部直属师范大学师范生免费教育实施办法（试行）的通知》（国办发〔2007〕34号），决定从2007年秋季起在教育部直属的北京师大、华东师大、东北师大、华中师大、陕师大和西南大学等6所部属师范大学实行师范生免费教育，免费教育师范生在校学习期间免除学费、免缴住宿费，还将补助生活费。所需经费由中央财政安排。部属师范大学师范专业实行提前批次录取，择优选拔热爱教育事业，有志于长期从教、终身从教的优秀高中毕业生。免费师范生入学前须与学校和生源所在地省级教育行政部门签订协议，承诺毕业后回生源所在省份中小学任教并从事中小学教育工作10年以上。此后，教育部等有关部门即与6所部属师范大学的校长讨论新政策的具体实施办法，采取提前批次录取、重点招中西部生源、完善教育教学等措施，吸引优秀学生报考。

---

① 《总理调研师范生免费政策：要让最好的学生当老师》，《中国青年报》，2007年3月6日。

2007 年 7 月，6 所部属师范大学开始招收免费师范生，共招收免费师范生 10933 人，免费师范生在各地的提档线平均高出省重点线约 30 分，平均成绩高出省重点线约 41.7 分，生源结构和质量均好于往年，中西部更为明显，中西部地区生源有所增加，占全部生源的 90.8%；农村生源占全部生源的 60.2%，比上年增加 16 个百分点；男生比例有所增加，达到 38.7%。[①] 部属师范大学实行师范生免费教育，意味着近代中国在相当长时间内实行的师范生免费制度重返大学校园。

【相关链接】

　　■师范生免费教育政策的主要内容

　　师范生四年在校学习期间免缴学费、住宿费，领取生活费补助；免费师范生入学前与学校和生源所在地省级教育行政部门签订协议，承诺毕业后从事中小学教育十年以上。到城镇学校工作的免费师范毕业生，应先到农村义务教育学校任教服务二年。国家鼓励免费师范毕业生长期从教、终身从教。

　　■免费师范生享受的四项优惠政策

　　一是由中央财政负责安排免费师范生在校学习期间的学费、住宿费和生活费补助；二是由省级教育行政部门负责落实免费师范毕业生的教师岗位；三是免费师范毕业生在协议规定服务期内，可在学校间流动或从事教育管理工作；四是为免费师范毕业生在职攻读教育硕士提供便利的入学

---

① 教育部 2007 年第 8 次例行新闻发布会，教育部网站（http://www.moe.gov.cn/edoas/website18/34）。

条件。①

师范教育免费政策出台得到社会各界的广泛热烈欢迎。中国教育学会会长、北京师范大学教授顾明远说："当我听到国务院总理温家宝在十届全国人大五次会议政府工作报告中宣布，在教育部直属师范大学实行师范生免费教育时，心里特别激动。在8月22日参加温家宝总理主持的教育工作座谈会上，我曾给总理建议，实施师范生免费教育。没想到这个建议写进了政府工作报告，成为了国家的一项教育政策，这表明政府对这件事早有考虑。"② 实行师范生免费教育表明了党中央、国务院优先发展教育和振兴师范教育的决心。当前，提高义务教育教师质量是我国农村教育的关键问题之一，在我国许多地区，特别是广大贫困、边远、条件艰苦的农村地区，义务教育阶段存在着严重的师资不足的状况，亟须补充合格的教师，培养造就一大批优秀教师是当前教育发展的迫切需求，实行师范生免费教育是适应这一需求的重要举措。这次国家对师范生实行免费培养，是我国落实教育优先发展战略、促进教育公平的一个积极信号，对自上而下形成重视师范教育的观念，为师范大学吸收更多、更优秀的人才投身我国的教育事业具有深远的意义。西南大学的调查结果显示，69.9%的同学认为这样的政策出台能够增强师范专业的招生竞争力，72%的同学认为此举能够让更多优秀的贫困生上得起好大学，促进教育公平。③ 师范院校更感到十分振奋，因为可以吸引

① 资料来源：《中国教育报》2007年5月23日第1版。

② 张英、张怡微：《温总理力推师范生"免费"变革，提得最多是"公平"》，《南方周末》2007年09月27日。

③ 《调查显示：师范生免费教育政策引起师范生关注》，新华网（http://www.jsb.com.cn）。

更多优秀而家庭贫困的孩子走进师范大学校门。由于我国经济发展不均衡，农村经济比较落后，加上社会保障和资助体系不健全，使得一些下岗工人和农村贫困家庭子女面临失学，这显然有悖于教育公平，也不利于社会阶层的正常流动与社会和谐发展。而师范生免费教育制度的全面恢复在一定程度上可以缓解这一矛盾，促进社会公平，有利于和谐社会建设。一些家庭经济困难的学生也坚定了报考师范大学做教师的想法。"如果没有免费师范政策出台，我可能就上不了大学了。"19岁的武汉女孩王潇，父母都是下岗职工，家境困难。在收到华中师范大学免费师范生录取通知书当晚，她控制不住激动的心情，给温家宝总理写了一封信，表示感谢。此外，师范教育免费政策能够在社会上进一步形成尊师重教的浓厚氛围，提高师范专业的吸引力，减轻学生家庭的经济负担，吸引优秀青年选择读师范，有助于教师素质的整体提高。

为落实这项重大举措，需要尽快在招生、培养、就业等方面进行细致的制度设计。新中国成立以来曾长期实行师范生免费教育。但是，在社会主义市场经济体制下，随着师范大学教师培养模式的改革和大学生择业方式的转变，师范生免费政策不可能按照原来计划经济体制下的方法来实施。如何建设与师范生免费教育相关的系列制度，进行新的制度设计，保障这些制度的落实和执行显得刻不容缓。在招生制度设计上如何从制度上保证能够让优秀生源进入师范院校，是实施师范生免费、解决中小学优质师资缺乏的起点；在培养制度设计方面，如何对现行教师培养模式进行改革，提高师范生的教研能力和创新能力，培养师范生的职业精神，使学生毕业后真正乐意扎根农村、扎根西部，从事中小学教育工作；在就业制度设计方面如何保证接受免费师范教育的毕业生"下得去"、"待得住"，成为西部地区农村中小学稳定的教师来源，才是保证免费师范生政策实施效果的关键。在计划经济时期，所有师范生不仅都是免费的并且毕业都包分配工作，而自实施师范生收费教育制度后，毕业生就业主要是双向选择，自主择业。那么，重新实施师范生免费教育制度以后，如何保证免费师范生毕业后服务基层将面临挑战。虽然根据权利与义务对等的原则，免费师范生入学之初，学生、学校、生源所在地的省、市、县人事和教育主管部门可以通过签订就业服务合同，或者由教育主管部门统一设计免费师范生入学承诺书，规定免费师范生毕业后的服务年限、就业地区和学校类型等。但是，毕业生不愿意到基层农村任教、农村教师不足、质量不高的关键原因，主要在于城乡差异和不同学校差距的扩大，各种政策优先向城镇学校倾斜，农村教师待遇低、工作压力大。从长远来看，如何改善西部农村教师的待遇和工作环境，让他们安心在基层工作才是更为重要的。因此，从改变基层教育条件入手，提高边远地区教师准入的要求，不断提高西部地区教师的地位和待遇，吸引师范生到师资匮乏的困难地区就业，才是解决农村教师不足、质量不高的关键。

另外，如何在教育部六所直属师范大学免费试点工作的基础上，在地方师范院校逐步实施师范生免费教育政策也是将要面临的问题。免费师范教育的回归，真正体现了国家"教育优先"、"教育为本"发展理念，目的在于解决长期以来困扰我国中西部落后地区的师资问题、教育资源流失问题，在某种程度上调整东西部的教育不公平现象。目前，从六所试点院校招生计划来看也是如此，绝大部分都偏向中西部考生，只有少数名额在东部地区投放。然而，我们要想解决中国落后地区的教育问题，仅靠这六所部属院校的力量是远远不够的。从师范生的总量和基层就业的分布看，地方师范院校培养的师范生数量更多，是教师队伍中的主力军。更重要的是，地方师范院校贫困生以及到农村学校工作的学生比例更高，对免费政策的需求更加迫切。然而，地方推行免费师范生教育却存在财政困难。在师范生免费政策提出之初，就有大量专家为地方师范院校的发展呼吁更大的关注和支持，提出在每个省、市、自治区范围内对中小学和幼儿园的师资需求作认真、周密的调查研究，按照学科、城乡需求做好中长期师资需求预测，然后再制订免费师范专业的发展规划和年度招生计划。按照各地、市、县上报的需求进行定向的定单培养，更有利于把师范生教育的质与量与基础教育需求对接起来。中央政府可根据各地区的实际情况，加大对中西部地区的财政转移支付的力度，重点助推西部地区。

总之，师范生免费教育是一项系统工程，除从招生、培养方案、就业、体制机制等方面统筹规划外，还需要其他配套保障措施，比如：地方政府如何为师范生就业、继续教育、职业发展和社会保障提供支持，创造良好的条件和环境使师范生免费政策能够真正吸引优秀青年从事教育工作。可以预计，"师范生免费教育"将为农村贫困地区输送一批又一批高水平的优秀教师，有效改善当地的师资水平。但要让这些毕业生自愿扎根农村、矢志不渝地服务教育，还必须从根本上解决问题，就是要花大力气提高教师待遇，提高教师的社会地位，改善他们的生活环境，让这个职业本身具有更多的吸引力，真正做到让人民教师成为太阳底下最光辉的职业。

我国教育硕士培养的学术化
倾向及改革对策[*]

教育硕士专业学位教育是我国专业学位研究生教育体系的重要组成部分。我国教育硕士专业学位教育经过 10 多年的探索和实践，已初步形成了具有中国特色的高层次、高素质的教育职业型人才培养体系，为我国基础教育领域输送了大批高素质的中小学教师和教育管理干部，提升了中小学教师和教育管理干部队伍的整体素质和专业化水平，对于促进我国基础教育和教师教育改革发展发挥了重要作用。但是，由于我国教育硕士专业学位教育起步较晚，高校对教育硕士培养目标存在错误认识，加之受教育学硕士学位教育模式和经验的影响，因此，在教育硕士培养过程中不同程度地存在向教育学硕士学位教育标准趋同的学术化倾向，导致教育硕士陷于既没有明显的专业学位特色而学术性又不及教育学硕士的尴尬境地，影响了教育硕士专业学位教育的质量。

---

* 本文发表于《高等教育研究》2010 年第 5 期。

一 我国教育硕士专业学位
教育的学术化倾向

（一）教育硕士培养目标与教育学硕士趋同，偏离专业学位的目标定位

我国《关于开展教育硕士学位试点工作的通知》明确规定："教育硕士专业学位是具有特定教育职业背景的专业性学位，主要培养面向基础教育教学和管理工作的高层次人才。教育硕士与现行的教育学硕士在学位上处于同一层次，但规格不同，各有侧重。"教育硕士是指向特定教育职业背景的专业学位，主要培养基础教育领域的实践性、应用型人才，更注重实际应用能力，要求学位获得者具备扎实而全面的理论素养和较高的基础教育教学或管理能力；而教育学硕士专业学位主要培养学术性人才，更强调学术科研能力的提高，要求学位获得者掌握本学科前沿性的理论和一定的学术研究能力。教育硕士作为一种专业学位，与学术性学位相比，其目标定位应充分体现实践性、职业性等特色，以培养从事实际工作的应用型、复合型高层次"临床专家型"教师为目标，适应基础教育改革与发展对教师素质和能力的新要求。

虽然从理论上讲，我国非常明确地规定了教育硕士的培养目标不同于教育学硕士，但是在很多办学者的思想观念及实践中，基本上是按教育学硕士的培养目标"降格"处理，把教育硕士当作在职的教育学硕士培养[1]，逐渐偏离了"职业性"目标定

---

[1] 周光明、傅定涛：《教育硕士培养的学术性与实践性辨析》，《湖南科技大学学报（社会科学版）》2008年第5期，第114页。

位，走向追求"学术性"的误区。究其原因，主要因为我国教育硕士专业学位是新型学位，缺乏可以借鉴的成功经验和准备，许多院校的教育硕士和教育学硕士的培养基本上是"两块牌子，一套人马"，照搬学术性研究生的培养模式和教学方式，不同程度地存在学术化倾向，重学术研究、轻实践应用的现象比较突出，重视教育基本理论和专业知识的学习，忽视中小学基础教育所需要的教育教学能力和实践能力的培养，在客观上造成了教育理论与教育实践的脱节，导致教育硕士专业学位教育的职业性特色不明显。据调查，目前教育硕士培养存在的突出问题就是理论与实践脱节，结合教学第一线的课题研究太少，实践性研究成果的推广不足。①

（二）教育硕士的课程教学体系与教育学硕士趋同，偏离专业学位的实践性特色

教育硕士专业学位教育的课程教学体系是其培养工作的重点和中心，是体现培养目标和落实教育原则的载体。我国《教育硕士专业学位教学大纲》规定：教育硕士专业学位课程设置包括学位公共课、专业必修课及专业选修课三类，教育硕士至少要修12门、34学分的课程，其中学位公共课程包括：政治理论、外语、教育学原理、教育心理学和现代教育技术五门课程，学位公共课采用统一的教学大纲，总学分为15学分，占教育硕士专业学位最低学分要求34学分的44.1%；专业必修课程与专业选修课程依照学科方向由培养单位自行开设，每个学科方向一般开设5—6门专业必修课，每门课程2—3学分，

---

① 全国教育硕士专业学位教育指导委员会秘书处编：《教育硕士专业学位工作资料汇编（第二辑）》，2001年，第269页。

总共 15—16 学分；专业选修课一般开设 4—8 门不等，最低修满 3—4 学分。从课程的学分分布看，学位公共课和专业必修课总共达 30—31 学分，学位课程和专业必修课程比重过大，选修课程无论是从学分数量还是从可供选择的数量种类来说都是比较少的，很难满足学生选择符合自己需求和兴趣的课程，不利于学员根据工作岗位的需要和现在的基础形成自己的岗位核心素质。从课程的课时分布看，学位课程、专业必修课程和专业选修课三类课程的课内总学时为 844，学位课程、专业必修课程和专业选修课的课时分别为 496、276、72，分别占课内总学时数的 58.8%、32.7% 和 8.5%（见表 1）。其中，马克思主义理论与外国语课程共计 6 个学分，课内学时为 328，约占课内总学时数的 38.9%；可供选修的课时数为 72 学时，仅占总课时数的 8.5%。[①] 可见，课程体系中学位公共课程所占比重偏高，政治、英语以及教育类课程内容重复学习，教育理论课程与学科专业课程之间缺乏实质性的融通或综合[②]，课程的实用性、针对性不强，教学效果不理想；理论学习性的课程居多，培养教学技能方面的课程较少，实践指导类课程严重不足，强调了教育硕士专业学位的共性，淡化了研究方向的特色，没有体现教育硕士专业学位教育课程的实践性特色。

　　由于我国教育硕士课程培养方案受教育学硕士培养方案的影响，教育硕士课程教学体系基本上是全日制研究生教育的浓缩与

---

　　① 叶引娇：《我国教育硕士专业学位教育研究》，硕士学位论文，浙江师范大学，2006 年，第 32 页。

　　② 武玉国、韩延伦：《教育硕士课程设置科学性问题探讨》，《学位与研究生教育》2007 年第 4 期，第 49 页。

表1　　　　　　　　　　**教育硕士课程结构比例**

	课程门数	学分	比例	课内总学时	比例
学位公共课	5	15	44.1%	496	58.8%
专业必修课	5	15	44.1%	276	32.7%
专业选修课	2	4	11.8%	72	8.5%
合计	12	34	100%	844	100%

翻版（见表2）①，课程设置模仿学术型研究生教育以学习理论知识为主线的学科课程体系，课程教学一直沿用普通教育学硕士的学术化教学模式。对于相同专业或方向的教育硕士和普通教育学硕士来说，不仅课程设置差别不大，而且课程内容和教学方法也大同小异，课程教学也主要以学位课程学习为主，重理论教学而疏离教学实践，教学方式以教师的课堂讲授为中心、以传授教育理论知识为中心，教学内容脱离基础教育实际，教学方法和形式比较单一，主要还是"从理论到理论"的灌输。此外，在教育硕士课程教学与论文的指导过程中，学术化倾向也十分明显。在承担教育硕士专业学位课程教学的教师队伍中，学术理论素养高的教师较多，而熟悉基础教育并能运用所学理论解决基础教育实际问题的教师数量较少。不少教师对教育硕士的培养存在错误的思想认识，认为学术性是衡量教育硕士质量高低的体现，没有学术性就谈不上高层次、高水平的专业学位，因此在教育硕士课程教学和论文指导过程中不可避免地套用学术性教育学硕士的培养标准评判教育硕士学位的专业水准，比较关注教育理论研究的深度而忽视教育实际问题，常常要求教育硕士

---

① 朱新根：《论教育硕士课程设置及其建设》，《清华大学教育研究》2006年第4期，第115—116页。

花大量的时间做理论层面的研究以确保论文的学术理论深度，结果导致许多教育硕士的课程学习、论文选题和研究方法盲目向学术性教育学硕士看齐，仅关心理论研究，极少关注教育实际问题的应用性研究，论文选题不能与自己从事的教育实践结合起来。[①]

表2　×××师范大学教育硕士专业学科教学（数学）方向和
课程与教学论专业（数学教育）方向硕士研究生课程设置对照表

课程名称	教育硕士专业（数学）	课程与教学论专业（数学教育）		比较结果
	学分	课时	学分	
政治★	3	90	4	课程相同学分不同
外语（含专业外语）★	5	216	6	课程相同学分不同
教育学原理★	3	36	2	课程相同学分不同
数学教学论	3	54	3	完全相同
教育心理学★	3	54	3	完全相同
教育技术学★	3	54	3	完全相同
教育科学研究方法★	3	36	2	课程相同学分不同
现代数学概览	3	54	3	完全相同
现代数学与中学数学	3	54	3	完全相同
中学数学教学研究	3	54	3	雷同

注：★代表公共课，此表转引自朱新根《论教育硕士课程设置及其建设》，《清华大学教育研究》2006年第4期。

---

① 李炎芳、但昭彬：《我国教育硕士专业学位师资队伍建设研究》，《教育研究》2002年第12期，第66页。

总之，我国大部分高校的教育硕士课程教学体系都是依托于培养学术性教育学硕士的基础来进行的，在学科化的课程教学体系和学术化的质量评价标准制约下，教育硕士的课程教学体系建立在学科知识体系的基础之上，高深理论占据了主导地位，专业性、技能性的课程教学内容被淡化，在很大程度上忽视了中小学实际教育教学的需要，以及教师职业和专业发展的实践需要，没有突出教育硕士课程实用性强、服务于基础教育教学的特点，造成教育硕士培养异化成为教育学硕士，不能很好地体现培养"应用型"人才的特点。

（三）教育硕士的学术型师资队伍，不符合专业学位应用型人才培养的需要

我国教育硕士专业学位教育缺乏专职的教学队伍和指导教师，基本是依靠教育学硕士指导教师队伍，不能充分适应教育硕士专业学位培养工作的要求。目前，高校教育硕士指导教师队伍主要包括大学课程与教学论专业方向的研究生导师，以及教育学其他专业方向的研究生导师，同时外聘了部分重点中小学具有高级专业技术职务的教师及基础教育管理专家等作为教育硕士的指导教师。从我国教育硕士指导教师队伍的构成可以发现，教育硕士指导教师的主体仍然是由各高校学术型学位研究生的指导教师兼任，这部分教师具有学历层次高、学术能力强的优势，但是他们普遍存在对基础教育情况了解不够，缺乏从事教育硕士专业学位相关领域实践背景的缺陷。而且，他们长期受传统学术性硕士教学和指导方式的影响，习惯于用教育学硕士的培养方式来指导教育硕士，在教学方式方面偏重于课堂教学和纯理论知识的传授，常常用学术性、研究性学位的学术标准来衡量专业学位教育质量，认为专业学位的学术水平不高，不屑于从事教育硕士专业

292 / 第四编 关于教师教育的探讨

学位教育，因此他们缺乏关注和了解基础教育、钻研专业学位教育特点的主动性和积极性。由于他们普遍缺乏基础教育教学与管理的科研积累和实践经验，指导过程中偏向导师的专业特长，偏离学生的职业实践，案例教学和实践环节的指导能力不足，疏远了专业学位的职业性和实践性，背离了专业学位教育的宗旨，很难满足教育硕士专业学位教育的需要。① 尽管为了弥补教育硕士专业教师队伍在教育实践方面不足的缺陷，加强高校与基础教育学校之间的联系和交流，高校也聘请了部分基础教育学校的专家参与教育硕士的教学及培养工作，但是，由于受到教学经费、管理体制等方面的限制，在实施的过程中往往流于形式，没有达到预期的效果。

二 我国教育硕士专业学位教育学术化倾向的对策

（一）正确认识学术性与实践性之间的关系，坚持应用型人才培养的专业学位目标定位

我国设立教育硕士专业学位的初衷主要源于基础教育教师专业化发展的实践需要，其主要目的是为基础教育领域培养高层次的应用型专业人才，专业性、职业性和实践性而非纯粹的学术性是教育硕士区别于教育学硕士的主要依据。教育硕士专业学位和教育学硕士学位作为两种完全不同类型的学位，只有特色的不同而不存在水平高低的差异。因此，我们不仅要从理论上充分认识到教育硕士的独特性，澄清对教育硕士目标定位

---

① 杨启亮：《扬长补短——教育硕士学位论文的指导》，《学位与研究生教育》2008 年第 3 期，第 26 页。

的错误认识，制订不同于教育学硕士的培养方案，而且要在教育硕士培养的各个环节坚持教育硕士专业学位的目标定位，反对套用学术性教育学硕士的"学术本位"的标准来衡量教育硕士的质量，避免教育硕士的培养向教育学硕士培养标准趋同的现象，从而使教育硕士真正成为一种既具有硕士研究生水准，又具有独自存在价值和意义的特色学位。相反，如果教育硕士一味模仿教育学硕士，很可能发展成为教育学硕士学位的"缩水版"，也就失去了教育硕士存在的意义。教育硕士专业学位的应用性、职业性目标定位决定了其专业学位的实践性特色，因此我们必须强调教育硕士专业学位的实践性。但是我们决不是要放弃对教育硕士的学术要求，教育硕士专业学位毕竟是硕士学位的类型之一，作为"高层次人才"自然应当有一定的学术要求。因此，我们在教育硕士培养过程中的各个环节必须正确处理好学术性与实践性之间的关系，既要防止把教育硕士专业学位混同于学术性学位，又要回到教育学硕士的培养框架里，用学术性学位的标准来要求教育硕士专业学位，还要防止出现单纯强化教育硕士的职业性和实践性，却有意无意地弱化了其理论性和学术性，把实践性等同于低水平，降低了教育硕士专业学位的质量标准。

（二）加强教育硕士课程的实践环节，完善应用型人才培养的课程教学体系

教育硕士专业学位的实践性特点决定了教育硕士课程教学体系必须突出教学实践环节。为了改变我国教育硕士课程教学体系存在的较为严重的理论与实践相脱离、实践性特色不明显的现状，首先我们要调整课程结构，强化应用性实践课程，适当压缩政治理论和英语等公共课的课时比重，多开设一些专业性强而对

教育实践又具有指导意义的实践型课程，增加专业外语课程的课时比重，培养学生熟练阅读本专业外文资料的能力，增强学员的英语应用实践能力；加强教育专业课程自身以及教育专业课程与学科专业课程之间的实质性整合，改变单独设置教育学、心理学、教育技术学等纯粹教育理论课程的做法，将教育理论课程的原理、规律、方法技术融合到学科教学之中，促使教育专业知识有效地转化为指导学科教学实践的学科专业知识；在选修课的设置上加大选修课的种类和范围，结合各校优势突出各自的专业特色。其次，加强教学实践环节，采取专题讲座、案例教学、课堂实录分析、教育实习和见习等多种形式的教学方式，充分发挥学员教育实践工作经验丰富的优势，在学习过程中强调理论学习与基础教育教学、管理工作的结合，与教育改革和发展的实践相结合，促使学员主动发现和思考教育实践中的问题，独立提出解决问题的对策，提高实际教学、管理工作能力，从而实现理论学习与教育实践的协调发展。另外，建立教育硕士培养与实践基地，构建以大学为基地的教学活动和以中小学为基地的实践活动相结合的立体教学实践体系。大学与中小学结成合作伙伴关系，共同承担培养教育硕士的任务，促进大学的教育理论学习与中小学的教学实际相结合，从而使教育硕士的培养紧密结合中小学教学实践，从根本上解决教育硕士培养存在的理论与实践相脱离的现象。

（三）加强教育硕士实践型师资队伍建设，构建应用型人才培养的"双师型"教师队伍

教育硕士专业学位教育对高校现有教育硕士师资队伍提出了新的挑战，要求他们逐步适应从学术型人才培养到应用型人才培养的转变。针对目前高校教育硕士师资队伍大多是由学术型导师

兼任的现状，一方面，高校要加强对现有教育硕士指导教师的培养和锻炼，对现有教育硕士授课教师和导师进行教育培训，定期邀请经验丰富的教育硕士导师介绍交流指导研究生的经验，举办关于教育硕士专业学位的特点、教育硕士教学策略，以及基础教育的改革与发展趋势等方面的专题讲座，提高教育硕士师资队伍理论联系实际的教育实践能力。同时，制定相应措施鼓励教育硕士指导教师深入中小学教学一线，了解中小学教师真正关注的教育教学问题，提高教育硕士指导教师的专业实践能力，成为具有较高学术水平、较强专业实践能力和丰富实际工作经验的指导教师。从而推动教育硕士教师队伍逐步实现从学术性师资到专业学位师资的转变，进而建立起高素质的教育硕士师资队伍。另一方面，要拓宽教育硕士研究生导师来源渠道，从教育硕士培养与实践基地的基础教育学校以及教育研究部门，聘请特级或高级教师加盟到教育硕士培养行列，吸收一批实践经验丰富、有一定学术水平或技术专长的专家学者作为兼职导师，参与教育硕士专业学位研究生的培养，逐步建立一支拥有丰富一线教学经验的教育硕士兼职指导教师队伍。

总之，通过充分发挥高校和基础教育学校各自的优势，打造一支适应应用型专业人才培养的"双师型"教育硕士指导教师队伍。高校内的导师为主导师，中小学一线教育教学中具有高级职称的教师为副导师。校内导师根据基础教育改革与发展及培养人才的需求，负责教育硕士培养计划的制订、学术指导、论文审阅并主持教育硕士学位论文答辩。副导师负责帮助教育硕士关注教育教学中的热点问题，对教育硕士在实际工作中遇到的问题给予答疑解惑，主副导师及时研讨并解决教育硕士在科研和学习工作中遇到的问题。这样一来，不仅可以弥补大学教师长期远离基础教育的缺陷以及教育硕士专业学位师资队伍的不足，而且还有利于加强高校教师与基层第一线教师的联系和交流，推动高校教师到中小学参观学习、观摩教学以及调查研究等实践活动，更多地了解中小学教育现状，掌握基础教育的典型案例，从而丰富高校教师的实践经验。

后　记

　　自 2004 年北京师范大学教育学院外国教育史专业博士毕业以来，我先后在北京师范大学教育学院高教所、教育学部教育历史与文化研究院从事教学和研究工作，几年来结合工作需要和研究兴趣，重点开展了以学术自由史为重点的美国高等教育史研究，已初步形成了以高等教育史为主要研究方向，研究领域涉及美国学术自由史、美国学院和大学史、高等教育管理等方面的研究旨趣，并在《教育研究》、《高等教育研究》、《教师教育研究》、《教育研究与实验》、《清华大学教育研究》等学术期刊上发表了相关研究成果。因此这本自选文集主要是自己近年来发表的部分学术论文。全书共分四编。第一编"关于学术自由的探讨"，主要探讨了学术自由的含义，介绍了学术自由研究的总体情况，重点分析了美国大学学术自由的形成、发展历史及其特色；第二编"关于学术职业的探讨"，考察了美国大学教师终身聘用制度在保障学术自由和促进学术职业发展过程中发挥的重要作用；第三编"关于高等教育管理的探讨"，介绍了我国高校教师职务任用和管理制度的历史沿革，分析了我国高校学术权力与行政权力的之间冲突所产生的学术自由矛盾，并提出了解决的措施和建议；第四编"关于教师教育体制的探讨"，回顾了我国教师教育培养体制改革的历史，分析了我国教师教育培养模式中存在的问题及其改革的对策。

在文集即将出版之际，我要特别感谢北京师范大学张斌贤教授多年来的教育和培养以及他所营造的良好学术研究氛围。此外，我还要感谢武汉大学教科院院长程斯辉教授多年来的关心和帮助。

李子江

2012 年 6 月 23 日